Ephraim / Mardon-Robinson
Der Weg der Wolken

A3 3622

Bruder Ephraim

Dr. Mireille Mardon-Robinson
Ärztin für Psychiatrie

Der Weg der Wolken

oder

Die Torheit Gottes

Von der Angst zur Heiligkeit

Vorwort von Louis Leloir OSB

VIER-TÜRME-VERLAG, MÜNSTERSCHWARZACH

Für Monsignore Guy Gaucher,
Sohn des heiligen Johannes vom Kreuz
und Bruder der heiligen Therese,
mit der Zuneigung eines Sohnes

Aus dem Französischem übersetzt
von Doris Dunkmann

Ephraïm <Frere>:
Der Weg der Wolken oder die Torheit Gottes : von der Angst
zur Heiligkeit / Bruder Ephraim ; Mireille Mardon-Robinson.
Vorw. von Louis Leloir. [Aus dem Franz. übers. von Doris
Dunkmann]. - Münsterschwarzach : Vier-Türme-Verl., 1991
    Einheitssacht.: Le chemin des nuages <dt.>
    ISBN 3-87868-424-X
NE: Mardon-Robinson, Mireille:

© 1991 by Vier-Türme-Verlag, 8711 Münsterschwarzach
Gesamtherstellung: Benedict Press, Münsterschwarzach
Umschlagfoto: Wolfgang Stafflinger
ISBN 3-87868-424-X

Wer kennt den Weg der Wolken?

Hiob 36,29

Inhaltsverzeichnis

10

Vorwort

"Kein Mensch kann Gott sehen und am Leben bleiben" (Ex 33,20).
Keine Möglichkeit einer tiefen, wahren Kontemplation, ohne uns
selbst zu sterben; wir werden nur unter der Bedingung von und in
Gott leben, daß wir uns in Demut und Glauben dem schrittweisen
Sterben beugen, zu dem Er uns gewöhnlich durch die Ereignisse
unseres Lebens und zuweilen auch durch sein unmittelbares Wirken
in unserem Herzen einlädt. *"Mithin wirkt in uns der Tod, in euch jedoch das Leben"* (2 Kor 4,12). Keine wahrhaft apostolische Ausstrahlung, kein göttliches Leben in den anderen ohne unsere ständige
Selbstverleugnung: *"Allzeit tragen wir das Sterben Jesu an unserem
Leibe umher"* (2 Kor 4,10). *"Wenn das Weizenkorn nicht in die Erde
fällt und stirbt, bleibt es allein; wenn es aber stirbt, bringt es viele
Frucht"* (Joh 12,24).
Diese beiden Ideen sind in dem Buch, zu dem ich um ein Vorwort
gebeten wurde, untergründig stets vorhanden. Denn bis heute bilden
sie ein Grundmuster in Bruder Ephraims Leben. Unsere erste Begegnung fand im Februar des Jahres 1976 in Ain Karem in Israel statt. Ich
war von Anfang an beeindruckt von dem Gewicht, das Ephraim in
seiner jungen Gemeinschaft auf diese beiden gegensätzlichen, aber
nicht voneinander zu trennenden Formen des Gebets - Liturgie und
inneres Gebet - legte. Erstere wünschte er sich gesammelt und von
langem Schweigen unterbrochen, doch auch lebendig und offen für
eine körperliche Ausdrucksweise. Die zweite sollte durch die Lektio
divina, das meditierende und betende Lesen der Bibel, vorbereitet
oder unmittelbar gespeist werden, sofern sie nicht direkt in vollkom-
menes, anbetendes Schweigen vor Gott mündete. Doch im Bewußtsein des Reichtums an Glut und Tiefe des theologischen Denkens der
protestantischen Kirche, aus der er kam, und von dem jüdischen Problem ebenso verfolgt, wie ich es war und noch heute bin, wollte
Ephraim, daß seine Gemeinschaft durch das Gebet und den Empfang
im Dienst der Einheit stünde, und zwar einer Einheit, die über den
christlichen Horizont hinausginge. Was er damals nur undeutlich
erfaßte, in der Folgezeit aber immer klarer verstehen sollte, war, daß
Gott von ihm verlangen würde, für den Beginn dessen, was erreicht
wurde, mit körperlichen und geistigen Leiden zu zahlen, die ihn
immer stärker quälen und nie, wenigstens bis heute nicht, verlassen
sollten.

Der Satz: "*Wenn einer mir nachfolgen will, so verleugne er sich selbst und nehme sein Kreuz auf sich und folge mir nach*" (Mk 8,34) ist vielleicht der mit denselben oder ganz ähnlichen Worten am häufigsten wiederholte Satz in den Evangelien. Es handelt sich also um eine Lehre, auf die Christus besonderen Wert legte und deren Eindringlichkeit und auch Neuheit die Apostel beeindruckte. Für die Heiden war Leiden ein großes Unglück, und Erniedrigung eine Herabsetzung. Für viele Juden waren, trotz der Prophezeiung vom leidenden Gottesknecht (Jes 52,13- 53,12), Wohlstand und Erfolg ein sicherer Test für die göttliche Huld. Jesus widersprach den Vorurteilen der einen und der Naivität der anderen, doch müssen seine Formulierungen wohlabgewogen werden, um in ihrem ganzen Wert erfaßt werden zu können.

"*Wenn einer will.*" Wenn Jesus sagt: "*Du sollst den Herrn, deinen Gott, lieben aus deinem ganzen Herzen, und deinen Nächsten wie dich selbst*" (Mk 12,30-31), betont Er damit: Das ist ein Gebot. Hier bietet Er nur an: "*Wenn einer will*". Selbstverleugnung ist das Ergebnis einer persönlichen, frei eingegangenen Verpflichtung. Dem kann man sich entziehen, doch offensichtlich bringt es mehr Frieden und ist erhebender, auf Christi Ruf zu antworten: "Ich gebe mein Leben hin, um es wieder zu empfangen", wie einst Jesus sprach: "*Niemand nimmt es mir, sondern ich gebe es freiwillig hin. Ich habe die Vollmacht, es hinzugeben, und ich habe die Vollmacht, es wieder zu nehmen*" (Joh 10,17-18).

"*Der verleugne sich selbst*", aparnésasthó heauton. Das hier gebrauchte griechische Verb, aparneisthai, ist dasjenige, das Jesus dann wieder auf den Lippen hat, wenn er von den Verleugnungen des Petrus spricht. Und es ist dasselbe Wort, das bei der ernsten Ankündigung vorgekommen war: "*Wer mich aber vor den Menschen verleugnet, der wird vor den Engeln Gottes verleugnet werden*" (Lk 12,9). In beiden Fällen handelt es sich um die völlige Zurückweisung eines Menschen - Jesus -, den man lange gekannt und bejaht hat, nun aber nicht mehr kennen will und daher verwirft. Die Bedeutung dieses Wortes zeigt uns die Tiefe der christlichen Selbstverleugnung. Es geht nicht nur darum, zu verleugnen, was man hat, sondern man muß bis zur Verleugnung dessen gehen, was man ist, und das ist weitaus schwieriger. Es stimmt jedoch, daß man sich in die Verleugnung dessen, was man ist, einübt, indem man zunächst das verleugnet, was man hat.

Außerdem müssen wir Furchtsamkeit vermeiden und Versprechungen, die nicht gehalten werden: *"Du machst besser gar keine Gelübde, als daß du gelobst, und hältst es nicht"* (Koh 5,4). In dem Gleichnis von den beiden Söhnen tadelt Jesus den, der versprochen hatte, zum Weinberg zu gehen und nachher nicht hingegangen war (Mt 21,30-31). Thomas Morus, der großartige englische Märtyrer, war niemals willens, den Tag seines Martyriums durch unvorsichtige Worte, die man gern von ihm gehört hätte, schneller herbeizuführen. Er wollte sich dem Tod erst aussetzen, wenn dies durch die Erfüllung seiner Aufgabe von ihm verlangt würde; erst dann würde er sich zu recht von Gott einen Dank für seine Treue erhoffen können. Das Evangelium ermuntert uns jedoch nicht, den bequemsten Weg zu wählen, sondern nach den Worten des heiligen Johannes vom Kreuz sollen wir empfangen, ja sogar vor allem suchen: "Nicht das Leichteste, sondern das Schwierigste, nicht das Schmackhafteste, sondern das Fadeste, nicht das Gefällige, sondern das Abstoßende, nicht das Tröstende, sondern das Betrübliche, nicht das Geruhsame, sondern das Anstrengende, nicht das meiste, sondern das wenigste, nicht das Kostbarste und Höchste, sondern das Niedrigste und am meisten Verachtete". Das ist das "Ad augusta per angusta", das Bruder Ephraim im Verlauf dieses Buches fordern wird: auf einem schmalen Weg zu den himmlischen Dingen gehen.

"Drei waren es am Kreuz", bemerkte der heilige Augustinus, "der eine der Urheber, der andere der Empfänger des Heils, ein dritter, der die Verdammnis annimmt; für alle drei ist die Qual dieselbe, der Fall aber unterschiedlich." Christus läßt sein Leiden der ganzen Welt zugute kommen, und der gute Schächer vereinigt seine eigenen mit Christi Leiden; so erhalten sie erlösenden Wert; der böse Schächer hingegen vergeudet seine Leiden. Jedoch wissen wir nicht, ob er nicht vielleicht länger am Leben geblieben ist als Christus und, von den auf seinen Tod folgenden Ereignissen erschüttert, nicht doch noch bereut hat. Jedenfalls bringt das Kreuz dem, der sich dagegen auflehnt, keinen Lohn; nur das in der größtmöglichen Geduld und Liebe angenommene Kreuz ist fruchtbar. Bewundernswert ist jemand nicht wegen seines Leidens, sondern wegen der Art und Weise, wie er es erleidet, es aufnimmt und annimmt; wer im Leiden bitter wird, wer seine Prüfung und den Gott, der sie ihm schickt, verflucht, setzt sich der Gefahr aus, verstoßen zu werden; wer trotz seiner Schmerzen den Plan Gottes im Glauben annimmt, streckt sich nach Heiligkeit aus. Seither gibt es viele unfruchtbare Leiden, die für die Heiligung dessen, der sie erleidet, wirkungslos sind und für das Heil der Seelen keinen Nutzen haben. Es gibt sogar Leiden, welche durch die von ihnen hervorgerufenen Lästerungen das Schicksal einer Seele aufs Spiel setzen. Es hängt von dem Menschen selbst ab, ob er den Reichtum des Leidens ausschöpft, oder ob dieser ihm im Gegenteil entgeht: "Tantum interest, non qualia, sed qualis quisque patiatur", schrieb ebenfalls der heilige Augustinus. Von größter Bedeutung ist nicht die Art der Qualen, sondern die Weise, in der sie von dem einzelnen angenommen werden.

Ebenso wie über Almosen, Gebet und Fasten (Mt 6,1-6,16-18) soll auch über eine Prüfung nicht geredet werden, und auf diesem Punkt bestanden die Wüstenväter besonders nachdrücklich. Christen, und vor allem Mönche, sollen ihr Leiden verbergen; wenn sie davon sprechen müssen, sollen sie es kleiner machen, sie sollen sich bemühen, es herunterzuspielen. Und eine der Formen dieser Verschwiegenheit ist zweifellos der Humor. Auch hier wollen wir an das Beispiel des heiligen Thomas Morus erinnern. Als er ausgestreckt auf dem Schafott lag, wollte er vor dem Sterben seinen Bart freilegen und ausbreiten, damit er nicht mit seinem Kopf abgeschlagen würde, "er, der nie einen Verrat begangen hat".

"Unser Leben", schrieb der heilige Augustinus, "kann auf seiner Reise hier auf Erden der Prüfung nicht entgehen..., denn unser Fortschritt wird durch die Prüfung bewirkt; niemand kennt sich selbst, ohne geprüft worden zu sein, kann gekrönt werden, ohne gesiegt zu haben, kann siegen, ohne gekämpft zu haben."

Es ist vollkommen richtig, daß die ganzheitliche Entwicklung des Menschen mit der darin enthaltenen Lebensfreude und der Freude am menschlichen Tun normalerweise unabdingbar nötig ist, damit unser geistliches Leben ein hohes Niveau erreicht. Unsere Natur ist jedoch verletzt, und trotz des täglichen, fortschreitenden Wirkens der Gnade an uns bleibt stets irgendeine Spur unserer anfänglichen Beschmutzung erhalten, und das Wiedererwachen des alten Menschen ist bei keinem von uns selten: *"Wachet und betet, damit ihr nicht in Versuchung fallt: der Geist ist willig, aber das Fleisch ist schwach"* (Mt 26,41). Der heilige Paulus hat von Christi Tod gesagt: *"Mit seinem Leiden ist er der Sünde gestorben ein für allemal, mit seinem Leben aber lebt er für Gott. So müßt auch ihr euch als solche betrachten, die für die Sünde tot sind, für Gott aber in Christus Jesus leben*" (Röm 6,10-11). Dennoch gab er zu, daß sich in ihm ein ständiger Kampf abspielte: *"Ich aber bin fleischlich, verkauft unter die Gewalt der Sünde... Denn ich tue nicht, was ich will, sondern was ich hasse, das tue ich... Ich tue nämlich nicht das Gute, das ich will, vielmehr was ich nicht will, das Böse, das tue ich"* (Röm 7, 14-15.19). Das ist das Drama des christlichen Lebens. Wir sind auferstanden; wir leben für Christus, jedoch nur unter der Voraussetzung, daß wir uns selber ständig sterben.

Die christliche Lösung des Problems der menschlichen Entwicklung ist also komplex und vielschichtig. Von uns wird Liebe zu den Geschöpfen verlangt, und zwar eine Liebe voll Jugend und Herzensfrische. Um jedoch nicht nur die Reinheit, sondern auch die Kraft und Beständigkeit dieses Gefühls zu bewahren, lädt Gott uns ein, uns immer neuen Reinigungen zu unterziehen, dank derer unsere Bindung an die Geschöpfe täglich würdiger und tiefer werden soll; um die Geschöpfe sehen und lieben zu können, gibt Gott uns allmählich die Augen und das Herz, die die Frau und der Mann vor dem Sündenfall besaßen. Der Vater muß uns reinigen, damit wir viel Frucht bringen (Joh 15,2-8). Es geht also nicht darum, den Menschen in uns zu vernichten; dadurch würde das Christliche in uns vernichtet. Sondern es ist wichtig, den Stolz, den Egoismus und die Sinnlichkeit zu bezwingen, die sich in unser bewunderndes Staunen angesichts der Geschöpfe einschleichen und uns daran hindern, sie mit reiner, klarer Liebe zu lieben.

Bei den hier von Bruder Ephraim und der Ärztin für Psychiatrie, Dr. Mardon-Robinson, analysierten Leiden ist die Trennung von Natur und Gnade besonders schwierig zu bestimmen; liegen bei der Angst, der Verzweiflung und besonders beim Wahnsinn eine Psychose und Nervenkrankheit vor, oder eine tiefgreifende Reinigungsarbeit Gottes? Manchmal beides zusammen, doch zumindest in einigen Fällen muß man sich hüten, ohne unwiderlegbare Beweise vom Vorhandensein des ersteren auf das Nichtvorhandensein des letzteren zu schließen. Bruder Ephraim zitiert den schönen Satz von Marthe Robin: "Die Erde muß aufgerissen werden, damit eingesät werden kann." Diese sehr positive Betrachtungsweise wird vielleicht manchen Zeitgenossen helfen, so viele Prüfungen, die über sie kommen, mit größerer Gelassenheit zu ertragen. Neben den von Bruder Ephraim untersuchten Leiden denke ich an zwei weitere, die sehr häufig sind und beide grausam empfunden werden, schließlich aber sehr fruchtbar werden können, wenn sie in Liebe aufgenommen werden: die äußerste Verlassenheit, an der so viele Alte leiden, sowie auch Menschen, die in völliger Einsamkeit sterben; die Verleumdung, die zu jeder Zeit so viele Opfer fordert. Diese trägt das Kennzeichen des Teufels, eingedenk dessen, daß im Teufel *"keine Wahrheit ist"*; *"wenn er Lüge redet, dann redet er aus seinem Eigenen, weil er ein Lügner ist und der Vater der Lüge"* (Joh 8,44). Böse Zungen sind überall furchtbar, und die von ihnen Getroffenen können sich nicht immer verteidigen oder ziehen aus Liebe zu Christus vor, es nicht zu tun. In seinem ersten Kommen wollte Christus tatsächlich weniger das Leiden beseitigen als uns lehren, es zu tragen, zu heiligen und mit Seiner Gegenwart zu erfüllen. Bei seinem zweiten Kommen wird er es endgültig aus der Welt schaffen, *"und es wird keinen Tod mehr geben, auch keine Trauer, keinen Klageschrei, keine Mühsal wird es mehr geben, denn das Frühere ist vorbei"* (Off 21,4). Hierbei handelt es sich um eine Hoffnung, die nicht trügt (Röm 5,5). Möge unsere liebende Geduld einen derartigen Tag beschleunigen, und möge die Jungfrau Maria, die so eng *"mit Christi Passion verbunden ist"*, uns helfen, aus jedem unserer mit Christus vereinigten Schmerzen einen Weg des Heils für viele zu machen.

Am Anfang dieses Vorworts habe ich von meiner tiefen Freundschaft für Bruder Ephraim gesprochen. Am Ende möchte ich meiner dankbaren Wertschätzung für Pater Marie-Eugène, den Gründer des Institut Notre-Dame de Vie, ausdrücken, mit dem Dr. Mireille Mardon-Robinson freundschaftlich verbunden ist. Ich habe ihn vor dem Krieg in Rom kennengelernt, und in der Abtei Saint-Jérôme habe ich an mehreren Besinnungstagen sowie an von ihm gehaltenen Exerzitien teilgenommen. In deren Verlauf habe ich ihm meine Art des Betens sowie ein besonderes Problem der Lebensausrichtung dargelegt. Jedesmal hat er mir sehr klar geantwortet und sich nicht gescheut, einen Standpunkt zu beziehen. Doch ich war sehr beeindruckt, als ich bemerkte, daß er vor beiden Antworten einen kurzen Augenblick des Schweigens und der Sammlung einlegte, zweifellos, um von Gott Erkenntnis zu erbitten. Seine beiden Antworten haben mir großen Frieden gegeben; noch heute lebe ich von der einen, und durch die Ereignisse hat Gott in der Richtung entschieden, die die zweite angedeutet hatte. Als echter Sohn des heiligen Johannes vom Kreuz vereinigte er in seiner Unterweisung unablässig Entsagung und Gebet. Ihm sowie der Jungfrau Maria, allen Märtyrern und den wahren Mystikern vertraue ich die Früchte dieses Buches an, damit es die Seelen in der Gelassenheit und in der Hoffnung stärke.

Dom Louis Leloir,
Abtei Clervaux (Luxemburg)
am 25. Februar 1988

I
Berufung zum Glück

Die Allgemeingültigkeit des mystischen Lebens

Mystisches Leben ist in der Umgangssprache gleichbedeutend mit Mystizismus oder Obskurantismus, außergewöhnlichen Phänomenen also, die ebenso erschreckend wie nutzlos sind. Und doch sind alle großen Mystiker Frauen und Männer der Tat, unermüdliche Vorkämpfer für Menschenwürde und Gerechtigkeit, für die Vorwegnahme des Himmelreiches. Eine Therese Neumann leitete, ans Bett gefesselt, eine Widerstandsgruppe gegen die Naziherrschaft. Marthe Robin, die auf eine noch größere physische Ohnmacht eingeschränkt war als die Stigmatisierte von Konnersreuth, gründete Gemeinschaften, in denen sich Tausende in aller Welt bekehrt haben. Ganz zu schweigen von der unermüdlichen Reformatorin des Karmel oder von der tätigen Nächstenliebe des Armen von Assisi, der stets einen noch Ärmeren fand.

Statt dessen spricht man lieber von Spiritualität, obgleich doch das geistige Leben des Menschen nicht auf die Religionen beschränkt ist. Auch atheistische Philosophen führen ein geistiges Leben, haben geistige Führer. Ganz zu schweigen von Spiritisten oder Animisten. Ebenso geht das geistige Erbe einer Zivilisation weit über die Grenzen seines religiösen Besitzstands hinaus. Es wäre gut, das mystische Leben von vornherein als Teilhabe am göttlichen Leben neu zu definieren. Diese Teilhabe kann aktiv oder passiv sein, doch es versteht sich von selbst, daß sie im wesentlichen passiv ist, denn sie ist eine Frucht der Gnade. Der Saft, der in den Reben kreist, wird vom Weinstock hervorgebracht, so wie das Blut, das vom Herzen kommt und die Glieder belebt. Wenn Marthe Robin fünfzig Jahre lang keine andere Nahrung als die Eucharistie zu sich genommen hat, dann sollen wir daran erinnert werden, daß der Leib Christi eine wahrhafte Speise ist und jeder Gläubige geheimnisvoll von dieser Gabe lebt. Jeder Gläubige ist also, ohne es zu wissen, ein Mystiker. Es geht ihn in seinem eigenen Fleisch, in seinem eigenen Geist, in dem Tabernakel seiner Seele an, was Gott im Leben der großen Heiligen tut. So bewirken alle Sakramente einen Austausch, ähnlich dem, der sich bei der Atmung des Körpers zwischen dem Sauerstoff und dem Blut vollzieht. Auf passive, geheimnisvolle Weise werden wir regeneriert, gleich ob uns das Geheimnis abstößt oder anzieht.

Das Außerordentliche, das die großen Heiligen erleben, ist die umsonst geschenkte Frucht des Wohlgefallens Gottes; umsonst zugefallen, aber nicht zufällig, denn eines Tages wird es jeder Getaufte in dem ihm eigenen Maß und Rhythmus an der ihm von Gott in der Kirche zugewiesenen Stelle erleben, jeder Getaufte wird ein wenig von diesen übernatürlichen Gaben - Gaben des Lichts oder der Nacht - zu kosten bekommen. Vergessen wir nicht, daß Gott in einer Feuersäule wie auch in einer Wolkensäule zugegen war, um sein Volk beim Durchzug durch die Wüste zu führen. Anwesenheit und Abwesenheit zugleich; eine Anwesenheit, die verbirgt, was wir zu sehen nicht ertragen könnten, und eine Abwesenheit, die die wohlwollende Nähe des Höchsten offenbart; Feuer und Wasser wohnen beisammen. Die beiden entgegengesetzten Elemente in Gott streiten nicht gegeneinander, sondern vereinen sich in der Vereinigung der Gegensätze: Symbol der Vereinigung der beiden Naturen, der göttlichen und der menschlichen, zum Heil des Menschen.

In seiner Verklärung erscheint Jesus wie eine Feuersäule, die der Vater bald darauf in einem Wolkenschleier, einer Wolke vor den Augen der Jünger verbirgt. Welch wunderbares Bild der beiden Naturen! Schon im alten Bund waren die beiden Wolken das vollkommenste Bild, die angemessenste Darstellung eines Gottes als Geist und Wahrheit, als Hauch, nicht zu erfassende Bewegung und bis zur Qual gesteigerte Glut: *"Gott sprach zu euch mitten aus dem Feuer, aus Gewölk und Dunkel mit gewaltiger Stimme"* (Dt 5,22). Diese unerhörte Macht, die man mit dem Feuer im Erdinneren vergleichen könnte, verbirgt sich in dem Gegenteil - das heißt im Wasser der Wolken, des Gewölks, um sich zu bezeugen, um seinem Geschöpf innig nahezukommen und es durch dieses selbe, in Gewölk und Dunkel verhüllte Feuer zu verwandeln. Die Frage: Kennst du den Weg der Wolken? könnte auch so wiedergegeben werden: Kennst du den Weg der Nacht, kennst du die Wohltat der Überwältigung durch das Dunkel? Wenn Gott zu der heiligen Katharina von Siena spricht: "Ich bin, der ist - du bist, die nicht ist", will er damit nicht vernichten, sondern meint eigentlich die Torheit der Liebe, die ihn treibt, das gänzlich Entgegengesetzte zu vereinen. Was natürlich nicht so einfach ist für den Menschen, der mit dem Doktor der

Nacht ausruft: "Nein, verbirg dich nicht länger, vollende, zerreiße den Schleier der süßen Begegnung."

Dieses Leiden ist groß, gewiß, doch es ist nichts im Vergleich zu dem Leiden Gottes. Gott steigt ins Dunkel herab. Die jüdische Tradition zählt neun dieser Abstiege, wie geschrieben steht: *"Das Klagegeschrei über Sodom und Gomorra ist groß. Darum will ich hinabgehen und sehen..."* (Gen 18,21). Gott steigt also in die Sünde herab und verzehrt sie durch sein Feuer. Ein zehnter Abstieg wird angekündigt: *"...außer diesen wird es in zukünftiger Zeit noch einen geben, der in den Schriften der Propheten angekündigt wird, da es heißt: 'Denn siehe, der Herr verläßt seinen Wohnsitz, er steigt herab und schreitet über die Höhen der Erde'"* (Mi 1,3).

Dieser Abstieg, das ist natürlich die Menschwerdung des Wortes, die auf dem Berg der Verklärung aufstrahlte. Sie dauert an, denn das Wort ist Fleisch geworden und hat sein Zelt unter uns errichtet, mitten in uns wie auch mitten im Herzen der Kirche. Der Talmud sagt im Abschnitt *Sukka* (Hütte, Zelt), daß das Laubhüttenfest an das Wohnen Gottes mitten unter den Menschen erinnert und jedes Zelt die Wolke darstellt.

Dunkel und Gewölk umgeben ihn

Wie wir soeben gesehen haben, könnte man die in dem "Weg der Wolke" prophetisch angekündigte Menschwerdung als das Hinabtauchen des Feuers ins Wasser bezeichnen. Ist dieser Vorgang unter den gewöhnlichen Sterblichen denn möglich? Kann man Gott sehen und weiterleben? Die Antwort lautet natürlich nein. Doch in einem Einschreiten der Liebe hat Gott die Ordnung der Dinge verändert, er hat die Gesetze der Schöpfung erneuert, denn eine Jungfrau bringt ein Kind zur Welt, denn aus dem Tod kommt das Leben. Die Nacht der Weihnachten ist das Offenbarwerden eines Lichtes, das auf dieselbe Weise verborgen ist wie der Morgen von Ostern; beide Male verbirgt sich Gott in einer Höhle. In den "tiefen Höhlen der Sinne", wie der heilige Johannes vom Kreuz es ausdrückt, an dem Ort der leidenden Menschheit, die der Verderbnis und dem Tod unterworfen ist und auf ihre Erlösung wartet.

Zwei Urknalle gibt es, oder vielmehr, der zweite setzt den ersten fort, zwei Explosionen, die so wunderbar, so unwahrscheinlich sind wie jene, die inmitten der Nacht der Zeiten das Leben geschenkt hat. Diese Hochzeit von Feuer und Wasser hat sich sicherlich in einer dunklen, von Angst und von Liebe entflammten Nacht in der Jungfrau vollzogen, doch ohne Gewalt, weil sie durch ihre Unbefleckte Empfängnis darauf vorbereitet war. Wie wir noch sehen werden, geht unsere Weigerung, Liebe zu empfangen und zu geben, manchmal bis auf den Augenblick unserer Empfängnis, die Zeit im Mutterleib, die Geburt oder auf die allerersten Lebensjahre zurück. Natürlich ist das Vorrecht der Jungfrau wichtig in spiritueller Hinsicht, doch im Hinblick auf den Empfang Gottes ist es von psychologischer Wesensart. In unserem letzten Kapitel werden wir noch auf die Hilfe zu sprechen kommen, die Maria aufgrund dieses Vorrechts all denen gewähren kann, die sich in einer "Nacht, die Übermaß an Licht ist", befinden.

Das berühmte *fiat* Myriams, deren Name Meer von Myrrhe bedeutet, ihr *hinéni* (das hebräische Hier bin ich), ist eine unerhörte Hingabe an den Willen Gottes: *"Mir geschehe nach deinem Wort."* Ohne die Furcht zu "verdampfen", in einem Gewölk aufzusteigen und sich vollkommen zu verlieren, liefert sich das Wasser dem Feuer aus. Lava, die ins Meer stürzt, setzt es in Brand.

Die lebendige Liebesflamme:
Den Gegenstand der Sehnsucht besitzen

Der heilige Johannes vom Kreuz war ganz Liebe und sehr zartfühlend. Wir dürfen ihn nicht so ansehen, als sei er ein Anhänger der Nacht gewesen. Er liebt das Kreuz nur deswegen, weil seine unbändige Liebe zu dem Gekreuzigten es ihn lieben läßt, der ihm zeigt, daß es für seine Freunde unendlich lieblich und sanft ist.

Das Erhabene ist nicht unerreichbar. Christi Verheißungen an seine Jünger, mit dem Vater und dem Heiligen Geist zu kommen und in ihrem Herzen zu wohnen, sind nicht nur einigen wenigen in der Kirche vorbehalten. Sie gelten für alle, vorausgesetzt, daß wir sie annehmen. Darum kann der Gipfel des mystischen Lebens den Armen gewährt werden, ja er wird ihnen entsprechend der Verheißung der Bergpredigt sogar notwendigerweise gewährt: *"Selig die Armen im Geiste, denn das Himmelreich gehört ihnen."* Das heißt, selig, die vom Geist arm gemacht worden sind, sie werden wie eine

Braut an der Tafel des Königs sitzen, gemäß den Worten des Hohenlieds: *"Der König lud mich in seine Kammer."* Selig die arm gewordenen, selig, die sich als arm erkannt haben, sie werden am Hochzeitsmahl teilnehmen, die erlesenen Güter essen und den Geschmack der geistlichen Gaben kosten. Jeder Mensch ist von diesem hochzeitlichen Geheimnis geprägt, das von Anbeginn in ihm eingeschrieben ist. Gott wiederholt es uns: "Ich will mich mit euch vermählen." Es ist merkwürdig festzustellen, daß man selbst heute in manchen Klöstern Fragen auslöst und Verwunderung hervorruft, wenn man von Brautschaft spricht. So als müßten wir uns darauf beschränken, getrennt von dem Geliebten in der Entfernung zu leben, als wäre die gegenwärtige Lauheit das Gesetz des Reiches, als müßten wir neben Jesus leben und könnten ihn nur schräg von der Seite oder überhaupt nicht sehen, wo wir doch berufen sind, von Angesicht zu Angesicht zu schauen und in die unaufhörliche Liebesbewegung im Herzen der Dreifaltigkeit einzugehen. Wir sollten mit dem letzten Ziel unseres Daseins vertraut sein: uns mit Gott zu vermählen, aber nicht in einer Verschmelzung, sondern in der Achtung der Personen, wie sie das Wesen der Liebe selbst verlangt. Mit einem karmelitischen Vergleich können wir uns vorstellen, daß unser Wesen das Eisen und Gott das Feuer ist: Unsere in Gott getauchte, mit Gott in der geistlichen Hochzeit vereinte Seele ähnelt dann dem ins Feuer getauchten Eisen. Man weiß nicht mehr, wo Eisen und wo Feuer ist, denn in unseren Augen ist die Hochzeit vollkommen; man kann das eine nicht mehr von dem anderen unterscheiden. Was nicht zu einer Verschmelzung, sondern zu einer Verwandlung führt. Damit haben wir kurz den Sinn unseres Lebens zusammengefaßt: den Willen Gottes anzunehmen, der uns allmählich in Sich eintauchen will, was wegen all der im Eisen enthaltenen Unreinheiten ein Fegfeuer mit sich bringt. Der Sinn unseres Todes: dieses Eintauchen, diese Reinigung im Fegfeuer ganz zu vollenden. Der Sinn unserer Ewigkeit: nur noch in dieser vollkommenen Glückseligkeit zu leben und die Gegenwart und die Liebe des geliebten Wesens zu genießen. Unser Leben ist eine Passion der Liebe; am Abend unseres Lebens werden wir nach unserer Liebe beurteilt werden, das zukünftige Leben ist eine Liebesewigkeit. Liebe, Liebe, Liebe.

Man kann das Kreuz, die furchtbaren Prüfungen, den Sinn des Leidens, von denen wir sprechen werden, nicht ohne diesen einzigen und dreifaltigen Schlüssel verstehen, der das Geheimnis des Lebens, wir wiederholen, allen Lebens, erschließt. Es ist bemerkenswert, daß der heilige Johannes "Die lebendige Flamme", die den Gipfel der mystischen Vereinigung, der geistlichen Hochzeit, beschreibt, nicht für die große Teresa oder den heiligen Petrus von Alcantara schrieb, sondern für eine junge Frau, die gerade erst in die mystischen Wege eingeführt worden war. Wohl hatten Teresa und Johannes auf derselben göttlichen Ebene miteinander Gemeinschaft, doch der kleine Seneca, wie die Madre ihn nannte, litt sehr darunter, daß die göttliche Liebe nicht auch ihre menschliche Beziehung erglühen ließ. Die Begegnung mit Donna Anna de Pegnalosa läßt mehr von dieser Liebe aus Vorliebe, dieser johanneischen Liebe erkennen. Die Vorrede zu "Die lebendige Flamme" ist aufschlußreich, wir spüren, daß Johannes vom Kreuz sich hat bewegen lassen und "um der schönen Augen willen", diesen Fenstern zu Donna Annas Seele, einwilligte, seine Erfahrung der mystischen Hochzeit zu enthüllen. Dies ist unserer Ansicht nach das erste Werk des heiligen Doktors, das man lesen oder jemandem zu lesen geben sollte, bevor man von den Nächten spricht. Was sagt er ihr über diese Höhen: "... Ich habe bis zu dem Tage gezögert, davon zu sprechen, an dem mir der Herr, wie mir scheint, ein wenig Kenntnis und Funken dazu geschenkt hat. Er tat es sicherlich, um Ihrem frommen Wunsche zu entsprechen. Weil diese Strophen zu Ihrer Andacht gedichtet worden sind, will Seine Majestät vielleicht auch, daß sie Ihnen erläutert werden. Dieser Gedanke macht mir Mut, denn ich weiß sehr wohl, daß ich aus mir selber auch nicht das geringste an Gutem zu sagen vermag, und schon gar nicht in so erhabenen und wesentlichen Dingen."

Dieses "für Sie" ist rührend und zeigt uns, daß die höchsten Dinge für jeden erreichbar sind, vorausgesetzt, daß wir wie kleine Kinder sind. Für wen sind sie, die verborgenen Dinge? Jesus gibt uns die Antwort: *"Ich preise dich, Vater, daß du diese Dinge den Weisen und Verständigen verborgen und den ganz Kleinen offenbart hast."*

O Liebesflamme du, lebendige,
Die du so zart mir Wunden schlägst
Im tiefen Grunde meiner Seele!
Schon ist für mich das Schreckliche vorüber;
So mach ein Ende, wenn's beliebt,
Zerreiße das Geweb' der süßen Begegnung.

O Glutenbrand, so lieblich,
O Wunde, voll von Wonne,
O Hand, so sanft, die du so zart berührst
Und so den Vorgeschmack des ew'gen Lebens gibst!
Die jede Schuld bezahlt
Und tötend auch den Tod in Leben hast verwandelt.

Ihr Lampen, voll von Feuer,
Die nun in Strahlenfluten
Des Sinnes tiefe Höhlen,
Einst blind und finster, so erleuchten,
Daß sie in ungewohnter Fülle
Vereint ihr Licht und ihre Wärme dem Geliebten spenden.

Wie sanft und liebevoll
Erwachest du in meinem Busen,
Wo du verborgen und alleine weilst,
Und deines Odems süßer Hauch,
Durchtränkt von Glück und Seligkeit,
Wie süß entflammt er mich zur Liebe!

Hl. Johannes vom Kreuz

II
Der unerläßliche Schmerz der Liebe

Verborgenes enthüllt er aus dem Dunkel,
zieht die Todesschatten an das Licht.

Hiob 12,22

Bringt's einen Nutzen dir, wenn du Gewalt gebrauchst,
wenn du verschmähst das Kunstwerk deiner Hände?

Hiob 10,3

Im Folgenden beziehen wir uns fast ständig auf die Erfahrung Hiobs, des gerechten Menschen, der anscheinend plötzlich zum Prügelknaben Gottes wurde; er ist ein Urbild allen Menschseins. Daß Hiob kein Jude ist, will besagen, daß er die gesamte Menschheit, und nicht nur ein auserwähltes Volk verkörpert. Wir müssen anmerken, daß er seinen letzten Halt in Gott hat, er ist kein Atheist, selbst wenn er, wie die großen Mystiker, die Erfahrung des Atheismus, des Gottesverlustes macht, der zur Verzweiflung führt; "Verfluche Gott, und stirb!", legt seine Frau ihm nahe.

Hiobs Geschichte ist eigentlich ganz einfach und ließe sich in wenigen Zeilen zusammenfassen: ein Mensch, der gerecht und vom Leben reich bedacht ist und auch reich ist an materiellen und geistigen Gütern. Im Himmel bezichtigt Satan den Gerechten, er habe nur darum ein gutes Verhältnis zu Gott, weil er mit Gunst überhäuft ist. Das ist der Einbruch der Niedertracht in die Liebe, der Verdacht des Eigennutzes. Darauf nimmt Gott dem Hiob nach und nach sein materielles und menschliches Gut und richtet sich dann gegen seine physische und moralische Existenz. Während dieser ganzen Prüfung sollte Hiob Gott nicht leugnen und bewies so, daß seine Liebe uneigennützig war. Die Liebe ist unentgeltlich, oder sie ist nicht göttlich, und wenn sie nicht göttlich ist, dann ist sie überhaupt nicht. Da gibt Gott Hiob aufs neue Kinder und materielle und geistige Güter.

Die große Frage, die uns dabei in den Sinn kommt, ist folgende: Hiob hat alles verloren, warum ist er in seine Güter nicht wieder eingesetzt worden? Nichts kann ihm seine ersten Kinder ersetzen, es sind andere Kinder, andere Herden, andere Diener, die ihm gegeben werden...

Die große Antwort, die dieser großen Frage entspricht, ist überaus einfach: Weil Hiob ein anderer geworden ist. Die Prüfung hat ihn vollständig verwandelt. Man muß sich nicht allzu eng an die historische Wirklichkeit der Erzählung halten, sondern vielmehr an deren tieferen Sinn. Wir könnten sagen, daß ihm von Gott nicht seine Familie, seine Güter usw. genommen wurden, sondern daß er unfähig gemacht wurde, sich ihrer zu erfreuen. Er ist nun vollständig verwandelt und sieht daher die Welt, die Wesen und Gott mit neuen Augen an; er findet nicht wieder, was er verloren hat, sondern er entdeckt alles neu. Ohne diese tiefgreifende, glückselige Verwandlung gliche die Geschichte von Hiob einem griechischen Mythos, in dem der Mensch nichts als ein Spielball in der Geschichte der Götter und ihrer Leidenschaften ist. Am Ende der Partie bekäme er seine Kugeln dann zurück! Nein, die Geschichte von Hiob spielt mitten im Herzen der Liebesgeschichte zwischen Gott und den Menschen.

Hat aber Gott das Recht, wie Hiob seufzt, das Werk seiner Hände zu erniedrigen, kann Gott den Menschen zwingen, ihm seine Liebe zu gestehen?

Und eine andere große Frage: Warum das Böse? Gott will Hiob nichts Böses tun, im Gegenteil; der Satan aber, der auftritt, um den Menschen vor Gott zu verklagen, versucht, die Liebesbeziehung in Frage zu stellen, durch die die Welt Bestand hat. Warum das Leben? Wodurch wird Hiobs Dasein gerechtfertigt? *"Verfinstern möge sich das Morgenrot der Nacht, da ich empfangen ward, sie warte auf das Licht, das niemals kommt, und schaue nicht den Wimpernschlag des Morgens, weil sie mir nicht des Schoßes Tore schloß und nicht verbarg das Leid vor meinen Augen"* (Hiob 3,9-10).

Seit dem Beginn der Prüfung verflucht Hiob den Tag seiner Geburt, er hätte den Tod, den es für ihn freilich nicht gab, vorgezogen; doch seine Klage zeigt zwei wichtige Dinge, erstens, daß er krank ist: *"Was meinem Appetit zuwider, das ist meine Krankenspeise"*, - welch packende Kurzfassung der Wege der Reinigung - und zweitens, daß er trotz seiner Klagen und Seufzer mit den Verheerungen der göttlichen Weisheit in seiner Seelenlandschaft im Grunde seines Herzens einverstanden ist. Hiobs Freunde werden nie begreifen, daß es ihnen gerade deshalb nicht zukommt, ihn zu belehren, weil Hiob nicht um alles in der Welt bereit wäre, sich der Hand des lebendigen Gottes zu entziehen, der ihn wie der Töpfermeister bei Jeremia auf die Drehscheibe gestellt hat und mit seinen göttlichen, erfahrenen, aber festen Händen knetet und ihn in einen Schwindel, eine sich in seiner Mitte auftuende Leere hineinreißt, um ihn emporzuziehen und ihm Gestalt und Schönheit wiederzugeben.

Diesen zweiten Punkt treffen wir bei allen an, die durch Nächte gehen; sie werden in einem Maß geprüft, das dem unbeteiligten Beobachter oder dem Seelenführer unerträglich erscheint; wenn man ihnen aber vorschlägt, um die Beendigung dieser Prüfung zu bitten, sind sie dazu vollkommen unfähig und lehnen es ab; denn wenn es eine schreckliche Sache ist, in die Hände des lebendigen Gottes zu fallen, so ist es doch vor allem ein großes Glück.

Die wirksamste Medizin ist bitter; eine Strafe ist wohltuend für das Kind, und obgleich es sie nicht gern erhält, wird es uns klarmachen, daß wir sie ihm schuldig sind. Mehr noch, ich kenne keinen Fall von geistlicher Nacht, dem nicht ein ausdrücklicher Akt der Hingabe vorausgegangen wäre. Sei es in den Worten der Weihe bei einer Profeß, sei es durch einen niedergeschriebenen Text wie die Aufopferung der kleinen Therese an die Barmherzige Liebe. Drei Bitten sind es, die der Vater immer erhört: die um Weisheit, um die Ausgießung des Heiligen Geistes und um die Teilhabe an Seinem Leiden. Die beiden ersten Bitten sind biblisch. Weisheit zu erbitten heißt bitten um die Hineinnahme in Gottes liebende Gedanken und daher in seine Torheit, in seine Opferung. Wie das Buch Hiob aber zeigt, tut sich Gottes Weisheit in der Menschenseele durch seine Verheerungen kund. Den Geist zu erbitten heißt, um die Wiedereinfügung in die kindliche Liebesbeziehung zu bitten und darum, endgültig an dem innigen Verhältnis zwischen dem Vater und dem Sohn teilzuhaben. Die Selbsthingabe an Gott vereinigt diese beiden Pole, und die Erhörung schließt uns in den Plan der Erlösung, des Heils und der Wiederherstellung der Liebesbeziehung zwischen Gott und seinen Kindern ein. Wir müssen wirklich zugeben, daß Gott sehr allein ist, allein in Getsemane und allein auf dem Tabor, trotz der Nähe seiner nächsten Jünger, und sobald sich ein Wesen findet, das Ihn einlädt und bereit ist, seine Torheit und seine Liebe zu teilen, stürzt sich Gott mit dem Kreuz und der Herrlichkeit in ihn hinein.

Gott brennt darauf, uns glücklich zu machen

Wir könnten sagen, daß Gott darauf brennt, uns wiedereinzusetzen in die Glückseligkeit im Garten Eden, doch das ist theologisch nicht richtig. Gott will mehr! Er verurteilt uns nicht nur nicht, weil wir den Bund gebrochen haben, sondern er bedient sich dieser Schuld sogar, um uns ein noch größeres Glück anzubieten. Glückselige Schuld Adams, die uns einen solchen Erlöser schenkt! Die jüdisch-christliche Religion ist eine Religion des Glücks. Sie schaut nicht zurück, sondern in einer Spannung, die eine Dynamik des Glücks schafft, schaut sie in die Zukunft. Sicher, da wir fest sind in der Gewißheit der verheißenen Glückseligkeit, müssen wir die Geschichte gestalten und das Reich vorwegnehmen, das alle Menschen mit Freude erfüllt, die auf die eine oder andere Weise leiden, doch sollen wir nie vergessen, daß das gegenwärtige Leben nur das Vorzimmer des anderen ist. Es ist begeisternd und ist begeistert von der Wirklichkeit der zukünftigen Welt.

Wir wollen versuchen, eine Reihe von Postulaten klar und praktisch herauszuarbeiten.

Die Leiden der gegenwärtigen Welt sind nichts, verglichen mit der Herrlichkeit der künftigen Welt (2 Kor 4,17)

Die Sehnsucht nach dem Himmel, der Durst danach, daß diese Sehnsucht nach der Anschauung Gottes und nach größerer Liebe zu ihm erfüllt werden möge, verwirklicht sich bei vielen im Erleiden der Nacht. Diese erhält daher eine ganz andere Färbung, sie steht in Moll, während die Freude, die sie begleitet, in Dur steht. Das Leiden wird relativiert durch den Glauben, die Hoffnung und die Liebe, diese drei Tugenden, die das zur Gegenwart machen, was noch nicht ist. Die Herrlichkeit, das heißt, dieses glückselige Licht, in dem wir leben, sie arbeitet schon in uns und verursacht so viele Leiden, weil die Dunkelheit sie nicht aufnehmen kann.

Wer den Grund des Leidens kennt, leidet schon nicht mehr

Dieses Postulat ist auf der psychologischen Ebene wichtig. Ein wirkliches Leiden, eins, das Gott nicht zuläßt für seine Kinder, beruht auf Furcht und Unwissenheit, es ist von seiner Ursache völlig losgelöst und kann als solches nicht geopfert werden. Was heißt, ein Leiden zu opfern? Das bedeutet, es in eine Liebesbewegung eingehen zu lassen, es in ein Geheimnis einzubeziehen, das über uns hinausgeht und das dem Bereich der Erlösung angehört und in dieser Umkehrung fähig ist, das Böse dem Guten, das Leiden der Freude dienstbar zu machen.

Besuche in Krankenhäusern, bei Kranken und Alten im Angesicht des Leidens bieten uns Beispiele für die beiden Verhaltensweisen: leiden wie ein Tier, oder leiden wie Christus. Vom Leid erbitterte Greise, die leiden und ihre Umgebung leiden lassen, oder Greise, die von einem Leid, das sie angenommen und aufgeopfert haben, sanftmütig geworden sind und eine anscheinend unendlich geduldige Liebe ausstrahlen. Selbst wenn unser Verstand Mühe hat, es zuzugeben, müssen wir anerkennen, daß das Leiden heiligende Kraft besitzt, aber nicht das Leiden als solches, das ein Übel bleibt, sondern das mit dem Opfer vereinte Leiden.

Ein Leiden in Frieden ist kein Leiden mehr

Dieses Wort stammt von einem Heiligen: vom Pfarrer von Ars. Dieses "Ungeheuer" des Leidens lächelt uns bis in den Tod hinein mit einer Miene an, die ständig sowohl über den Teufel wie über alles belustigt ist, was erschreckt und scheinbar unerträglich ist. Mit der Madre Teresa scheint er zu sagen: Alles geht vorüber, alles ist gut gegangen für mich, und auch für euch kann alles gut gehen, wenn ihr die Dinge nicht dramatisiert. Bei ihm ist das Leiden eine Schule des Lächelns. Sein Herz ist in Gott, wie er an anderer Stelle sagt: Das Herz eines Heiligen ist wie ein Fels mitten im Meer. Seltsamerweise habe ich eine junge, schizophrene Christin im Delirium denselben Satz aussprechen hören. In der Flucht der Gedanken, in dieser Auflösung einer ganzen inneren und äußeren Welt spürte man deutlich, daß eine kleine Insel, die der wahren Persönlichkeit, unveränderlich und unangreifbar blieb. Der Friede mit Gott wohnt in den Tiefen des Wesens, tiefer als der Bereich der Sinne, welche bereits während der ersten Nacht zum Frieden gebracht werden.

Nach einer ersten Phase völliger Desorientiertheit, in der Gott einiges Wagnis eingeht, wird das Leiden in der Nacht des Geistes sehr schnell gleichsam aufgesogen wie ein Morgennebel von der Glut der Sonne. Von außen scheinen die von Gott zugelassenen Leiden absolut unerträglich zu sein; man wundert sich, daß ein bestimmter Heiliger nicht vor Schmerz den Verstand verlor, oder daß ein anderer, der nicht gerade ein Vorbild an seelischer Widerstandskraft war, fünfzig Jahre lang die schlimmsten Qualen aushalten konnte. Glauben wir lieber dem Pfarrer von Ars als unseren eigenen Vorstellungen, und wir wollen auch nicht zu schnell Anstoß nehmen oder den Mut verlieren: Ein Leiden im Frieden ist kein Leiden mehr! Was bedeuten schon Dauer und Größe eines Leidens? Wie sagte doch der Arme von Assisi, der so arm war, daß sein Leiden nicht mehr ihm zu gehören schien, als man ihm glühende Eisen an die Schläfen legte: "Jemand leidet." Das geopferte Leiden wird die Stütze, der Träger einer solch erhabenen Wahrnehmung. Aus dem Grund ist das Leiden notwendig, ja unerläßlich.

Ich war fröhlich wie ein Spatz

Dieser kleine Ausspruch der Therese vom Kinde Jesu ist das schönste Lied, das man in der Nacht singen kann, die schönste Flamme der Liebe, die mitten aus der Hölle auf Erden oder dem Fegfeuer aufsteigt und den Gemeinplatz Lügen straft, nach dem die hoffnungslosesten Lieder die schönsten seien. Tiefer als der Schmerz, jenseits dessen, was in mir leidet, singt das Glück, Gott zu gehören, in seinen Händen zu sein und mit ihm die einzige Leidenschaft durchzumachen, die zu erleben sich lohnt. Wir begegnen hier einem Gebet von Lanza del Vasto, das ich zusammen mit einer ganzen, dem Leiden gegenüber allergischen Generation nur sehr schwer annehmen konnte: Liebe ist Freude am Leiden. Therese sollte das noch unverblümter ausdrükken: Jesus, meine Freude ist es, zu leiden. Wir müssen zugeben, daß unser Denken durch den Argwohn bedeutend geschwächt worden ist, den es wie einen Impfstoff gegen die Wahrheit, gegen die wahre Weisheit in sich trägt. Argwöhnisch vermuten wir überall und in uns selbst alle möglichen Verirrungen, wie Masochismus, Verdrängung, Sublimierung, die Erzeugung von Schuldgefühlen und Selbstbestrafung. Mit einem vom heiligen Paulus stammenden Wort: Wir sind Feinde des Kreuzes geworden.
Ich habe einige Zeit bei einem Einsiedler verbracht, zu dem Men-

schen "der Welt" kamen. Sein strahlendes und unendlich offenes Gesicht, die edle Haltung seines Kopfes, sein freies Auftreten standen in einem fast zerrbildhaften Gegensatz zu der Niedergeschlagenheit seiner Besucher; ihr runder Rücken schien sich unter dem Gewicht einer unerhörten Last zu beugen. Die Menschen, die in der Welt bleiben, unterliegen der Täuschung, wenn sie sich pausenlos über alles informierten, könnten sie auch alles mittragen! Wer ist freier: der auf jede Freiheit verzichtet hat, oder der, der eine Freiheit hätschelt, die ihn verrückt macht? Wer leidet wahrhaft: der, der sein Kreuz auf sich genommen hat, oder der es ablehnt und sich selbst mit eigener Kraft trägt?

Die Runzeln auf dem Gesicht des Einsiedlers zeugen von den Stunden seines Kampfes mit dem Engel, von der Erwartung der Stunde des Engels und von den Jahren, in denen er, wie er mir sagte, mit Fasten und Beten darauf gewartet hatte, daß der Bräutigam ihn endlich ergriffe. Doch in diesen in das Fleisch eingegrabenen Furchen scheint ein sanftes Licht zu fließen; Marthe Robin sagte: "Die Erde muß aufgerissen werden, damit sie fruchtbar werden kann." Sie sind recht finster, die Runzeln der Weltmenschen!

Durch die Ablehnung des Leidens können wir nicht wahrnehmen, daß es soetwas wie ein Bestandteil der wahren Freude ist. Wie in einer zarten Farbmischung. Wird nicht die Liebe, das Liebesgefühl wie ein Schmerz des Herzens, ein glückseliger, sanfter Schmerz empfunden? Doch wie können die, welche die vom Fleisch stammenden Eindrücke gleich einer Goldmine ausgebeutet haben, wie können sie die feinen Schattierungen des Lebens, der Veränderungen des Lichtes zwischen Hell und Dunkel verstehen? Die Schattenpartie, die das Leiden bildet, hebt die Dinge des Lebens hervor und verleiht ihnen Tiefenwirkung. Genauer gesagt, das Leiden hebt die geistliche Dimension alles dessen, was wir wahrnehmen, hervor und läßt das natürliche Licht in einem übernatürlichen Glanz erstrahlen.

Wie gern hätten wir Geburten ohne Leiden, ein keimfrei gemachtes Leben und sanfte Tode. Was für eine Torheit, welcher Sinnverlust! Nicht die in das Kreuz verliebten Heiligen sind die Toren, sondern diese wahren Amateure des Nichts, die das Leiden meiden. Im Gegensatz zum Buddhismus verneint das Christentum das Leiden nicht, sondern stöbert es in den Ärmsten und noch im letzten Winkel der Erde auf und umarmt es, um es durch die Macht der Liebe zu verklären.

Die Angst vor dem Leiden scheint berechtigt zu sein, doch verbirgt sie eine Angst vor Gott. Die vollkommene Liebe vertreibt nicht nur die Furcht, sondern sucht aus Liebe zu Der Liebe die Gelegenheit zum Leiden, in einer leuchtenden Überwindung, die eine Gabe der Weisheit ist.

III
Spasmen der Seelen
oder
Das Lob der Angst

"Sich der Liebe ausliefern heißt, sich allen Ängsten auszuliefern."
Hl. Therese vom Kinde Jesu und dem Heiligen Antlitz

Ad augusta per angusta

Durch Angst zur Gelassenheit. Ist denn dieser Weg notwendig? Ja,
in demselben Maß wie die Erfahrung der Angst allumfassend ist,
denn er ist schmal und steil, der Weg, der zum Leben führt. Soll das
heißen, daß das Leben verdient werden muß, daß man auf eine lange,
schmerzvolle Eroberung gehen und den Sieg nach hartem Kampf
erringen muß? Nein! Ebensowenig wie die erste Geburt in diese Welt
kann man sich die zweite verdienen: Sie ist ein Geschenk. Doch wie
die erste Geburt sich durch das Zusammenziehen der Gebärmutter,
in schmerzhaften Wehen vollzieht, wie der erste Atemzug sich in
einem Schrei unter Tränen ausdrückt, so geschieht die zweite Geburt
durch eine oft lange, schmerzvolle Verkrampfung des Wesens und
durch ein Brandmal des Geistes, das manchmal von blutigem Tau
gekrönt wird.
Andere haben es bereits vor mir gesagt. Unter verschiedenen Namen
haben es die geistlichen Menschen aller Zeiten ihre Zeitgenossen
gelehrt. Jede christliche Generation sagt es in ihrer eigenen Sprache.
Unsere ist die der Leugner des Augenscheins, und deshalb lasse ich
mich von der Bewegung des Geistes erfassen, der mich zum Reden
treibt, wie wenig geeignet ich auch dazu bin. Es gab eine Zeit, in der
die "weisen Frauen", die Hebammen, wirklich weise waren und in
der die Alten die "Gebärkunst des Reiches" übten, in der man lernte,
zu empfangen und zu gebären. Heute sagt man uns, der Unterschied
zwischen Mann und Frau sei ein Irrtum der Geschichte, die beiden
seien nicht gleich und noch weniger gegensätzlich, weil sie dasselbe
seien, vollkommen austauschbar. Wie könnte dieses Jahrhundert uns

35

die feinen Unterschiede lehren, die in den Seelen zu finden sind? Sie gehorchen geistlichen Gesetzen, die keine Mode ändern kann, die sich aber in der Zeit und in der Geschichte nach Gottes Belieben und dem Antrieb seiner großen Liebe entwickeln können.

Gibt es noch viele Seelenführer, die dem Druck des Positivismus und Materialismus in keiner Weise nachgegeben haben? Die sterneanbetenden Magier haben von einem Stern gelernt, den einzig Anbetungswürdigen anzubeten. Die Wissenschaft beugt sich wirklich eines Tages dem Augenschein der einzigen Wissenschaft. Warum also im modernen Buchangebot diese mystische Leere? Angesichts bestimmter Fälle geistlicher Führung mußte ich auf alte, verstaubte Bücher zurückgreifen, auf altertümliche Handbücher - zum Beispiel den berühmten Tanqueray -, wie sie in den Seminaren in Gebrauch sind. Ich mußte an der Pforte eines Karmel läuten, um mir die unentbehrliche Summe von Pater Marie-Eugène: "Ich will Gott schauen"[1] zu beschaffen. Dagegen brechen die Regale der religiösen Buchhandlungen unter dem Gewicht der Abhandlungen über Esoterik, östliche Religionen und alle Arten von Aberglauben einschließlich der Führer zur Desinkarnation oder Reinkarnation schier zusammen.

O demütige Wissenschaft, die sich in die törichte Weisheit des Schöpfers hineingeben kann, um seinen Lobpreis aufsteigen zu lassen, die erkannt hat, daß es am Anfang nur das Licht gibt und daß das Licht das Leben der Menschen ist. Glücklich jene, die Dank sagen für den Verstand, der in ihnen ist, und für ihren Durst, die Unendlichkeit der Himmel zu ergründen.

O weise Torheit der Theologen, die das Dunkel ergründen und es Licht nennen, denn die Nacht gibt Licht wie der Tag. O arme Weisheit, die den Schatten des Menschenherzens ergründet und entdeckt, daß keiner ganz auf Sterne verzichten muß.

Es herrschte sogar ein Mangel an Heiligen! Einige nämlich wiesen, und sei es nur vorübergehend, Störungen auf, die nicht mit dem neuen Bild übereinstimmten, das man sich von der Heiligkeit machte. Der Heilige: ein erstklassiger Herr "Jedermann". Schrieb irgendein unbedeutender Landarzt die sehr moderne Diagnose Hysterie aufs Rezept, schon fiel der Heroismus der Tugenden nicht mehr ins Gewicht. Visionen und Halluzinationen, Ekstase und Auflösung, Gnade des Gebets und geistige Verwirrung, geistliche Kommunika-

---

[1] Pater Marie-Eugène..., "Ich will Gott schauen", Thomas Morus Verlag

tion und Delirium: erstere einem hochgestochenen, veralteten Sprachgebrauch zugehörig, letztere dagegen im Genuß eines wissenschaftliches Etiketts.

Am Ende der siebziger Jahre erinnerten uns die charismatische Erneuerung und die prophetische Stimme von Maurice Clavel daran, daß der heilige Paulus auf dem Weg nach Damaskus nicht von der Couch eines Psychoanalytikers gefallen ist, sondern daß der Heilige Geist die ungestüme Person der Dreifaltigkeit ist.

Es gibt Millionen von Heiligen; doch nur wenige von ihnen kanonisiert die Kirche, um sie den Gläubigen als Vorbilder hinzustellen. Die Heiligen sind jedoch ebenso ungestüm wie der Geist, der sie beseelt; einige, wie Philipp Neri, sind rundweg verschroben oder nehmen zuweilen seltsame Verhaltensweisen an. So der umbrische Heilige, der einem Bruder befahl, halbnackt im Dom zu predigen; doch während alle lachten und spotteten, weinte Franziskus über den nackt aus dem Paradies vertriebenen Adam und über Christi Nacktheit am Kreuz. Die Weisheit Gottes ist tatsächlich Torheit für die Welt, und die Heiligen sind Zeugen dieser Torheit. Übernatürliche Torheit, die bei einer großen Zahl von Heiligen während einer mehr oder weniger langen Zeitspanne ihres Lebens die Form dessen annahm, was wir Torheit nennen.

Wir werden uns mit diesen Zuständen etwas später beschäftigen; im Augenblick wollen wir einfach feststellen, daß es sie gibt. Und genau das ist unannehmbar geworden für eine Kirche, die vor einer wissenschaftlichen, atheistischen Welt von ihrem Glauben und ihrem Ernst Rechenschaft ablegen soll. Heilige finden, die glaubwürdig und für die Welt annehmbar wären? Franziskus predigt den Fischen: großes Gelächter! Heiligenlegenden! Und doch, Konrad Lorenz setzt sich auf allen Vieren mit allem, was lebt und atmet, in Verbindung; aber auf wissenschaftliche Weise. Laßt uns abseits der großen Fälle nach "Heiligen von der einfachen Sorte, die keine Ekstasen haben" suchen - ich zitiere in der Tat ein zeitgenössisches Lied, das an Allerheiligen in unseren Gemeinden gesungen wird. Suchen wir nach einer kleinen Bürgerin, einem kleinen, leicht nachzuahmenden Mitglied der CAJ, um sie den Gläubigen vorzustellen. Suchen wir nach einer Heiligen mit schwachen Nerven, deren innere Erfahrung ganz offenbar höchste mystische Zustände erreicht, und wir werden sie finden. Suchen wir, und wir finden einen jungen Mann, der lebend durch die Hölle der Todeslager geht.

Die Heiligen sind, was sie sind, was Gott aus ihnen gemacht hat. Versuchen wir nicht, unwirkliche, makellose, unfehlbare Wesen aus ihnen zu machen. Alle Heiligen haben Fehler, und große Heilige haben oft große Fehler. Wenn es sich um Gründer handelt, sieht man seltsamerweise, wie sich ihre Fehler und Schwächen von Generation zu Generation auf ihre Ordensgemeinschaften übertragen. Sie zugänglich zu machen bedeutet schon, ihre Fehler anzunehmen und anzuerkennen, daß Gott fehlerhafte Geschöpfe liebt. Es bedeutet auch zuzugeben, daß sie aufgrund ihrer Sünde an ihren Nerven gelitten haben, unfähig, wie sie waren, die Heiligkeit Gottes zu ertragen. Es bedeutet zuzugeben, daß sie an Ängsten gelitten haben wie die ganz große Mehrheit unserer Zeitgenossen.

Als ich mit meinem Theologiestudium begann, mußte ich eine Bescheinigung über gute geistige Gesundheit vorlegen, die vom damaligen Prüfungsausschuß verlangt wurde. Zum ersten Mal in meinem Leben machte ich Bekanntschaft mit einem Psychiater, der mich aber nicht "auskultieren" wollte. Vielmehr auskultierte er die Religion, die einen solchen Ausweis für mein Amt verlangte. Nichtsdestoweniger stellte er mir eine Bescheinigung über Normalität aus, wobei er mir versicherte, niemand sei normal, und die Normalität, die die Religion zu ihrer eigenen Beruhigung suche, sei erschreckend und könne die schlimmsten Verirrungen verdecken.

Die meisten Nazis waren Personen von normaler Größe, mittlerem Alter, normaler Intelligenz, führten ein normales Familienleben usw. Ich fand heraus, daß Psychiater recht merkwürdige Persönlichkeiten waren; um die ganze Wahrheit zu sagen, ich fand den nicht sehr normal, der mir die Bescheinigung der Normalität ausstellte...

Später stellte ich fest, daß die Psychiater trotz einiger Unwissenheit und gewisser Verirrungen aufgrund ihres ständiges Kontakts mit der menschlichen Seele und weil sie von ihr sprachen, sehr interessante Sachen sagten. Ferner erfuhr ich, daß die größten Psychiater der Welt Kirchenlehrer genannt wurden, da ihre Wissenschaft von der menschlichen Seele sehr viel vollständiger ist als die der erstgenannten; deshalb geht der Fall der Heiligen, der sie ständig beunruhigt, weit über ihr Fassungsvermögen hinaus, und zwar aus gutem Grund: Sie sprechen zu uns vom Unendlichen, vom Ewigen. Sie gehören uns. Uns Söhnen des Levi ist als Erbteil Gott zugefallen, der bewunderungswürdig ist in seinen Heiligen.

Für die Zukunft des Christentums ist es unendlich wertvoll, anzuerkennen, daß jene, die uns von der Kirche in ihrer Weisheit als Vorbilder hingestellt werden, in ihrer Psyche gelitten haben. Die Kirche besitzt das letzte Geheimnis, den Schlüssel, der den Sinn des Lebens und des Todes, jeden Leidens der Seele und des Leibes schenkt. Wie die zisterziensischen Heiligen sagten, besitzt sie einen Keller, der unerschöpflich ist an Tröstungen für alle, die leiden, welchen Namen ihr Leiden auch tragen mag. Die Kirche muß zu ihrer eigenen Anthropologie zurückfinden und ihren Kindern eine Sicht des Universums geben, die sublim - nicht sublimiert -, weil zugänglich ist für die Ärmsten, vom Kind mit Trisomie bis zum Schizophrenen. Wenn kein Heiliger Selbstmord begangen hat, dann aus dem Grund, weil das Leben gangbar ist, selbst in der Hölle! Es ist mehr als gangbar, es ist wunderbar und von göttlichem Wesen. Andere, die sich außerhalb der eigentlichen religiösen Erfahrung gestellt haben, ahnen das, es ist der Schrei der Frau Brossard-Legrand: Du Hundeleben, ich liebe dich!

Die Heiligen überschreiten die Grenzen des Erträglichen, um uns zu sagen: Seht, daß man mit Gott sehr weit gehen kann, seht diesen Christus, der mehr ist als ein Orpheus, weil in der Hölle Tausende von Euridiken sind, nach denen er sucht.

Auf diesen Seiten werden wir sehr weit gehen, nicht um zu sagen, daß jeder Christ diese Erfahrungen machen müßte, daß es sich im Grunde um eine Norm handelte, während es doch in der Liebe gar keine Norm gibt; wir werden sehr weit gehen, um zu zeigen, daß der Weg sicher ist, und wir werden sehr weit gehen, weil viele unserer Zeitgenossen schon sehr weit gegangen sind auf den Wegen zur Hölle.

Der Mensch, der plötzlich Angst in sich fühlt und darauf nicht durch den richtigen, theologischen Zugang zu diesem Phänomen vorbereitet ist, geht sofort... an den Medikamentenschrank. Der Verbrauch an Anxiolytica erreicht gewaltige Ausmaße, und ihre regelmäßige Anwendung greift um sich, beispielsweise vor dem Schlafengehen oder ganz gezielt vor einer Prüfung, vor einer wichtigen Begegnung, einer Reise usw. Diese Anästhesie der Seele ist nicht ungefährlich, denn dadurch, daß gewisse psychische Funktionen eingeschläfert werden, läuft man Gefahr, das Wirken der Gnade zu untergraben. Dieser Mensch wird sich nun empören und fragen: Was für eine Gnade ist dabei, wenn man Angst hat?

Medizinisch gesprochen, ist Angst ein Alarmzeichen, das eine bewußte oder in den meisten Fällen eine unbewußte Agression aufdeckt. Angst ist grundsätzlich eine sinnvolle Reaktion, denn sie zeigt ein "Wiederaufsteigen" der Tiefen an. Wenn dem weltlichen Menschen ein wenig gesunder Menschenverstand geblieben ist, wird er nach der Ursache dieser Not suchen, er wird den Angreifer herausfinden wollen, um ihn zu bekämpfen oder sich mit ihm zu versöhnen. Wahrscheinlich sind viele körperliche Störungen das Ergebnis einer Verdrängung der Angst; es ist nicht immer von Vorteil, die Leitungen chemisch zu unterbrechen, die der Schöpfer in uns gelegt hat; das Warnzeichen geht nicht verloren, sondern verirrt sich. "Das Übel muß heraus!", ein geflügeltes Wort des Volksmunds voll Weisheit, das mit dieser Logik der Reinigung übereinstimmt, die uns zunächst unannehmbar erscheint.

Der geistliche Mensch weiß, oder muß mit dem Karmel und den Kirchenvätern neu lernen, daß Angst eine Gnade ist. Wie ein Leitmotiv wollen wir den wunderbaren Vers des heiligen Johannes vom Kreuz wiederholen: "Durch eine dunkle Nacht voller Angst und von Liebe entflammt." Nacht und Angst sind offensichtlich miteinander verknüpft. Auf der natürlichen Ebene fördert das Herannahen der Nacht uralte Ängste zutage, und in den Klöstern betet man darum, vor den Ängsten der Nacht verschont zu werden. Auf der übernatürlichen Ebene könnte die Angst ein Angriff der Liebe genannt werden; es sind in der Tat Liebesflammen, die die Ängste hervorrufen, und die Nacht wird deswegen voll von Ängsten genannt, weil sie ganz von Liebe entflammt ist. In alledem liegt nichts Nachteiliges.

Die Angst rührt also daher, daß das sündige Wesen ganz auf dem Grunde seines Bewußtseins Gott, und besonders Seinen Geist, für einen Angreifer hält. Wie sind sie zahlreich, die Persönlichkeiten der Bibel, die, sobald Gott mit ihnen zu sprechen beginnt, ausrufen, sie wollten nicht sterben; so als ob Gott jemanden sterben ließe. Sucht euch eine offene Muschel, und ihr werdet sehen, wie sie sich bei der geringsten Berührung wieder schließt. Die Seele ist eine Perlenauster, die sich jedoch instinktiv dagegen wehrt, verletzt zu werden, um ihr Meisterwerk hervorzubringen. Die Angst zeugt, wie Pater Thomas Philippe in "Docilité à l'esprit" (Dem Geist gefügig) sagt, die Angst zeugt von einer Einflußnahme des Heiligen Geistes.

Wie gut können wir verstehen, daß das zweischneidige Flammenschwert ein Symbol des Geistes ist. Die Annäherung Gottes wird wahrgenommen wie ein Tod: In der Tat sind Angst und Agonie ein- und dasselbe Wort. Die feurige Umklammerung, der Einfluß Gottes, die nehmen wir auf der physischen Ebene wie einen unerträglichen Biß, wie eine Erdrosselung wahr. Der Zustand der Panik, in den wir dabei geraten, läßt uns glauben, daß Gott mit dieser Sache gar nichts zu tun hat. Man versteckt seine Ängste vor den Augen der Menschen, vor den Augen Gottes und sehr oft auch vor den Augen der Gottesmänner, denn wir haben eine schreckliche Furcht davor, für verrückt gehalten zu werden. Wir haben den Eindruck, eine psychische Schwäche unsererseits werde von unserer Umgebung schlecht aufgenommen, sie wecke nicht das geringste Erbarmen. Was stimmt; denn so weitgehend haben Klerus und Volk die Anthropologie der Welt übernommen. Für uns ist Gott lebendig und in jedem Getauften so gegenwärtig, wie er in der Eucharistie wirklich gegenwärtig ist, und nichts, was uns zustößt, ist ihm fremd. Es ist seltsam zu sehen, daß diese Haltung als fideistisch eingeschätzt wird. Wenn es stimmt, daß ohne seine Erlaubnis kein Haar von unserem Kopfe fällt, dann ist Gott bis in den Kern meiner Angst gegenwärtig. Und das, ob sie nun natürlichen oder übernatürlichen Ursprungs ist. Ob sie von einem bis auf meine Geburt oder noch weiter zurückzuführenden Konflikt herrührt oder von dem Einbruch des Heiligen Geistes in mein Leben kommt. Wenn ich meine Angst nicht annehme, verweigere ich Gott jegliche Möglichkeit, mich zu verändern.

Zitieren wir dieses mehr als fünfzehn Jahrhunderte alte Apophtegma, das Michel Laroche in "Seconde Naissance" (Zweite Geburt)[2] bringt:...Ein geistlicher Sohn geht zu seinem *Abba* und sagt zu ihm: "Vater, mich quält der Gedanke an Selbstmord." Der geistliche Vater erwidert: "Mein Sohn, das kommt daher, weil du deine Angst nicht angenommen hast."

Wie kann man die Angst annehmen, bei dem Ausmaß, in dem sie als eine Verengung des ganzen Wesens und als Agonie mit verhängnisvollem Ausgang erlebt wird? Wenn wir antworten, daß sie eine Schule ist, führen wir damit den Begriff der Dauer, des Fortschritts und der Errungenschaft ein. Um den franziskanischen Wortschatz zu gebrauchen, man muß sich nach und nach an die Begleitung von Schwester Angst gewöhnen. Die Lehre, die sie uns dann erteilt, könnte in zwei große Themen aufgeteilt werden: geistlicher Realismus und Hingabe.

[2] Siehe Hinweise zur Literatur

Angst als Einführung in den geistlichen Realismus

Medizinisch gesprochen, sind Angst und Phobie zweierlei, und doch sind beide ein Ausdruck derselben zugrundeliegenden Wirklichkeit, die sich je nach dem Anlaß verschieden äußert. Wie wir gesehen haben, läßt das Wort Angst seiner Herkunft nach an eine Verengung des Wesens, eine Verkrampfung denken; Phobie läßt an Furcht denken, den biblischen Begriff, den Gott 366 mal anführt: Fürchte dich nicht. Die Berührung mit dem Göttlichen ruft sofort diese Furcht hervor. Wir werden Angst und Phobie als dieselbe Wirklichkeit betrachten und sie auf dieselbe Art und Weise behandeln, da wir wissen, daß Furcht und Verkrampfung der Seele in ihrem Ursprung miteinander verbunden sind.

Sobald wir die Angst spüren, veranlaßt sie uns zu lügen. Das heißt, sie verändert die Wahrnehmung und das Bewußtsein von der uns umgebenden Wirklichkeit. Plötzlich sind wir Gefangene, entweder einer Idee oder einer raum-zeitlichen Wahrnehmung, einer Stimmung oder einer Erinnerung.

Sie hat sich eingeschlichen wie eine Schlange im Gras und hebt plötzlich den Kopf, wir sehen nur noch ihren hypnotisierenden Blick, sie sagt zum Beispiel: Du wirst sterben, und schon glauben wir, wir lägen im Sterben. Kleine Kinder erleben solche Ängste: Es wird nicht mehr hell, das ist das Ende der Welt.

Merken wir an, daß in all diesen Fällen eine Reinigung der Phantasie und des Gedächtnisses erforderlich ist. Unser Gedächtnis enthält einen Vorrat an unguten Bildern, mit denen wir nur sehr schlecht umgehen können; in einem beliebigen Augenblick können sie auf dem Bildschirm des Bewußtseins auftauchen, mit oder ohne unseren Zugriff - und wäre es auch nur der geringste - auf die Datenbank unseres wunderbaren Personalcomputers. Wir wollen beachten, daß bei der Angst gewöhnlich eine Hand gesucht wird, die man drücken oder berühren kann, oder es wird ständig ein Gegenstand oder ein Ring bearbeitet; diese Geste ist sehr aufschlußreich: Auf eine sicherlich ungeordnete, aber berechtigte Weise versuchen wir, uns an die Wirklichkeit zu klammern. Unbewußt stellt sich in uns die Frage: Was ist wirklich, das Gespenst, das auf das Feld meines Bewußtseins vorgedrungen ist, oder die Hand, die ich halte? Wenn es mir gelingt, die Hand, die ich halte, voll wahrzunehmen, beginnt die Angst zu weichen, wenn es mir gelingt, die Augen von den Ungeheuern abzuwenden, die mich in ihren Bann schlagen, und meine Aufmerksamkeit auf etwas anderes, oder besser, jemand anderen zu richten, stirbt die Angst allmählich. Ich habe eines Tages eine Erfahrung gemacht, die mich davon überzeugt hat, daß die Methode wohlbegründet ist, die ein Angstkranker, Dr. Vittoz[3], erfunden hat. Er war sicher, daß er von sich aus zu einem Sieg gelangen, sich selbst umerziehen, mit einem Wort, einer Reinigung zustimmen könnte. Ich halte diese Methode für eine der wenigen in der Psychiatrie, die hundertprozentig mit den geistlichen Wegen, mit der Schule des Karmel vereinbar ist. Das war mein Erlebnis: Ich fuhr durchs Hochgebirge und wurde rasch von Übelkeit und Angst gepackt; die Landschaft wurde mir gleichgültig, alles wurde mir gleichgültig, wie im Fall einer Seekrankheit, bei der die Kranken sehr häufig stöhnen: Hier laßt mich sterben. Wieder sehen wir die Beziehung zwischen Angst und Agonie. Ich stieg also aus dem Wagen und zwang mich, einige Fotos zu machen. Die Aufmerksamkeit auf das, was ich sah, und die Beschränkung auf einen Ausschnitt der Wirklichkeit bewirkten, daß ich im selben Augenblick geheilt war. Anders gesagt, der reine Eindruck der Wirklichkeit hatte die Oberhand über den krankhaften Eindruck des Unwirklichen, der bloßen Vorstellung gewonnen.

Von einer Angst zur nächsten werden wir es lernen, das Wirkliche zu erkennen, wir werden nach und nach das kräfteraubende Untier zähmen, das aus seinem natürlichen Gehege der bloßen Vorstellung aufgestiegen ist. Während unser Glaube wächst, werden wir zunehmend auch lernen, daß daß die einzige Wirklichkeit göttlich ist, oder vielmehr, daß allein Gott den Dingen und Wesen Wirklichkeit verleiht. Er ist der einzig Seiende, der das Dasein mitteilt. Außerhalb von Gott ist nichts wirklich, nichts, das dauerte, Gott ist Liebe, und nur die Liebe bleibt ewig. Schon hier stoßen wir auf die Worte von Teresa von Avila, die uns beim Lesen dieses Buches begleitet: *"Daß nichts dich verwirre* (Angst), *daß nichts dich erschrecke* (Phobie), *alles vergeht, Gott allein genügt."*

[3] Siehe Hinweise zur Literatur

Angst, die Schule der Hingabe

In einer äußerst schwankenden Welt, in der Unbeständigkeit unseres psychischen und affektiven Lebens ist Gott unsere Beständigkeit. Oft deutet Angst auf das hin, was der heilige Johannes vom Kreuz den Geist des Schwindels nennt, das ist der Verlust unserer spürbaren Anhaltspunkte in der Nacht der Sinne sowie der Verlust geistlicher Anhaltspunkte, was mehr in der Nacht des Geistes der Fall ist, die wir später erörtern wollen.

Ich kenne geistliche Menschen, die aus ihren Ängsten Nutzen ziehen, die sie nutzen, um in wahrer Hingabe zu leben, denn in diesem Schwindel werden wir vom nackten Glauben und vom Willen bewegt, sanft die Hand Jesu, der Das Wort ist, zu berühren und mitten im Sturm die Stätte einer unaussprechlichen Ruhe zu finden, wo wir im Auge des Wirbelsturms weilen, oder um es genauer auszudrükken, uns in Jesu Wunden bergen.

Vom ersten Biß der Angst an muß man sich sagen: Alles geht vorbei, und sich selbst überzeugen, daß auch die Wahrnehmungen, die auf das Feld unseres Bewußtseins vordringen, vorbeigehen werden, selbst wenn sie zu brüllen beginnen, daß alles verloren sei, daß wir erstickten oder stürben. Dann zieht eine große Sanftmut in die gepeinigte Seele ein, und mitten in dieser Hölle werden wir "auf den Knien getröstet". Hingegeben auf dem Schoß Gottes oder auf dem Schoß seiner Mutter. Hingabe und geistliche Kindschaft reichen sich die Hand. Das Kind ist völlig hingegeben, weil seine Sicherheit und alle seine Anhaltspunkte in seinem Vater sind. Denken wie er, ihm folgen, ihn in allem nachahmen, ihn bewundern, dann hält sich die ganze Welt in den Grenzen dieser Sicherheit einer Familie. Vaterschaft ist kein enger Rahmen, der im schlechten Sinn des Wortes "absichert", die Vaterschaft Gottes ist unermeßlich und bedeutet dasselbe wie Liebe. Wer in Gott dem Vater wohnt, wohnt in der Liebe; die Liebe ist sein Haus, seine Vergangenheit, seine Zukunft und seine Gegenwart, die sich ausdehnt, die Liebe ist seine Höhe und seine Tiefe, die Liebe ist sein Himmel, der bis in die Hölle hinabsteigt. Wo er hingeht, ist er zuhause, in der mächtigen Sicherheit der göttlichen Vaterschaft. Wer Gott leugnet, oder wer seine Vaterschaft noch nicht entdeckt hat, ist zur Daseinsangst verurteilt: Wo sind meine Wurzeln, und wo gehe ich hin? Sogar unausgesprochen quälen ihn diese Fragen unaufhörlich, denn die Unendlichkeit, inmitten

derer wir leben, greift ihn unablässig an. Die Angst annehmen bedeutet auch, auf die Fragen zu antworten, die der Atheist in uns sich zu
stellen weigert, aus Furcht vor einer noch größeren Angst: sich der
Unermeßlichkeit der Himmel gegenübergestellt zu sehen. In der
Nacht der Sinne habe ich oft bemerkt, daß die Ängste insbesondere
um das Thema Raum und Zeit kreisen. Claustrophobie, Agorapho-
bie, Zeit, die zu langsam vergeht oder wie in einer höllischen Manege
zu schnell, Furcht vor der Ewigkeit, das Gespenst der Langeweile: so
viele Symptome, die von einer Wanderung des Wesens hinein in Gott
künden. Ich kannte einen Mönch mit Platzangst. Wohin sollte er, der
in seinem Kloster saß, fliehen, wenn nicht in die Richtung, in die er
seit seinem Noviziat floh: in die absolute Senkrechte der Aufopferung. Wie sonderbar ist Gott! Nein, wir: Wir machen uns zum
Mönch, um uns ganz und gar zu geben, und Gott ist gezwungen, uns
auf den einzigen Weg des Glücks zu treiben, indem er alle anderen
mit einem Hieb der Angst verschließt.

Damit die göttliche Methode Erfolg haben kann, müssen wir uns
völlig freimachen von dem modernen Drang, planmäßig zur chemi-
schen Dosis Zuflucht zu nehmen, die uns in Schlaf versenkt, zur Pille,
die vom Theater als das moderne Klistier der krank gewordenen
Einbildung verspottet werden könnte. Wir müssen im Gegenteil
geweckt werden, wach werden für die Gegenwart, gegenwärtig sein
für die einzige Gegenwart, die Gegenwart Gottes, und das Gegen-
wärtigsein seiner Gegenwart voll und eindringlich erleben. Wie
Vittoz bemerkt, ist nichts in der Gegenwart wirklich unerträglich,
doch wir fürchten uns vor der Furcht, fürchten uns vor einer stärke-
ren Welle, die uns mit sich fortreißen könnte, die aber niemals
kommt, weil Jesus mit uns im Boot sitzt und er selbst dem Sturm
gebietet. Das Unwirkliche projiziert seine Gründe für die Furcht in
die Zukunft, und daher leben wir in der Vorwegnahme der Angst;
diese Zukunft aber gibt es nicht, wir müssen uns davon überzeugen,
denn wenn sie da ist, nennen wir sie Gegenwart, und die Gegenwart
wird in der Gegenwart Gottes gelebt, und im Gegenwärtigen gibt es
nichts wirklich Unerträgliches! Diese Hingabe in Gottes Arme
unterdrückt die aufwallende Angst nicht, die wie ein Warnzeichen
arbeitet, das wir entziffern müssen, doch anstatt ihren Zugriff auf
mehrere Stunden auszudehnen, verschwindet sie nach einigen Minu-
ten, wie wenn sie ihr Ziel erreicht hätte. Die richtige Haltung nach
dieser Agonie im kleinen ist der Lobpreis: *"Herr, ich war in Angst*

(wörtlich in der Verengung), *und du hast mich hinausgeführt ins Weite*" (Ps 4,1). Gleich welchen Ursprungs die Angst auch sein mag, eines natürlichen oder übernatürlichen, wir können zusammenfassen, daß sie bejahend erlebt werden und uns zu geistlichem Fortschritt führen kann. Möge sich jedermann in dieser Schule erproben, die die Schule der Sanftmut und Demut ist. Denn wie hochmütig einer auch sei, der die Angst schließlich annimmt, sie stellt seine Macht, seine Selbstgefälligkeit und seine Selbstkontrolle in Abrede. Wie wenig vernünftig Gott ist, wenn er sich um uns kümmert!

Einige werden meinen, diese Zeilen richteten sich an Menschen, die nur leicht und gelegentlich von Angst gepackt werden; nichts wäre irriger. Ich habe Angstneurosen, deren erste Symptome in der Wiege aufgetreten waren, innerhalb weniger Monate heilen sehen. Doch Vorsicht, in diesem Buch geht es nicht vorrangig um Heilung: Was würde es dem Menschen nützen, wenn er sein Leben rettete, seine Seele aber verlöre? Wir sehen im Gegenteil, wie Gott sich der Krankheit bedient, um eine wahrhaft ontologische Heilung zu vollbringen.

Der geistliche Realismus des Todes: Jede Angst ist ein kleiner Tod

Wir haben gesagt: Angst und Agonie sind ein- und dieselbe Wirklichkeit. Niemand kann Gott sehen, ohne zu sterben, nicht körperlich sterben, wie im ersten Bund, sondern geistlich sterben, das heißt sich selbst sterben, wie geschrieben steht: Wer sein Leben - *Psyche* - retten will, wird es verlieren, und wer es um meinetwillen verliert, wird es finden. Wir können diesen Tod nicht vermeiden, den eine Agonie begleitet, die mehr oder weniger lang ist, je nach unserem inneren Widerstand gegen das verzehrende Liebesfeuer und auch je nach dem Grad der Liebe, zu dem Gott uns erheben will. Ein echter Christ muß seinen Tod leben, entweder in der Einsamkeit des Klosters oder in der Verkündigung des Evangeliums, ein normaler Christ muß seine Taufe leben, die Tod und Auferstehung ist, Übereinstimmung mit Christi Tod und Verbündung mit seiner Auferstehung. Er lebt sie nicht nur für sich, sondern für den Leib, wie der heilige Paulus uns lehrt: Der Tod wirkt in mir, damit das Leben in euch wirkt. Die

Agonie ist keine zukünftige Angelegenheit, sondern wirkt in der Gegenwart; und für die Gegenwart angenommen, ist sie nichts im Vergleich zu der kommenden Herrlichkeit, die der Geist uns schon verkosten läßt, und die bewirkt, daß in uns Leben in Überfülle ist. Leben und Tod vermischt wie Schatten und Licht, wie Schmerz und Freude. Jedesmal, wenn der Schatten wächst, wächst das Licht bis hinein ins Reich des Lichts, vor dem die Schatten entflohen sein werden.

Endgültig errungener Ostersieg; unser Leben ist eingeschrieben in diesen Übergang vom Tod zum Leben, und unsere Ängste sind kleine Agonien, die nicht zu vergleichen sind mit jener, die Jesus am Beginn seiner Passion der Liebe erlitten hat.

Hören wir die wunderbare gregorianische Ostersequenz:

Mors et vita duello	Der Tod und das Leben stehen einander
Conflixere mirando	in hartem Kampf gegenüber,
Dux vitae mortuus	der Fürst des Lebens, der tot war,
Regnat vivus.	herrscht über das Leben.

Es kann heute als gesichert gelten, daß die wichtigsten Ängste ihren Ursprung in der ersten Erfahrung des Lebens haben: der Geburt. In den Prüfungen der Reinigung, in den Agonien der neuen Geburt tritt das anfängliche Trauma wieder zutage, und jemand, der sein Leben lang keine Angst gefühlt hat, leidet plötzlich an Platzangst. Die Geburt aber war schwierig, die Wehen seiner Mutter waren zu schwach gewesen, und das Kind hat unter dieser Gefangenschaft gelitten. Ein anderer spürt, wie seine Angst von einer bestimmten Körperpartie herrührt, die nicht unbedingt ein nervöses Zentrum, ein Plexus, ist; und man entdeckt beinahe wie von selbst, daß dieser Körperteil bei der Geburt aus dem einen oder anderen Grunde gelitten hat. Die Geburt unter Schmerzen ist nach dem Text der Genesis eine Folge der Sünde; die Reinigung von der Sünde umfaßt eine Reinigung von den Schlacken des Anfangs, für die die Angst ein Warnzeichen ist. René Spitz vertritt eine andere Ansicht, die sicherlich nicht unbegründet ist, da man auch durch die Erfahrung in den Prüfungen des geistlichen Lebens zu ihr gelangen kann: Der Ursprung der Angst gehe auf das Alter von etwa acht Monaten zurück, in dem das Kind den Unterschied zwischen seinen Eltern und den anderen, zwischen dem Vertrauten und dem Fremden wahrnimmt. Sagt uns die Schrift nicht, daß wir dem göttlichen Leben gegenüber fremd waren? Die Erfahrung der Unterscheidung zwischen dem Sichtbaren und dem Unsichtbaren, dem Endlichen und dem Unendlichen, unserer wahren Verwandtschaft und der vorübergehenden, ist sie nicht die Urheberin einer noch nie gekannten Angst, und für manche ist sie die erste wirkliche Angst, wie das Schrifttum der Väter und der Ordensleute zeigt.

Die wahre Natur des Konflikts

Jeder Mensch kennt das, was der heilige Paulus Hochmut nennt; er ist in das Wesen eingepfropft und mehr als ein Fehler oder eine Unvollkommenheit, er begleitet den Bettler in seinem körperlichen und moralischen Verfall, er haftet an der Seele des Greises am Rande des Grabes, der weiß, daß er möglicherweise alles verloren hat, aber seine adamitische Nacktheit ablehnt, die mit dem Zustand der Unschuld verbunden ist. Der Hochmut des Lebens geht auf den Aufstand gegen Gott zurück, dieses erbliche heimliche Einverständnis, das uns der Engel der Finsternis hinterlassen hat. Bei dem Archimandriten Sophrony, dem Verfasser der Biographie des Starez Siluan[4], sind Finsternis und Hochmut sinnverwandt, fast gegeneinander austauschbar; im Zusammenhang mit der Versuchung zur Verzweiflung werden wir noch darauf zu sprechen kommen. Gleich ihm scheint es uns keine pessimistische, sondern eine realistische Betrachtungsweise zu sein, wenn man sagt, daß wir alle in diese Finsternis eingetaucht sind, daß unsere tiefsten Wurzeln davon umspült werden, obgleich wir auf der Ebene der Sinne nichts davon bemerken, während wir es auf der intellektuellen Ebene gar nicht leugnen - was das Wesen der Täuschung ausmacht. Unsere Städte machen dies deutlich: Die Finsternis bekleidet sich mit den tausend Lichtern der Nacht. Genau dem gleicht der Mensch, der nicht gereinigt worden ist, er kann etwas vortäuschen!
Dennoch ist unsere Seele bedrückt, belastet und entstellt. Bei manchen Wesen, die von Natur aus für die geistigen Wirklichkeiten empfänglicher, empfindlicher sind, oder bei jedem, der eine Zeit der

---

[4] "Starez Siluan, Mönch vom Berg Athos", Patmos Verlag

48

Schwächung durchmacht, kann sich diese Bedrücktheit in Form der berühmten Daseinsangst zeigen. Die neurotische und die psychotische Angst selbst könnten letztlich als Einbruch der bedrückenden Kräfte der Finsternis gedeutet werden.

Die Psychologie definiert Angst als einen Affekt, der sich aus einem inneren psychologischen Konflikt ergibt. Wenn sie von Konflikt spricht, hat sie recht; ist dieser Entwurf des Problems in den Augen eines Christen nicht aber eine Verkürzung? Der Konflikt ist nicht, wie die Psychoanalyse behauptet, von lediglich psychologischer, sondern von psycho-spiritueller Art. Was soll damit gesagt werden? Der christlichen Anthropologie zufolge, die wir herauszuarbeiten versuchen, ist der Mensch nach dem Bild und der Ähnlichkeit Gottes geschaffen. Mit diesem göttlichen Siegel versehen zu sein macht seine Identität selbst aus; *"kaum niedriger als einen Gott hast du ihn gemacht"*, sagt die Heilige Schrift. Dieses Siegel trägt er selbst mitten in seinem Elend, in den schlimmsten Verirrungen vollkommen unveränderlich in sich. Gott ist Liebe, das ist seine Identität, eine sich verströmende Liebe, das ist die Beschaffenheit seines Wesens. Weil wir nach seinem Bild geschaffen sind, weil unsere Seele, wie die zisterziensischen Autoren sagten, ein Spiegel seiner Göttlichkeit ist, tragen wir sowohl seine Liebe in uns, als auch seine dringende Sehnsucht, sie mitzuteilen.

Der Grad der bewußten oder unbewußten Hingabebereitschaft eines Wesens bestimmt dann seine Reaktion auf die angstauslösenden Aggressionen.

Schematisch unterscheiden wir mehrere Grade der Hingabebereitschaft:
- Die Annahme ohne Auflehnung, die auf den Angreifer mit überströmender Liebe antwortet und weiterhin zu ihm Vertrauen hat, das heißt, ihm bewußt oder unbewußt verzeiht. In diesem Fall kommt es zu keinem Konflikt.
- Die agressive Reaktion durch Auflehnung und die Verhärtung des Herzens. Eine Art Abschottung zum Selbstschutz, die wie Gangstein die Entfaltung der Hingabebereitschaft und den Empfang der Liebe zum Ersticken bringt. Wir brauchen uns gar nicht vorzustellen, daß es sich unbedingt um schwerwiegende Traumen handelt. Schon ein einfacher Widerspruch kann bei dem kleinen Kind diese Art von Auflehnung auslösen, die an sich nur eine geringe direkte

Auswirkung hat. Erst die Wiederholung führt zu einer Verselbständigung der Abwehr. In Wirklichkeit haben wir hier einen Konflikt zwischen zwei einander entgegengesetzten Kräften vor uns: Die erste, die die Annahme und das Gewähren von Verzeihung verweigert, ist psycho-affektiver Herkunft; durch sie wird nach und nach die ganze geistige Freiheit entfremdet. Die zweite, die Hingabebereitschaft betreffende, besteht darin, bedingungslos zu lieben - das ist beim Buch Hiob im Spiel - und sich ebenso bedingungslos lieben zu lassen, was allmählich den Verlust der äußeren, fleischlichen Freiheit nach sich zieht. Diese Dimension ist ihrem Ursprung nach rein geistlich, verkörpert sich jedoch in allen Dimensionen des Wesens - physisch und psychisch - und strahlt aus, um Harmonie in ihm zu schaffen. Wenn sie sich nicht frei entfalten kann, stellt sich im Gegenteil Dysharmonie, der psychische Verfall, ein.

Die Heiligen bieten uns in ihrer Reife das Bild von Wesen, die nach dem Kampf mit dem Engel verletzt, entblößt und fast behindert sind, aber in einer übernatürlichen Schönheit und Ausgeglichenheit strahlen, die von eben dieser Harmonie herrühren.

Der kranke Mensch, derjenige, der nach einem Dichterwort "daran krankt, ich zu sein", der an Gott krankt, bleibt eine Beute dieses inneren Widerspruchs. Wir müssen diesen kranken Menschen mit den Augen Gottes, mit den zärtlichen Augen des Vaters betrachten, mit dem schmerzvollen Blick der Barmherzigkeit. Er ist schön in seiner Krankheit, die im Grund eine Krankheit der Liebe ist. Satan ist nicht krank, er kennt diese Ängste nicht, diesen Konflikt zwischen der Hingabe an die Liebe und dem Wunsch, sich dagegen zu schützen, er liebt nicht, er ist Selbstverweigerung, und nichts als das.

Alle psychologischen Verwirrungen könnten daher als Frucht dieser Dysharmonie angesehen werden, als Frucht des ständigen Konflikts zwischen der Abwehr einerseits und einer Hingabebereitschaft andererseits, die das Wesen in eine dynamische Liebesbeziehung zu den Nächsten und zu Gott bringen möchte.

Auf die Spitze getrieben und vielleicht auch infolge einer anlagebedingten organischen Schwäche kann diese Abschottung vollkommen undurchdringlich werden. Eine glatte, entschiedene Weigerung, mit der Umgebung in Berührung zu kommen, Gemeinschaft zu haben, in Verbindung zu treten. Das ist der Fall bei schweren

Psychosen. Am Ende gelangt man nicht, wie Bettelheim behauptet, zu einer leeren Festung, sondern vielmehr zu einer, die atomar geladenen und explosiv ist; denn die Dynamik der geistlichen Hingabe- und Empfangsbereitschaft kann von der sie umgebenden Zone der Abschottung nicht unterdrückt und zerstört werden.

Mit anderen Worten, das absolute Bedürfnis, zu lieben und geliebt zu werden, ist noch mitten in der Verweigerung selbst vorhanden.

Diese Kraft trifft auf einen furchtbaren Widerstand in der vollendeten Abschottung, die sich jetzt breitgemacht hat und dabei übrigens auch die geistige Freiheit in Mitleidenschaft zieht, weil sie von einer tiefverborgenen Haltung des Hochmuts unterstützt wird. Unter der Einwirkung des Druckes der beiden entgegengesetzten Seiten wird das ICH schließlich gespalten, und mit der ganzen Folge von Delirien, Halluzinationen und Dunkelheiten, wie man sie in der Psychose beobachtet, bricht die Persönlichkeit auseinander.

Diese Auffassung von der Psychose ermöglicht uns, das zu verstehen, was sich im kleineren Maßstab in der gängigen Pathologie abspielt, das heißt alles, was das neurotische oder charakterliche Verhalten berührt.

Hier hat die Abschottung nicht denselben Charakter der Unüberwindlichkeit. Daher kann die Funktion der Hingabebereitschaft, so gut es eben geht, durch die Persönlichkeit hindurch zutagetreten.

Sie wird das nicht durchgehend und harmonisch tun und alle Bereiche des Wesens erfüllen können, wie das bei der Jungfrau Maria aufgrund der psychologischen Folgen ihrer Unbefleckten Empfängnis der Fall war, oder bei Jesus in seinem Menschsein, obwohl er in Getsemane alle Leiden der Entfremdung von der Liebe in der sündigen Menschheit durchgemacht hat.

Diese wunderbare Funktion wird auf die Abschottungen stoßen und daher Konflikte und Ängste erzeugen, oder sie wird, wenn sie etwas findet, an das sie sich verschenken kann, dies nicht unvermischt mit anderen Antrieben tun. In Beschreibungen der verschiedenen neurotischen Störungen könnte man die Perversion und andere Formen von Verirrungen wiederfinden, derer die Hingabebereitschaft fähig ist.

Dabei dürfen wir keinesfalls aus den Augen verlieren, daß es mitten in dem für die Person schmerzhaftesten und für die Umgebung quälendsten Symptom so etwas wie eine treibende und verstärkende Kraft der Hingabebereitschaft gibt, die sich, so gut es eben geht, einen

Weg zu bahnen versucht. Was wir hier vorschlagen, ist demnach eine positive und optimistische Auffassung der Persönlichkeitsstörungen. In dem Wort "Symptom" steckt die Wurzel "syn", wie in Symbol, Synergie und Synthese, also die Idee von etwas, das geschaffen war, um in Harmonie gebracht zu werden, aber pervertiert, irregeleitet worden ist, wobei das Wort "ptome" die Idee eines Falles zum Ausdruck bringt.

Beim Sturm auf die Festung

Was geschieht während der passiven Reinigungen? Bei demjenigen, der sich willig mit Leib und Seele in die Hände Gottes gibt, wird eine ganze Reihe von sogenannten Reinigungen der Sinne und später, in einer größeren Tiefe, von Reinigungen des Geistes einsetzen, zumindest nach der üblichen Auffassung.

Tatsächlich handelt es sich um eine zunehmende Reinigung der LIEBE, der Art und Weise, wie man liebt und sich von Gott und den anderen lieben läßt. Nun wird diese Art zu lieben aber sehr früh verdorben. Also müssen die Reinigungen unweigerlich mit einer Form der inneren Heilung einhergehen.

Sie fördern die bekannten Zerrbilder zutage, von denen wir oben gesprochen haben. Diese "Geburt" vollzieht sich nicht ohne Schmerzen. Sie heben eine Abschottung nach der anderen auf, die ebensoviele Steine sind, welche wir auf unsere von Finsternis erfüllten Gräber gehäuft haben. Wenn die Steine weggenommen sind, bleibt das Grab übrig; es ist nicht leer, sondern voller Müll. Nur die Nacht des Geistes kann die Säuberung, die Purgation, ein wahres Purgatorium auf Erden, zustande bringen. Man darf sich nicht wundern, daß während dieser schrecklichen Säuberung Phänomene und Symptome auftauchen, die stark an die Pathologie erinnern.

Vom Jubel zur Angst und von der Angst zur Vergöttlichung

Die verschiedenen Annäherungen an die Angst, die wir soeben gesehen haben, zeigen hinreichend deren allgemein verbreiteten Charakter. Es ist ein Zeichen von geistiger und charakterlicher Reife, wenn man dieser Wirklichkeit ins Auge blickt: Es gibt keinen Fort-

schritt ohne Angst. Am klarsten und ebenso dicht wie erhaben hat
dies ohne Zweifel Johannes Tauler in seiner 40. Predigt ausgedrückt,
die wir gleich zitieren wollen. Dieser deutsche Mystiker unterscheidet im mystischen Leben drei Stufen, drei Phasen. Die erste heißt
"Jubel" - wir würden es heute charismatisch nennen -, in der Gott uns
auf fühlbare Weise und umsonst beschenkt. Die zweite heißt "Angst"
und die dritte "Vergöttlichung", die dem Weg der Vereinigung bei
Johannes von Kreuz entspricht.

*"Vom zweiten Grade ist das zu sagen: wenn Gott den Menschen so
sehr aus allen (irdischen) Dingen herausgezogen hat und er kein Kind
mehr ist und wenn Gott ihn mit der Labung seiner Lieblichkeit
gestärkt hat, dann, wahrlich, gibt man ihm gutes, hartes Roggenbrot,
denn er ist ein Mann geworden und zu Tagen gekommen. Dem
erwachsenen Menschen ist harte, kräftige Speise nützlich und gut; er
braucht keine Milch und kein (weiches) Brot mehr; nun zeigt sich ihm
ein gar wilder Weg, ganz finster und einsam; und diesen wird er
geführt. Und auf diesem Weg nimmt ihm Gott alles (wieder) ab, was
er ihm je gegeben hat. Und da wird der Mensch sich so sehr selbst
überlassen, daß er von Gott gar nichts mehr weiß; und er gerät in
solche Drangsal, daß er nicht weiß, ob er je auf dem rechten Pfad
gewesen ist, ob es einen Gott für ihn gebe oder nicht, ob er (selbst) lebe
oder nicht, und darum wird ihm so seltsam wehe, so wehe, daß ihm
diese ganze weite Welt zu enge wird. Er hat weder irgendein Empfinden noch ein Wissen mehr von Gott, und alles andere ist ihm zuwider,
und ihm ist, als hänge er zwischen zwei Wänden und ein Schwert
bedrohe ihn von rückwärts und ein scharfer Speer von vorn. Was soll
er dann tun? Er kann weder nach rückwärts noch nach vorwärts
ausweichen. Er kann sich nur niedersetzen und sprechen: 'Gott grüße
dich, bittere Bitterkeit, voll aller Gnaden!' Könnte es in diesem Leben
eine Hölle geben, so deuchte das solchen Menschen mehr als Hölle:
lieben und des geliebten Guts entbehren müssen. Was man dem
Menschen da sagen kann, tröstet ihn nicht mehr als ein Stein (ihn
trösten könnte). Und von den Geschöpfen will er noch weniger etwas
sagen hören. Je stärker sein Empfinden und Fühlen (Gottes) zuvor
war, um so größer und unleidlicher (nun) die Bitterkeit und der
Jammer dieser Beraubung.
Ei nun, fasse Mut! Der Herr ist sicherlich nahebei; und halte dich an
den Stamm des wahren, lebendigen Glaubens; es wird (schon) bald*

gut werden. Aber in solcher Qual vermag die arme Seele es nicht zu fassen, daß diese unleidliche Finsternis je Licht werden könne.[5]

Ein wirklich wunderbarer Text, der in wenigen Sätzen die Lehre vereinigt, die Johannes vom Kreuz in seinen Schriften, besonders in "Die dunke Nacht" ausführlich darlegen sollte. Merken wir an, daß diese starke Niedergeschlagenheit nach der Erfahrung der beiden Mystiker gleichsam die verborgene Kehrseite eines geheimen, unermeßlichen Glücks ist, wie es in einer äußerst dichten Formulierung von diesen beiden Mystikern ausgedrückt wird, die doch nach Temperament und Kultur sehr verschieden sind.

- Johannes vom Kreuz: In einer dunklen Nacht voller Angst und von Liebe entflammt.
- Johannes Tauler: O Gott, ich grüße dich, mit allen Gnaden erfüllte bittere Bitterkeit.

[5] Predigt Nr. 40 von Johannes Tauler in: Predigten. Hrsg. Georg Hoffmann, Johannes Verlag Einsiedeln, Bd.1, S.304-305

IV
Die Nacht des Geistes
oder
Lehren der Finsternis

Der Herr hat erklärt, er wolle im dunklen Gewölk wohnen.

1 Kön 8,12

Ich bin der Mann, der Leid erlebt hat
unter der Rute seines Zornes.
Mich hat er weg- und fortgetrieben,
dahin, wo Dunkel ist, nicht Licht.
Immer kehrt er seine Hand
gerade gegen mich allein.

Er zehrte aus mein Fleisch und meine Haut,
er knickte mein Gebein.
Er machte mir ein Joch, ließ kreisen
um mein Haupt Beschwernis.
Ließ mich an finstern Orten wohnen
bei den längst Verstorbenen.

Er schloß in Mauern mich, wo kein Entrinnen ist,
er legte mich in schwere, eherne Fesseln.
Auch wenn ich schrie und flehte,
so blieb er stumm auf mein Gebet.
Mit Quadern hat er mir den Weg vermauert,
die Pfade mir versperrt.

Zum lauernden Bären ward er mir,
zum Löwen im Versteck.
Er drängte mich vom Wege ab, zerfleischte mich,
und ließ mich dann verlassen liegen.
Er spannte seinen Bogen und stellte mich
als Ziel hin für den Pfeil.

Er schoß mir seine Pfeile in den Leib,
die Söhne seines Köchers.
Zum Gelächter ward ich meinem ganzen Volk,
zu ihrem Spottlied alle meine Tage.
Mit bittrer Kost hat er mich satt gemacht,
mich satt getränkt mit Wermut.

Klagelieder des Jeremias 3,1-15

Es gibt verschiedene Grade der Angst, oder vielmehr zwei grundsätzlich voneinander unterschiedene Arten, sie zu erleben.

Die psychologische Angst

Das ist die Angst, so könnten wir sagen, die allen Sterblichen gemeinsam ist. Sie wird als eine Bedrückung oder Spannung empfunden, die
die Erwartung einer gewissen, nicht zu fassenden, irrealen Angst
anzeigt, die den Menschen in völlige Verwirrung geraten läßt. In dem
Augenblick, in dem die Angst auftaucht, zeigt sich, kurz gesagt, die
ganze Zweideutigkeit des menschlichen Daseins als unmittelbarer
Zusammenstoß des Lebens mit dem Tode, und unweigerlich führt sie
zum Schwindel. Der Ängstliche wird von Schwindel erfaßt und
dadurch um seine Fähigkeiten der Analyse und der Kontrolle gebracht. Er kann weder etwas wollen, noch von irgendetwas überzeugt werden. Es fällt ihm schwer, von der qualvollen Situation, die
ihn gebannt hält, Abstand zu gewinnen. Diese Angst verursacht eine
Reihe lähmender, pessimistischer Gefühle und erhält sie aufrecht.
Zugleich wird sie von einer ganzen Reihe von körperlichen Erscheinungen begleitet, die sehr deutlich zeigen, wie innig Geist und
Fleisch miteinander verbunden sind. Atemnot, Darmkrämpfe,
Übelkeit, eine zugeschnürte Kehle, Brennen in der Herzgegend,
Zittern und Schweißausbrüche; es kann soweit kommen, daß der
Blick sich trübt, Kopfschmerzen stechend werden und man zuweilen
weder Licht noch Lärm, ja nicht einmal eine Berührung verträgt.
Oder aber die Angst wird gar nicht psychisch erfahren, sondern in ein
rein körperliches Symptom - Asthma, Ulcera, Ekzeme usw. - umge-
leitet, oder sie macht sich an einem Gegenstand oder einer Situation
fest: Phobie vor Menschenansammlungen, Phobie vor engen oder
weiten Räumen, usw. Sie kann auch die Form von Zwängen anneh-

men und sich in fixen Ideen äußern - Lästerungen, Obszönitäten, Gedanken an Gewalt -, in Impulshandlungen, Zweifeln, in nicht zu unterdrückenden Riten, die sich oft auf die Sauberkeit oder die Ordnung beziehen und verzweifelten Kämpfe gegen die Ungeheuer gleichen, die immer wieder herandrängen und das Feld unseres Bewußtseins verdunkeln.

Schließlich kann sie bei eher extravertierten Menschen eine ganze Reihe von Verhaltensstörungen auslösen, von der einfachen affektiven Erpressung unter Einsatz übertrieben verführerischer Reize bis hin zu wahren hysterischen Krisen wie Muskelsteifigkeit, Krämpfe, Lähmungen oder Amnesien. Doch hüten wir uns davor, diese Verhaltensweisen zu verurteilen; die ganze Vielfalt der Symptome will nichts anderes, als ein- und dieselbe Realität auszudrücken: die zugrundeliegende Furcht, nicht geliebt und daher abgelehnt zu werden. Abgelehnt von wem? Von Gott? Von den Menschen? Gleichviel! Diese Angst ist allumfassend. Denken wir an die Angst von Adam und Eva, die sich im Garten Eden versteckten. Es ist eine Angst, die wie alle unsere Ängste an das Schuldgefühl der Sünde gebunden ist, aber es ist auch die Angst vor einer Trennung von Gott, vor dem Verlust Gottes, und dies ist eine sehr reine, von Sünde und Schuldgefühlen unabhängige Angst.

Jenseits jeden psycho-spirituellen Konflikts ruft die bloße Trennung von Gott tiefe Angst hervor. Deren Auswirkungen haben selbst die Gottesmutter und Joseph schmerzvoll erfahren, als der zwölfjährige Jesus sie ohne ihr Wissen verlassen hatte und in Jerusalem zurückblieb:

"In der Meinung, er sei bei der Reisegesellschaft, gingen sie eine Tagesreise weit und suchten ihn unter den Bekannten und Verwandten; da sie ihn nicht fanden, kehrten sie nach Jerusalem zurück und suchten ihn. Und es begab sich, nach drei Tagen (drei Tage, die ohne Zweifel auf das Ostergeheimnis deuten) *fanden sie ihn im Tempel, wie er mitten unter den Lehrern saß... Und da sie ihn erblickten, waren sie fassungslos, und seine Mutter sagte zu ihm: Kind, warum hast du uns das getan? Siehe, dein Vater und ich suchen dich voll Angst"* (Luk 2,44-48). Diese Angst ist nicht auf die einfache menschliche Tatsache zurückzuführen, daß sie das Kind verloren haben und sich ängstigen, so wie im gleichen Fall alle Eltern Angst gehabt haben würden. Etwas viel Tieferes liegt darin. Es ist sicherlich eine schreckliche Nacht, die Joseph und Maria durchmachen. Wir müssen uns

klarmachen, daß sie in den zwölf Jahren, die sie mit dem Jesuskind Tag für Tag zusammen waren, in der Tat mit Gott selbst in einer für uns fast unvorstellbaren Vertrautheit zusammenlebten. Sie konnten Ihn betrachten und berühren, mit Ihm sprechen, Ihn umarmen und sich nähren und erfüllen lassen von seiner bloßen Gegenwart und seinem verborgenen Strahlen. Mit all ihren Sinnen konnten sie die Lieblichkeit der Gegenwart Gottes erfahren.

Da zieht Gott sich brutal, ohne irgendeine Erklärung zurück..., wenigstens ihrem Gefühl nach, und die Angst schlägt über ihnen zusammen! Hier handelt es sich wirklich um eine Nacht der Sinne. Genau dieselbe Art von Angst erfahren wir schmerzlich, wenn für uns die Entbehrungen der passiven Reinigungen anfangen. Gott zieht sich zurück... Da sind wir fassungslos und verwirrt, die kleinste Schwierigkeit läßt alte Ängste in uns wach werden, und es treten zahlreiche mehr oder weniger pathologischen Symptome auf: fixe Ideen, Reizbarkeit, Schwindel und lähmende Hemmungen, oder es kommt im Gegenteil zu lächerlichen Prahlereien, zum Verlust der einfachsten Mäßigung. Da fühlen wir uns zutiefst gedemütigt, denn Gott fördert unsere Schwächen zutage. Unsere Umgebung kann davon überrascht oder schockiert sein, was unsere Pein noch vergrößert. *"Ich tue nämlich nicht das Gute, das ich will, vielmehr das ich nicht will, das Böse, das tue ich"*, sollte der heilige Paulus sagen (Röm 7,19).

Das kommt daher, weil wir nicht die Unbefleckte Empfängnis sind. In dem Augenblick, in dem Gott sich für sie spürbar zurückzieht, macht sie wahrscheinlich einige der von uns besprochenen physischen Zustände durch: innere Spannung, eine zugeschnürte Kehle, Herzklopfen, aber nichts, das an sich pathologisch wäre. Ebenso erfährt sie auf der geistlichen Ebene Zweifel und mangelndes Verständnis, aber weder Zorn noch Empörung. Ihr ganzer innerer Kampf wird im Augenblick der Wiederauffindung deutlich: *"Mein Kind, warum hast du uns das angetan?"* (Luk 2,48). Es ist ein Warum ohne den geringsten Vorwurf; es ist ein Warum aus mangelndem Verständnis, das sie an ihn richtet. Es ist rührend zu bemerken, daß sie ihn noch "mein Kind" nennt, während Er ihnen durch seine Haltung doch eben erst klar bedeutet hat, daß Er kein Kind mehr ist, daß Er, wie jeder zwölfjährige Jude[1], vom Kindesalter ins Erwachse-

---

[1] Siehe Hinweise zur Literatur

nenalter gekommen ist. Maria versucht, ihr Kind, ihren Gott festzu-halten. Wie jede Mutter leidet sie darunter, daß er sich ihr entzieht, und wir sehen, daß sie darin höchst menschlich ist. Zugleich aber ist ihr Versuch, Gott festzuhalten, von einer höchst geistlichen Trag-weite. Unbewußt machten es die Jünger von Emmaus ebenso. Wir wollen anmerken, daß Gott sich in beiden Fällen ihren Wünschen beugt, selbst wenn er sie zunächst ein wenig trocken zurechtweist: *"Wußtet ihr nicht, daß ich in dem sein muß, was meines Vaters ist?* (Luk 2,49)... *Oh, ihr Unverständigen, wie träge ist euer Herz!..."* (Luk 24,25).

Er ist bis ins Innerste von der Offenbarung unserer Anhänglichkeit und unserer Abhängigkeit gerührt, und er kehrt zurück, um noch eine Weile bei ihnen zu bleiben. Durch diese Rückkehr erniedrigt, ja demütigt Er sich (heißt es nicht, er *stieg* mit ihnen *hinab* und war ihnen *untertan*). Der auferstandene Jesus sollte den Blicken der Pilger von Emmaus entschwinden, als das Brot gebrochen war: ein bedeutsamer Hinweis auf das Geheimnis der Eucharistie. Achtzehn Jahre später sollte die Gottesmutter, *die alle diese Dinge in ihrem Herzen erwog und bewahrte* (Luk 2,19), die durch die Kontempla-tion gereifte und gewachsene Gottesmutter die Initiative ergreifen, um Jesu Aufbruch zu beschleunigen, indem sie ihm das Wunder zu Kana nahelegte... *"Meine Stunde ist noch nicht gekommen"*, sollte er antworten (Joh 2,4), doch auch da unterwirft Er sich. Weil sich Marias mütterliche Liebe auf die gesamte Menschheit ausgedehnt hat. Aus Liebe zu uns erweckt sie in Jesus dieses erste Heilswerk. Sie willigt ein, Gott zu verlieren; aus Liebe zu den Sündern nimmt sie die Stunde des Opfers sogar vorweg und setzt sich so der von Simeon vorhergesagten Durchbohrung ihres Herzens aus, diesem wahren inneren, mystischen Tod, der, wie wir noch sehen werden, mit der furchtbaren, absoluten Angst der Nacht des Geistes gleichzusetzen ist.

Wir haben eben die psychologische Angst betrachtet. Diese Art von Angst deckt sich auf einer bestimmten Ebene mit der Daseinsangst, der neurotischen Angst und der Angst der Nacht der Sinne. Sie ist zutiefst menschlich, bleibt bezogen auf unsere Schwächen und kann mit ihnen zutagetreten. Kurz, sie rührt nur in einem insgesamt relativ oberflächlichen Ausmaß an unser Wesen, das heißt, sie verschanzt sich auf der Ebene des Leibes und der Psyche, um einen paulinischen Begriff zu gebrauchen.

Der heilige Paulus unterscheidet nämlich drei Teile im Menschen: den Leib, die Seele und den Geist. Wir wollen anmerken, daß die Worte Seele (âme) und Psyche ziemlich unterschiedslos von uns gebraucht werden, denn etymologisch bezeichnen sie ein- und dieselbe Wirklichkeit: âme kommt vom lateinischen *anima*, Psyche von griechisch *psyche*, die beide denselben Vorstellungsbereich abdekken. Paradoxerweise wird seit dem Erscheinen der modernen Psychologie der Begriff "psychisch" etwas abweichend von dem ursprünglichen Sinn gebraucht. Vergessen wir nicht, daß der Psychiater ursprünglich der Seelenarzt war, sich aber mit dem Aufkommen des Freudianismus gegen den Geist erhoben hat bis hin zur Leugnung seiner Evidenz, und in weniger als einem Jahrhundert ist eine ganze atheistische, durch und durch materialistische Psychologie entstanden.

Es ist für die Kirche notwendig, daß sich christliche Psychiater und Psychologen mit dem Problem beschäftigen, denn sonst ist sie gezwungen, materialistische Begriffe zu gebrauchen und zu einer irrigen Auffassung vom Menschen zu gelangen, die nicht im Einklang mit der biblischen Anthropologie steht. Die Bibel aber bezeugt fortwährend, daß der Mensch ein zusammengesetztes Wesen und zugleich eine einzige Substanz ist.

Das hebräische Wort *bassar*, das mit "Fleisch" übersetzt wird, entspricht der psycho-somatischen Ganzheit - dem lebendigen Menschen - und das Wort *näfäsch* der Seele, dem Lebensprinzip oder der *psyche* im Griechischen.

Die Bibel will uns die substantielle Einheit des Menschen spüren lassen, und zugleich bemüht sie sich, uns ein Gespür für eine gewisse Dualität zu geben. Wie späterhin der heilige Thomas von Aquin lehrte, ist die Seele selbst eins und unteilbar, und dabei zugleich aus zwei Teilen zusammengesetzt. Sie ist von geistlicher Natur, die dem von Aristoteles geahnten "nous" entspricht und nichts anderes ist als der "Geist", von dem der heilige Paulus unter dem Einfluß der Griechen spricht.

Dieser Geist ist das, wodurch wir auf übernatürliche Weise den Geist Gottes empfangen können: das *pneuma*. Um diese Auffassung vom Menschen auf bildliche Weise zu erklären, wollen wir sehen, was Teresa von Avila dazu sagt: "Unsere Seele (ist) wie eine Burg zu betrachten, die ganz aus einem Diamant oder einem sehr klaren Kristall besteht und in der es viele Gemächer gibt."[2]

Diese Burg strahlt durch und durch von der Helligkeit einer göttlichen Feuerstatt wider, von Gott selbst, der in der Mitte ist. Je näher man dieser Feuerstatt kommt, umso heller wird die Burg. Das geistliche Leben ist nichts anderes als eine zunehmende Verinnerlichung; jeder Abschnitt der Verinnerlichung entspricht einer Wohnung. Gott wohnt in der siebten Wohnung, in der Mitte der Burg der Seele, das heißt im Geist. Am äußeren Rand, sinnbildlich an der Burgmauer, haben wir den Leib und die Sinne sowie die Außenseite der Seele vor uns. Wir wollen daran erinnern, daß das Bild vom Tempel mit seinen Vorhöfen, dem Heiligtum und dem Allerheiligsten vielleicht noch anschaulicher ist. Jesus selbst bezieht sich darauf: *"Reißt diesen Tempel nieder, und ich werde ihn in drei Tagen wieder aufbauen* (Joh 2,19), dann der heilige Paulus: *Ihr seid der Tempel des Heiligen Geistes!"* (1 Kor 3,16-17). Wir haben gesehen, daß die Angst diesen relativ oberflächlichen Teil betrifft: Nach Teresa von Avila mischt sie sich in der vierten Wohnung ein, wenn die Person ohne Schwierigkeit zur Kontemplation gelangt ist. Von da an kann sie weder in den Dingen Gottes noch in den Dingen der Schöpfung Freude und Trost finden. Die Unfähigkeit zu meditieren, Traurigkeit, Müdigkeit und Angst sind dann ebensoviele Kundgebungen dieser Nacht der Sinne. Sie erlaubt es dem Geist Gottes, sich am Ende der Reinigung mit unserem Geist wenigstens in dem Bereich zu verbinden, der die Vereinigung des Willens betrifft; denn von der mystischen Hochzeit sind wir noch weit entfernt. Schon in der fünften Wohnung wird die Person dann verwandelt (wie die Seidenraupe sich in einen Schmetterling verwandelt!).

Die Vereinigung des Willens wird wesensmäßig durch "eine liebende Einflußnahme Gottes auf den Willen" gekennzeichnet, "der somit aufgegeben und Seinen Antrieben gefügig wird."[3]

Da erkennt die Person sich nicht wieder: Erfüllt von der Liebe, die Gott selbst in sie eingegossen hat, kann sie sich nun tatsächlich wirksam und fruchtbar den anderen schenken. Dabei hat sich ihre Liebe zu Gott und zum Nächsten gleichsam bis ins Unendliche ausgeweitet.

Hier begegnen wir den Erstlingsfrüchten der Heiligkeit, doch noch ist nichts endgültig erreicht, und bevor man zur Vollkommenheit,

---

[2] Teresa von Avila, "Die innere Burg", Diogenes Verlag. Kap. 1, S. 21
[3] P. Marie-Eugène, "Ich will Gott schauen"

zur völligen Vereinigung mit Gott in der siebten Wohnung gelangt, muß die Seele die furchtbare "Nacht des Geistes" durchmachen. Dieses kurz vorgestellte Schema des geistlichen Aufstiegs im Lauf des mystischen Lebens stellt kein starres Dogma dar, bei weitem nicht. Aus didaktischen Gründen handelt es sich um eine Vereinfachung dessen, was sich in Wirklichkeit abspielt. Es versteht sich von selbst, daß jeder Weg ursprünglich und absolut einzigartig ist. Die einzelnen Abschnitte werden jedoch von einigen bedeutenden gemeinsamen Merkmalen gekennzeichnet.

Es ist also unnütz, sich versuchsweise in die eine oder andere Wohnung hineinzuversetzen: das wäre das beste Mittel, um der Täuschung oder der Mutlosigkeit zu verfallen. Niemand, nicht einmal der klarsichtigste Seelenführer, könnte von sich behaupten, er wäre zu eine Unterscheidung hinsichtlich seines eigenen geistlichen Lebens fähig. Es ist im Gegenteil ein unbedingtes Gesetz der Unterwerfung und des Gehorsams, daß wir unseren Weg nicht allein gehen können, ohne uns zu verlaufen. Im übrigen, die Zeiten sind kurz, und Gott hat es eilig. Er überspringt einige Abschnitte. So ist es möglich, daß Menschen, die sich eben erst bekehrt haben, unverzüglich die mystischen Gnaden des inneren Gebets und der Kontemplation empfangen. Sehr schnell können auch Nächte auftauchen und uns überrumpeln. Früher bedurfte es einer ganzen Askese der Entsagung, einer langwierigen Selbstverleugnung, bevor man in den passiven Reinigungen von Gott ergriffen wurde. Zur Stunde scheint Gott aufgrund der Dringlichkeit der Zeiten anders vorzugehen. Deshalb haben wir uns nicht mit den drei ersten Wohnungen aufgehalten, in denen Gott nur auf sehr allgemeine Weise eingreift, indem er einige Tröstungen und Erleichterungen zur Sammlung gibt, und in denen der Mensch versucht, die Sünde zu meiden, sein Leben hinsichtlich des Gebets zu gestalten und seine Fehler zu verbessern, kurz, sich nach besten Kräften bemüht, in Gott zu wachsen, was an sich lobenswert ist, doch tut er es noch zu sehr aus sich selbst und für sich selbst.

Diese Menschen sind oft nur wenig vorbereitet und auf vielen Gebieten noch unbekehrt, wenn sie von der Gnade erhoben und eingesogen werden. Daher einige kleine psycho-pathologische Zwischenfälle, die begreiflich sind und heute vielleicht häufiger vorkommen als früher. Gott wagt einiges, um uns rasch zu großer Heiligkeit zu führen. An uns ist es, daran mitzuarbeiten und seine Arbeit an der Basis nicht zu untergraben, indem wir stets und ständig die Psychiatrie ins Feld führen und die Brüder und Schwestern aus unseren Gemeinschaften ausschließen, bei denen wir eine psychische Schwäche vermuten oder nach einiger Zeit die eine oder andere Form von Entgleisung feststellen.

Zusammen mit der Liebe ist Angst die tiefste Daseinserfahrung, die der Mensch hier auf Erden machen kann. Daher muß man alles tun, um sie zu schützen und zu verteidigen, damit sie nicht von einer gewissen reduktionistischen Darstellung in der Medizin und dem ganzen therapeutischen Arsenal "gestohlen" wird. In den Krankenhäusern unserer Zeit wird uns der Tod gestohlen, um ihm nur ja nicht ins Gesicht schauen zu müssen, und so werden uns auch unsere kleinen Tode, unsere Ängste, gestohlen.

Die Nacht des Geistes oder die absolute Angst
Niemand sieht Gott, ohne zu sterben (Ri 13,22)

Hier sind wir in der sechsten Wohnung, bei der Nacht des Geistes angekommen. Diese Nacht, sollte der heilige Johannes vom Kreuz sagen, ist "unvergleichlich viel schrecklicher und fürchterlicher für den Geist, als die erste für die Sinne gewesen war..., da steigen die Seelen in Wahrheit lebendig hinab in die Hölle."[4]

Regen wir uns deswegen nicht auf und lehnen uns auch nicht dagegen auf, sondern bedenken wir vielmehr, daß sie uns auf den Gipfel des Tabor führt, wo man schon die Seligkeit des Himmels kosten kann. Merken wir an, daß die Nacht des Geistes einem äußerst starken Eindringen Gottes in die Seele entspricht. Darum wird sie auch "eingegossene Kontemplation" genannt.

Niemand aber kann Gott sehen, ohne zu sterben; wundern wir uns also nicht, daß dieses blendende Von-Angesicht-zu-Angesicht uns in einen der schmerzhaftesten inneren Tode stürzt.

Vor einigen Jahren waren wir überrascht von der Ähnlichkeit, die zwischen der Nacht des Geistes und der Pathologie der Melancholie besteht. Im Rahmen der Universität haben wir dann dieses Thema zum Gegenstand einer Untersuchung gemacht, die zeigt, inwieweit es sich um zwei vergleichbare Erfahrungen handelt.[5]

[4] Siehe Hinweise zur Literatur
[5] Siehe Hinweise zur Literatur

Lassen wir uns von dieser Ähnlichkeit nicht verwirren. Die Melancholie ist die schwerste Form von Depression, die einen Menschen befallen kann. Sie kann bis zu einem Zustand der völligen Erschöpfung führen, in dem Verzweiflung und moralischer Schmerz einen unvorstellbaren Höhepunkt erreichen. Diese Angst unterscheidet sich grundsätzlich von der, die wir oben besprochen haben. Alle Psychiater, ob Atheisten oder Christen, stimmen darin überein, daß die Erfahrung der Melancholie die äußerste, absolute Erfahrung eines inneren Todes ist.

Was die Nacht des Geistes angeht, so spricht der heilige Johannes vom Kreuz dabei von einem "Abgrund namenlosen Leides". Der Mensch, der entdeckt, wie weit er von Gott entfernt und sogar gegen Gott ist, ist vernichtet, niedergeschmettert, er wird "von einem unermeßlichen, unsichtbaren Gewicht niedergedrückt; er leidet und erleidet eine solche Agonie, daß er den Tod als eine Erleichterung und ein Glück ansehen würde".

Die Beschreibung dieses namenlosen Leides ist an sich nichts Neues. Wir brauchen uns nur wieder in das Buch Hiob oder die Klagelieder zu vertiefen, ebenso in bestimmte Psalmen, um die gleichen schmerzvollen, verzweifelten Töne wiederzufinden.

Doch wodurch unterscheidet sich diese Form von Angst so sehr von der gewöhnlichen Angst? Wenn wir sie verstehen wollen, müssen wir zunächst unsere vorgefaßten Ansichten über das, was normativ ist, aufgeben und das Erleben der Angst nicht als Symptom einer zugrundeliegende Krankheit betrachten, sondern vielmehr als ein "Phänomen", das heißt als etwas, das in keiner Weise ein Anzeihen für eine Krankheit ist, sondern durch das sich ganz einfach eine besondere Form des Daseins auf der Welt kundtut.

Der erste, merkwürdige Aspekt dieser unermeßlichen Not ist der, daß sie ihrer Umgebung so verschroben, wenig verständlich und grundlos erscheint und nicht ohne weiteres Mitleid erregt. Im Gegensatz zu der üblichen Traurigkeit bleibt sie ohne Auswirkung auf den Nächsten, sie ruft kein Echo bei ihm hervor.

Diese Angst ist absolut, ist nicht mitteilbar und darin der psychotischen Angst sehr nahe. Offensichtlich hat die tödliche Traurigkeit, die Jesus in Getsemane durchgemacht hat, diesen Charakter des Nicht-Mitteilbaren: Seine Jünger bleiben seinen Rufen gegenüber seltsam verschlossen, ja sie können sogar mitten in dem Drama einschlafen.

Das Wort "Traurigkeit" ist hier übrigens nur ein sehr blasses Bild, um das eigentlich Unausdrückbare und Unerklärliche zum Ausdruck zu bringen, eine Art von Leeregefühl, Versteinerung, von absolutem Nicht-Leben.

Auch das gesamte körperliche Erleben wird von dieser Traurigkeit erfaßt: *"Er zehrte aus mein Fleisch und meine Haut, er hat meine Zähne zerschlagen... Er hat mich mit Staub genährt"* (Klg 3,1-20), oder auch im Buch Hiob: *"Seine Seele welkt in sich dahin, sein Eingeweide siedet ohne Hoffnung"* (Hi 30,27). Sie kann bis zu einer beinahe physischen Erfahrung innerer Verwesung gehen. Dieser namenlose Schmerz führt begreiflicherweise zu einer radikalen Handlungsunfähigkeit: "Die Seele kann in diesem Zustand ebenso wenig tun, wie jemand, der mit gefesselten Händen und Füßen völlig bewegungsunfähig in einem finsteren Verlies sitzt und eine Hilfe weder sehen noch fühlen kann...."[6]

Es ist unmöglich zu beten, aufmerksam an der Liturgie teilzunehmen oder manchmal auch nur die einfachste Handlung durchzuführen. Diese Hemmung trifft das Wesen bis ins Innerste und kann wie beim Melancholiker so weit gehen, daß es ihm unmöglich wird, seinen Schmerz auszudrücken. Sie kann auch eine Art affektive Anästhesie (die Unfähigkeit, irgendein Gefühl einschließlich der Traurigkeit zu äußern) hervorbringen, die paradoxerweise mit quälender Schärfe wahrgenommen wird.

Darüberhinaus wird für den, der diese Agonie erleidet, der eigene Leib zu einer unerträglichen Bürde und Last. *"Ich wurde mir selbst schwer und drückend gemacht"*, sollte Hiob sagen. Der Leib ist nur noch eine unendliche, fürchterlich erdrückende Last.

Die Welt wird gleichsam fremd; dieses Gefühl kann manchmal bis zum Wirklichkeitsverlust oder zum Persönlichkeitsverlust gehen. Der Mensch betrachtet seinen eigenen Leib (zum Beispiel die Hand) als nicht mehr zu ihm gehörig, sie kommt ihm seltsam vor. Alles scheint ihm unwirklich und sinnlos zu sein. Hier streifen wir die Grenzen des psychotischen Erlebens.

Verständlicherweise kann man in diesem Zustand keine Gemeinschaft mehr haben; das Vertrauen zum anderen oder zu Gott scheint auf immer und ewig verlorengegangen zu sein. Man fühlt sich zurückgewiesen. Aus diesem Grunde sind oft alle Anstrengungen

---

[6] Siehe Hinweise zur Literatur

vergeblich, die von der Umgebung - einschließlich des Seelenführers - unternommenen werden.

Es scheint, als vergehe die Zeit nicht mehr, sondern stehe still, und das Leben stirbt unerklärlicherweise: *"Er ließ mich an finstern Orten wohnen, bei den längst Verstorbenen... Ich sprach: Zu Ende ist meine Lebenskraft, mein Vertrauen, das zum Herrn ich hatte"* (Klg 3,1-20). Diese Hoffnungslosigkeit ist mit einem fest eingewurzelten Schuldgefühl verknüpft, das anscheinend jedes Erbarmen mit sich selbst ausschließt. "Wenn die Seele sich so elend sieht, kann sie nicht glauben, daß Gott sie liebt, sondern glaubt, daß sie nicht nur von Gott, sondern vielmehr von allen Geschöpfen für immer verabscheut zu werden verdient."[7] Wieviel Erbarmen der Betreffende in der Vergangenheit auch erfahren haben mag, überaus häufig taucht in der Nacht des Geistes der Gedanke an die Verdammnis auf. Also kann nicht einmal die Hoffnung auf den Tod befreiend wirken. Alles ist absolut verschlossen: *"Meine Hoffnung, wer kann sie noch erspähen; in die letzten Tiefen der Hölle wird sie hinabsinken"* (Hi 17,15-16). In seinem Leid ist der, der sich verdammt fühlt, vom Tod fasziniert, und diese Faszination kann bis zur fixen Idee eines Selbstmords führen, wie bei dem heiligen Ignatius von Loyola, der in den Zeiten unsagbarer Skrupel sehr oft versucht war, sich Gewalt anzutun, und von ihnen getrieben wurde, sich in einen Brunnen zu stürzen. Auf das Thema der Verdammnis wollen wir gleich im Zusammenhang mit dem heiligen Franz von Sales noch zu sprechen kommen.

Merken wir an: Endet die Melacholie oft im Drama des Selbstmords (eines im allgemeinen gewalttätigen Selbstmords ohne Appelcharakter: Sturz aus dem Fenster, Erhängen...), so ist dies bei der Nacht des Geistes glücklicherweise nie der Fall. Zwar bleibt die Faszination bestehen, und der Selbstmord kann erwogen und bis in die kleinsten Einzelheiten durchdacht werden, doch wie durch einen außerordentlichen göttlichen Schutz kommt es nie zu einer erfolgreichen Ausführung.

Der Gedanke an die Verdammnis kann schließlich paradoxerweise von einer Glaubensprüfung begleitet werden: Man glaubt nicht mehr an Gott, das Dasein ist absurd, es führt nur ins Nichts. Damit beschreiben wir die eigentliche Nacht des Geistes, wie sie die kleine

---

[7] Siehe Hinweise zur Literatur

Therese durchgemacht hat. Wir wollen hinzufügen, daß sie nicht nur zu ihrer eigenen persönlichen Reinigung hindurchgegangen ist, sondern viel mehr noch, um mit der Aussicht auf Erlösung den Atheismus der modernen Welt zu tragen.

Hineingeworfen in eine fremde Welt, in eine verzweifelte Zeitlichkeit, die bis zur Unendlichkeit stillsteht, ohne Gesprächsbeziehung zu Gott, die er verloren hat, *"verschränkt der Tor die Arme und verschlingt sich selbst"*, sagt der Ekklesiastes. Das ist die schwindelerregende Erfahrung der existentiellen Leere. Sie trifft sich mit der, deren Beschreibung Sartre in "La Nausée" gelang; es handelt sich um dieselbe Art von Erfahrung: die eine führt zum Tod (zum Absurden), die andere ist ein Weg der Auferstehung. Leere des Herzens, Leere des Geistes, alles scheint zusammenzubrechen, und man bleibt zurück im Angesicht des Nichts. Darum ruft man unaufhörlich in eine Leere ohne Antwort hinein: *"Auch wenn ich schrie und flehte, so blieb er stumm auf mein Gebet (Klg 3,8)... Eingesunken bin ich in tiefem Schlamm, es findet mein Fuß keinen Grund"* (Ps 69,3). Der Stillstand der Zeit und die Verschlossenheit der Zukunft bewirken, daß die Vergangenheit sich nicht mehr vertreiben läßt und zum Ort endloser Gewissensbisse und Grübeleien wird.

Meine Seele denkt und grübelt und droht sich aufzulösen (Klg 3,20)

Die Verfehlung ist dann nicht wieder gutzumachen, der Mensch wühlt unablässig in seiner Vergangenheit, und alles, was getan wurde oder hätte getan werden können, türmt sich schließlich vor ihm auf und treibt ihn zu immer größerer Verzweiflung.

Für die Umgebung ist dieses Schuldgefühl stets unverständlich, da ein offenkundiges Mißverhältnis zwischen dem abnormen Erleben der Verfehlung und dem vielleicht dafür angegebenen Grund besteht. Es grenzt in sich schon an das Delirium, weil ihm jede reale Grundlage fehlt. Auch andere quasi-delirante Themen sind anzutreffen: Gedanken der Beeinflussung oder der Verfolgung, Gedanken der dämonischen Beherrschung, ja Besessenheit. Hier stehen wir natürlich schon an der Schwelle zur Psychose. Merken wir an, daß der heilige Johannnes vom Kreuz, der diese überwältigende Form des unbegründeten Schuldgefühls kennengelernt hatte, am Ende dieser Prüfung ausrufen konnte: "Im Handumdrehen ist von meiner Sünde keine Spur mehr übrig, die LIEBE hat alles verbrannt", so als wäre er nach dieser schrecklichen Reinigung davon gepackt gewesen, wie offenkundig die Barmherzigkeit unaufhörlich hervorbricht.

Wir wollen abschließend hervorheben: Die Angst der Nacht des Geistes, zum Beispiel die melancholische Angst, hat aus dem Grund nichts mit der psychologischen Angst zu tun, weil sie eine essentielle Form des Seins ist und kein fest umrissenes Thema, keinen realen Inhalt aufweist. Es ist ein radikaler, absoluter Verlust des Selbst. Es ist ein wahrer geistlicher Tod, der nur von denen völlig begriffen werden kann, die ihn selbst durchgemacht haben.

Diese Reinigung des Geistes kann sehr verborgen und rasch geschehen, kann aber auch, wie wir noch sehen werden, jahrelang unterbrochen sein und wieder einsetzen, ohne daß man genau sagen könnte, warum.

Was wir gerade besprochen haben, sollte jedoch nicht zu wörtlich genommen werden: Wir haben die verschiedenen Merkmale der Nacht des Geistes zusammengestellt, wodurch das Bild natürlich besonders schwarz wird.

In der Praxis kann man den einen oder anderen Aspekt mehr oder weniger stark erleben. Und ein letzter Punkt: Eingedenk dessen, was wir über die Dringlichkeit der Zeiten gesagt haben, scheinen die Nächte des Geistes heute gemischter zu sein als früher. Der Herr kann jemanden in die Prüfung der Nacht des Geistes stürzen, der von einer Reinigung auf der Ebene der Sinne noch weit entfernt ist. Dann tauchen mitten aus diesem schmerzvollen Marasmus Symptome auf, die eher an die Pathologie der anfangs beschriebenen psychologischen Angst erinnern. Das Bild ist also gemischt, und die Unterscheidung dadurch umso schwieriger.

Schließlich, und das ist ein Glück, macht der heilige Johannes vom Kreuz deutlich: "Dieser Liebesbrand ist nicht immer spürbar; die Seele fühlt ihn nur mit Unterbrechungen. Wenn sie weniger stark belagert wird, kann sie die wunderbare Arbeit sehen, die sich in ihr vollzieht."[8]

---

[8] Siehe Hinweise zur Literatur

Gottes Wege sind nicht unsere Wege (Jes 55,8)

Was geschieht während der Nacht des Geistes?
Unmöglich ist Gott ein Folterknecht, der jemandem mit Absicht solche Leiden zufügte. "Wollte man ausschließlich Gott und seinem direkten, unmittelbaren Tun die verschieden Wirkungen der Kontemplation zuschreiben, hieße das nicht, die übliche Handlungsweise der göttlichen Vorsehung außer acht zu lassen?" sollte P. Marie-Eugène fragen[9]. Wir wollen daher die folgende Hypothese aufstellen: Gott fügt niemandem das namenlose Leiden zu, das Johannes vom Kreuz als Nacht des Geistes gekennzeichnet. Sie scheint im Gegenteil unvermeidlich zu sein, und in der einen oder anderen Form hat sie anscheinend keinen Heiligen verschont. Das Martyrium kann ebenso wie das Fegfeuer als eine Form oder eine Entsprechung der Nacht des Geistes angesehen werden.

Wir müssen den Ursprung dieses Leidens vielmehr in unserer eigenen Natur suchen. Der Starez Siluan sagt, daß die Reinigung vom Hochmut die größte und äußerste Askese des Mönches ist. Nach den fleischlichen Leidenschaften und, an zweiter Stelle, dem Jähzorn. Nach der Aussage der Mystiker greift die Nacht des Geistes diesen tief in uns verankerten Kern des Hochmuts an. Wir sehen aber, daß der Mensch in dieser Prüfung der Verzweiflung preisgegeben ist und zuweilen auch der Empörung, wenn er noch die Kraft dazu hat. Gott antwortete dem Siluan bezüglich dieser Reinigung vom Hochmut, die für ihn qualvoll war: "Bewahre deinen Geist in der Hölle und verzweifle nicht!" Ein rätselhaftes, paradoxes Wort, weil die Hölle der eigentliche Ort der Verzweiflung ist.

Es ist gewiß, daß Gott in der Nacht des Geistes einen winzigen Spalt zur Hoffnung hin offenhält, den das Bewußtsein manchmal oder sogar meistens gar nicht spürt. Da das Erleben des in die Nacht des Geistes eingetauchten geistlichen Menschen in allem mit dem des Melancholikers vergleichbar ist, müßte auch die Zahl der erfolgreich durchgeführten Selbstmorde vergleichbar sein. Wir können jedoch nichts dergleichen feststellen.

Warum läßt die Reinigung den Menschen die äußerste Verzweiflung und Hoffnungslosigkeit durchmachen, wenn sie den Hochmut in Angriff nimmt? Vielleicht haben wir hierin die äußerste Form des

---

[9] P. Marie-Eugène, "Ich will Gott schauen"

Hochmuts vor uns. Die Psychoanalytiker haben gezeigt, daß das Kind sehr früh Phasen von Hoffnungslosigkeit und Empörung durchmacht. Darin besteht das ganze Werk von Melanie Klein, das jedoch mit Zurückhaltung aufgenommen werden muß, da es sich auf eine zutiefst atheistische Sicht des Menschen gründet und für das Liebesbewußtsein des kleinen Kindes keinen Platz hat (siehe hierzu P. Thomas Philippe). Melanie Klein geht sogar so weit, daß sie von Haß bei dem ganz jungen Säugling spricht, vor allem in der Zeit einer Frustration, wenn er von Hunger und Durst gequält wird und seine Mutter abwesend ist. Das ist die berühmte "schizo-paranoide" Phase, die tatsächlich ein "psychotischer Moment" sei, den jeder Mensch in den ersten Lebenstagen durchmache.

Woher sollte bei einem so kleinen Kind diese psychotische Haltung der Verweigerung, des Bruchs der Gemeinschaft mit den anderen kommen, wenn nicht von den Folgen der Erbsünde?

Vergessen wir nicht, daß Adam und Eva sich nach dem Sündenfall versteckten, um sich Gottes Blicken zu entziehen. Dadurch werden der Dialog und die Gemeinschaft abgebrochen, aufgrund einer tief in ihnen liegenden Haltung der Abkapselung, die etwas mit Hochmut zu tun hat... und mit der Psychose!

Wir sind zwar durch die Taufe von der Erbsünde gereinigt, doch was die Folgen dieser Sünde bezüglich unserer Natur, unserer Seele und schließlich unseres Geistes angeht, so muß die Taufgnade unser ganzes Leben lang daran arbeiten. Zweifellos vollzieht sich diese Heilung in der Nacht des Geistes oder auch im Fegfeuer, und das letzte Bollwerk des Hochmuts wird geschliffen, das uns von der Erbsünde überkommen ist und von unserer eigenen Weigerung, zu lieben und uns lieben zu lassen, aufrecht erhalten wurde. Es darf uns dann nicht wunder nehmen, daß wir Zustände durchmachen müssen, die wie eine Psychose aussehen oder es sogar sind. Diese Verweigerung hindert Gott daran, in die Tiefen unserer Abgründe einzudringen, obwohl wir dies so oft ersehnt und herbeigerufen haben. Wir liefern uns Gott mitten in einem unerbittlichen Kampf aus.

Die Nacht des Geistes als Durchbohrung des Herzens

Wir wollen auf die Durchbohrung des Herzens Mariens zurückkommen. Wir haben vorgeschlagen, darin ihren Durchgang durch die äußerste Verzweiflung der Nacht des Geistes zu erblicken. Nicht, daß es in ihr auch nur die kleinste Spur der Erbsünde gäbe, denn sie ist Unbefleckte Empfängnis, doch wie Jesus in Getsemane nimmt sie bis hierher an unserem Elend teil... aus Mitleid und auch in einer erlösenden Opfergabe ihrer selbst.

Marthe Robin sagte mitten in der Prüfung: "Ich bin Sünde, ich bin Sünde, kommt mir nicht nahe!" Wie Jesus am Schandholz des Kreuzes war sie zum Heil der Welt mit der Sünde gleichgesetzt worden. Aus Mitleid, und weil Maria selbst ein Geschöpf ist, sind in der Durchbohrung ihres Herzens alle Nächte und äußersten Verzweiflungen enthalten, die die Menschen aller Zeiten durchmachen müssen. Vom Geist getrieben, erinnert Simeon an diese im Menschenherzen verankerte Ablehnung: *"Siehe, dieses Kind ist gesetzt zum Fall und zum Auferstehen vieler in Israel und zu einem Zeichen, dem widersprochen wird; aber auch deine eigene Seele wird ein Schwert durchdringen, auf daß die Gedanken aus den Herzen offenbar werden"* (Luk 2,34). Diese historische Ablehnung Jesu durch seine Zeitgenossen verbindet sich hier mit unserer eigenen bewußten oder unbewußten Ablehnung Gottes. Eben dieser tiefverwurzelte, verborgene Abbruch der Gemeinschaft, diese Sünde des Geistes will von der Durchbohrung des Herzens enthüllt, bloßgelegt und schließlich beseitigt werden.

Wenn Maria andererseits das Verderben des Todes nicht kennengelernt hat, dann deswegen, weil sie am Fuß des Kreuzes bereits auf mystische Weise in dem Augenblick gestorben war, als das Schwert ihr Herz durchbohrt hatte. Aus diesem Grunde spricht die Ostkirche lieber von der Dormitio der Jungfrau. Auch der Mystiker lernt diese Art von Tod kennen, wenn er die Nacht des Geistes durchmacht; dieser Tod ist vielleicht weniger vollständig, da er sich für ihn erst im physischen Tod vollendet, aber dennoch führt er ihn in ein neues Leben ein, in das Leben des mitten unter uns anwesenden Reiches: *"Siehe, ich mache alles neu!"* (Off 21,5).

Am Ende der Reinigung gelangt er zu einem Leben in dieser Tiefe, in der die Seele durch die Verwandlung und Ähnlichkeit der Liebe fortan vollkommen mit Gott vereinigt ist. Er wird ganz und gar mit Christus gleichgesetzt und lebt nur noch, um diese törichte LIEBE auszubreiten, die ihn erobert hat. Er ist verklärt, seine Persönlichkeit ist durch den Einfluß des Geistes sogar gewachsen und voller Überschwang, und durch all seine Gesten und Worte scheint Gottes Fülle hindurch. Der Heilige strahlt die Herrlichkeit Gottes aus, alles in ihm atmet Liebe, und in dem Überschwang der Liebe reißt er eine Menge Seelen mit sich fort!

O Seelen, zu solcher Größe geschaffen! O ihr, die ihr berufen seid, sie zu besitzen, was tut ihr? Womit befaßt ihr euch nur?
(Geistliches Lied, Hl. Johannes vom Kreuz)

Eine Berührung der Nacht des Geistes: Die Prüfung des Bruders Gabriel M.

September 1985: Gabriel sitzt matt in der Klosterküche. Alle Brüder sind im Chor. Er würde gern weinen, aber da ist nichts, nichts als diese völlige Leere, die ihn umklammert. Er starrt vor sich hin... auf die Messerklinge auf dem Tisch. Glänzend und scharf wirft sie tausend Lichter. Mein Gott, wie mich das fasziniert... Und wenn ich mir den Hals durchschnitte? Alles wäre zu Ende, ich würde mich im Nichts auflösen, und es würde so sein, als wäre ich nie geboren. Eine Stimme klingt in ihm nach:
Unglück über diesen Menschen... besser wäre er nie geboren worden! Unglück! - nie geboren... Judas... Judas... die Verdammnis... die Sünde wider den Geist.
Alles dreht sich ihm im Kopf, ein Schwindel erfaßt ihn, er läuft zum Ausguß, um sich zu übergeben. Der Bruder Koch kommt herein: Na, Junge, geht's dir nicht gut? Gabriel wirft ihm einen erschrockenen Blick zu, macht sich hastig sauber und geht ohne ein Wort zu sagen aus der Küche; halb taumelnd zieht er sich in seine Zelle zurück und versucht dort in der Dunkelheit an die Mauer gelehnt, sich wieder zu fassen.
So entdeckt ihn der Vater Novizenmeister.
Alles hatte mit einer gewöhnlichen Müdigkeit, mit ein wenig Schlaflosigkeit begonnen. Nach und nach fühlte Gabriel sich zu nichts mehr fähig. Unmöglich, in die Theologievorlesung zu gehen. Unmöglich, den Chor durchzustehen. Unmöglich, etwas zu essen. Zugleich unmöglich, allein zu bleiben. Der Vater Novizenmeister hatte schließlich den Arzt des Ordens kommen lassen, der den Dingen aber bald nicht mehr gewachsen war und ihn zu einem Psychiater schickte, der seinerseits am Ende seines Lateins ankam

und ihn aus reiner Verzweiflung an uns überwies. Als ältester Sohn einer großen Familie war Gabriel stets ein vernünftiges, angenehmes, entgegenkommendes Kind gewesen. Von einem christlichen Milieu umgeben, hatte er sich früh Gott geweiht, leistete tausend Dienste und führte ein intensives Gebetsleben.

Nachdenklich und zugleich heiter, wies er als Jugendlicher einen Hang zum Perfektionismus auf, der ihn hohe Anforderungen an sich selbst stellen ließ... und an die anderen.

Nach dem glänzenden Abschluß seiner Studien an einer Pariser Hochschule wählte er zur Freude seiner Familie den Ordensberuf und trat ins Kloster ein. Er war zu dem Zeitpunkt 23 Jahre alt.

Die ersten fünf Jahre seines Ordenslebens vergehen gut. Man überträgt ihm sogar viele verantwortliche Aufgaben. Zur selben Zeit nimmt er eine Ausbildung in Philosophie und Theologie in Angriff, mit dem Ziel, Priester zu werden.

Als er zu uns gebracht wurde, war Gabriel mißtrauisch und voller Widerspruch. Sein Gesichtsausdruck zeugte von seiner Niedergeschlagenheit und Mutlosigkeit. Auf Fragen antwortete er einsilbig. Er verweigerte jede Form von Behandlung. Nach einigen Tagen begann er sich zunehmend zu öffnen. Er vertraute uns an, daß er vom Gedanken an den Tod besessen sei. Er spürte, daß in ihm etwas zerbrochen, endgültig zerstört war. Er spürte es körperlich, in Höhe der Kehle, weswegen er nicht mehr singen konnte, sowie in Höhe des solar plexus. Er hatte den Eindruck, als hätten die ihm vom praktischen Arzt aufgezwungenen Medikamente - Anxiolytika - seine Eingeweide vergiftet. Der Kopf war ihm unerträglich schwer. Selbst die Atmosphäre erschien ihm seltsam, wie getrübt, gedämpft und lastend. Er konnte sich anstrengen, wie er wollte, er war zu nichts anderem fähig, als wie erstarrt dazusitzen und über seine Selbstmordgedanken nachzugrübeln.

Es gelang, ihm nach vielen Rückziehern ein Antidepressivum und ein Neuroleptikum in niedriger Dosierung zu verabreichen, die er widerwillig, aber gehorsam einnahm.

Die "Krise" dauerte ungefähr neun Monate, und zunehmend fügte er sich ins brüderliche Leben ein. Zunächst in den Erholungspausen, dann begann er von neuem, die Kapelle aufzusuchen, ohne daß man ihn wie früher "hinschleppen" mußte. Wir wollen dabei klarstellen, daß er nicht aufgehört hatte, die Kommunion zu empfangen, aus Gehorsam gegenüber seinem Vater Novizenmeister, der es ihm befohlen hatte. Schließlich setzt er sich wieder an den Schreibtisch und schaut interessiert in seine geistlichen Bücher. Mit dem Erfolg, daß er Ende Juli 1986 in gutem Zustand in sein Kloster zurückgeschickt werden kann.

Seine Kontaktaufnahme ist wieder ausgezeichnet, freundlich, sehr warmherzig und heiter; er ist voller Pläne und glücklich, seine Brüder wiederzusehen.

Im Herbst 1986 nimmt er sein Studium wieder auf. Seine Rede ist klar, tief und eindringlich. Seine Persönlichkeit wirkt gefestigt, anscheinend hat er den Hang zum starren Perfektionismus zugunsten einer gesunden Sorglosigkeit aufgegeben, die dem "Ungefähr" sehr humorvoll Raum zu geben weiß. Man nimmt an ihm eine bemerkenswerte Fähigkeit des Zuhörens, der Öffnung und der Aufmerksamkeit anderen gegenüber wahr, sowie eine sehr große Durchsichtigkeit.

Schließlich wird er mehrfach gebeten, in der Messe das Tagesevangelium zu kommentieren, was er schließlich mit einer großen Salbung ausführt, mit dem Erfolg, daß die Leute aus dem Dorf davon ganz bewegt sind!

Im Januar 1988 ist er noch in einem ebenso blühenden Zustand. Heute können wir zugeben, daß wir sehr verwirrt waren, als Gabriel zu uns gebracht wurde. Wir waren bezüglich seiner Prognose äußerst zurückhaltend, da wir das Schlimmste befürchten mußten: vielleicht eine Episode einer beginnenden Schizophrenie, oder auch eine erste Krise einer deliranten Melancholie.

Darum haben wir nicht gezögert, ihn unter Neuroloptika und Antidepressiva zu setzen. Wir bedauern es nicht, denn diese Behandlung hat es ihm vielleicht erlaubt, die Prüfung auf weniger schmerzvolle Weise durchzumachen.

Erst nachträglich und unter Berücksichtigung der Verwandlung Gabriels konnten wir mit Gewißheit die Unterscheidung einer Nacht des Geistes machen, oder vielmehr der Berührung einer Nacht des Geistes, mit einer gewiß zum Teil starken inneren Heilung. Wir sprechen von einer "Berührung", da die Prüfung schlußendlich relativ kurz gewesen ist: eine Finsternis von neun Monaten... die Zeit einer Schwangerschaft. Und ohne der Zukunft vorgreifen zu wollen, können wir annehmen, daß Gabriel, wenn er der Gnade treu bleibt, noch weitere, vielleicht völlig andersartige "Berührungen" erhalten wird, bis zu seiner vollständigen Verwandlung in Gott.

V
Franz von Sales
und
die Versuchung der Verzweiflung

Der heilige Franz von Sales, der Apostel der Sanftmut und der Liebe Gottes, lernte die Qual, sich verdammt zu glauben, im Alter von zwanzig Jahren kennen.

Er studierte mehr oder minder heimlich Theologie an der Sorbonne - sein Vater hielt nichts davon, daß er Priester würde - und beteiligte sich an den leidenschaftlichen Diskussionen seiner Zeitgenossen über die Prädestination. In der Tat säte Calvin den Aufruhr, der lehrte: "Gott erschafft die Menschen nicht alle gleich, sondern bestimmt die einen zum ewigen Leben, die anderen zur ewigen Verdammnis. Je nach dem Ziel, zu dem der Mensch geschaffen ist, sagen wir daher, daß er entweder zum Tod oder zum Leben vorherbestimmt ist... Ein für allemal hat Gott bestimmt, welche Er in sein Heil aufnehmen und welche Er dem Verderben überantworten wollte..."[1] Ein gewisser Baius ging noch weiter: "All unsere Taten sind von Habsucht gekennzeichnet - die Nächstenliebe, selbst die vorbildlichste, kann sich mit der Schuld der ewigen Verdammnis verbinden!" Und so wurde die Seele des jungen Franz von Zweifeln und Verwirrung gepackt: "Und wenn Gott mich verstoßen hätte, um seine Gerechtigkeit zu erweisen?..." Der "Engel des Kollegs", wie Franz von Sales genannt wurde, eines Tages in der Hölle! Welche Ironie! Diese fixen Ideen trafen dann wie durch Zufall mit einer wahren geistigen Überanstrengung zusammen - wenn er sich wenigstens jemandem hätte eröffnen können..., aber nein, er behielt alles für sich, und Bitterkeit nagte an seinem Herzen. Das anhaltende Weinen hatte ihn anscheinend in Agonie versetzt - doch "versuchte er, das Herz Gottes zu rühren, entweder um von dieser Versuchung erlöst zu werden, oder um, von Ihm getröstet, mutig im Glauben zu verharren, und schließlich, damit das unerschütterliche Vertrauen, das er in seine Barmherzigkeit gesetzt hatte, nicht getäuscht würde". Zuwei-

[1] Siehe Hinweise zur Literatur

len fand er ein wenig Trost beim Lesen der Psalmen, die mit dem Zustand seiner Seele übereinstimmten.

Diese Prüfung dauerte nur sechs Wochen, doch war sie so hart, daß Franz dabei vollständig den Schlaf verlor und, den Tod ins Gesicht geschrieben, ganz "mager und gelb wie Wachs" wurde. So sehr, daß man um sein Leben fürchtete. Zweifellos litt er an einer schweren Leberstörung. An einem Januarabend, als er allein vom Kolleg durch die kalten Straßen von Paris nach Hause geht, stürzt er schließlich in die Kirche St.Etienne-des-prés. In seiner kindlichen Verzweiflung läuft er geradewegs zu seiner göttlichen Mutter. Auf dem Boden ausgestreckt öffnet er ihr sein Herz und betet dann: "Was auch geschehen mag, Herr, was du auch hinsichtlich dieses ewigen Geheimnisses der Vorherbestimmung und der ewigen Verdammnis über mich beschlossen haben magst..., ich will dich *immer* lieben und auf deine Barmherzigkeit vertrauen!..."

Ein wunderbarer Sprung ins Vertrauen und in die Hingabe. Darauf ergreift er ein Täfelchen, das dort lag, und beginnt aus vollem Herzen das "Gedenke..." zu sprechen, das darauf stand...

Später sollte er sagen, daß Gott solche furchtbaren Prüfungen nur zuläßt, wenn Er zuvor eine Liebe in die Seele gegossen hat, die stark genug ist, um sie zu ertragen.

Nicht den Tod des Sünders will ich, sondern daß er umkehrt und lebt (Hes 18,32)

Durch diese Erfahrung bestärkt, konnte er später andere lehren, daß Gott niemandem das Paradies verweigert, sondern es allen darbietet und dann denen gibt, die bereit sind, es von Herzen gern zu empfangen. In Wirklichkeit sind wir einzig dazu vorherbestimmt: "zum ewigen Heil". Der heilige Paulus sagt selbst zu uns: "*In ihm hat er uns vorherbestimmt vor Grundlegung der Welt, damit wir heilig und makellos seien vor seinem Angesicht in Liebe*" (Eph 1,4).

Alles andere kommt vom Bösen: Gott ist unschuldig an dem Übel, unmöglich könnte er unseren Fall im voraus festlegen. Die Absagen, die wir Ihm erteilen, sind für Ihn entsprechend viele Ohrfeigen, wie Er sie während seiner Passion mit verbundenen Augen von den Soldaten erhielt: "Sei doch Prophet! Sag uns, wer hat dich geschlagen?"... (Mark 14,65), und Gott schweigt, über solche Dinge redet Er nicht prophetisch. Ein unergründliches Geheimnis, das Vorherwissen Gottes, der sich zu verhüllen scheint, wenn die Sünde sich gegen Ihn erhebt. Geheimnis der Liebe, von dem sich unser beschränkter Verstand niemals einen Begriff wird machen können.

Als Franz sich drei Jahre später, mit 23 Jahren, infolge einer Typhusepidemie, die unter den Studenten von Padua wütete, dem Tod nahe fühlte, sollte er einen außergewöhnlichen Frieden bewahren und versichern, daß er "nichts anderes als den Willen Gottes wollte und, gleichgültig gegen den Tod oder das Leben, Seine Barmherzigkeit erwartete"[2].

Mit einer gewissen Kaltblütigkeit übergab er daher Gott seine Seele, und seinen Leib... den Medizinstudenten, um eins dieser Blutbäder zu verhüten, die nie ausblieben, wenn die Studenten - eine heikle Geschichte - sich nachts auf den Friedhöfen bedienen gingen, um Anatomie studieren zu können!

Wie durch ein Wunder überstand der heilige Franz diese Krankheit und konnte in den Schoß der Familie zurückkehren, um sich bei dieser Gelegenheit dann einer anderen Art von Prüfung gegenübergestellt zu sehen: dem Zorn seines Vaters, der nichts davon hören wollte, daß er Priester würde, und stattdessen eine Verlobte ausgesucht hatte.

Alle diese Widrigkeiten bewirkten aber nur, daß Franz zu einem tiefen, festverwurzelten Frieden fand, den nichts mehr erschüttern konnte. Und das eher lebhafte, aufbrausende Temperament, das er von Natur aus besaß, wurde nach dem Vorbild seines Meisters von Herzen sanftmütig und demütig.

So konnte er schließlich lehren, daß man viel schneller mit Liebe und Feinfühligkeit zum Ziel kommt als mit Strenge und Härte. Es nützt nichts, negativ und kritisch zu sein: Fliegen fängt man nicht mit Essig. Besser ist es, jemandem zu zeigen, was er an besonders Schönem in sich trägt, als ihm ständig seine Fehler vorzuhalten. Besser ist es, ihm die Sanftmut und Liebe des guten Gottes zu zeigen, als ihn durch Furcht voranzutreiben. "Nichts durch Gewalt, alles durch Liebe" sollte sein Wahlspruch werden.

Auf diese Weise wurde er zu einem der größten geistlichen Führer aller Zeiten. Gewiß, es fehlte nicht an bösen Zungen, die ihm mangelnde Festigkeit unterstellten. Doch wenn sein Herz auch vor

[2] Siehe Hinweise zur Literatur

Zärtlichkeit für die überfloß, die ihm anvertraut waren, so duldete er doch niemals einen Kompromiß mit der Sünde. Er hatte dafür im Gegenteil ein sehr geschärftes Bewußtsein.

Ich weine darüber, daß Sie nicht weinen

So hörte er eines Tages im Beichtstuhl ein gleichgültiges, laues Beichtkind die Liste seiner Sünden ohne den geringsten Schatten von Reue hersagen. Er schwieg, ergriffen von Zerknirschung. Nach einer kleinen Weile beugte der Mann sich vor und sah, daß das Gesicht des Priesters tropfnaß von Tränen war. "Ich weine darüber, daß Sie nicht weinen", hörte er ganz beschämt zu sich sagen.

Ebensoviel verlangte er von der heiligen Johanna von Chantal, die der Herr ihm besonders anvertraut hatte. Da er fand, daß sie Kleider trug, die für eine junge Witwe, die entschlossen war, nicht wieder zu heiraten, ein wenig der Schlichtheit ermangelten, forderte er sie bei einem Empfang einigermaßen trocken auf, "das Aushängeschild herunterzunehmen"!

Dennoch brachte er ihr eine außerordentliche Zuneigung entgegen. Es ist sogar eine der schönsten geistlichen Freundschaften, die die Heiligengeschichte zu bieten hat. Eines Tages vertraute er ihr an: "Seit ich Priester bin, hat mir der Herr die Gnade gewährt, fast nie abgelenkt zu sein, aber seit kurzem kommt mir am Altar Ihr Gesicht in den Sinn, nicht um mich von Gott abzulenken, sondern um mich noch stärker mit Ihm zu verbinden." Eine wunderbare Veranschaulichung dessen, was eine wahre geistliche Liebe sein kann, die nicht von Gott trennt, sondern im Gegenteil zu Ihm hinführt.

Zur selben Zeit lebte unbekannt und manchmal sogar wegen seiner Einfalt verachtet ein kleiner karmelitischer Laienbruder. So verschieden er vom heiligen Franz von Sales war, auch er mußte die gleiche, seltsame Pein erleben, sich verdammt zu fühlen.

Ein kleiner, allen verständlicher Bruder: Laurentius von der Auferstehung

"Bruder Laurentius, schrieb Fénélon, ist grob von Natur aus und zartfühlend aus Gnade. Diese Mischung ist liebenswert und zeigt

Gott in ihm." Dieser ehemalige Dienstbote, der "plump war und alles kaputtmachte", wurde durch Gottes Gnade ein großer Mystiker, bei dem dank seiner Herzenseinfalt keinerlei Gefahr besteht, daß er uns einschüchtern könnte. Er genoß ein außergewöhnlich vertrauliches Verhältnis mit dem Herrn, sprach unaufhörlich mit ihm und vertraute ihm die kleinsten seiner täglichen Sorgen in den niedrigsten Arbeiten des Klosters an, die ihm nicht ohne eine gewisse Verachtung überlassen wurden. Und Gott vergalt ihm Vertraulichkeit mit Vertraulichkeit, indem er ihn bei der Hand nahm und allen Heiligen des Himmels vorstellte und ihnen den kleinen Bruder Laurentius zeigte, der auf der Erde unbemerkt geblieben war und in den Er all sein Wohlgefallen und seine ganze Liebe gelegt hatte.

Er war von einer solchen Einfalt, daß sich bei ihm das Problem der Seelenführung kaum je ergab. Seine Unwissenheit über sich selbst - er betrachtete sich nie - machte ihn unfähig, sein inneres Leben hervorzukehren. Während er sich mit glänzenden, kultivierten Menschen unwohl fühlte, die ihn übrigens zu einfältig fanden, hatte er für die Geringen und Kleinen nichts Verstecktes an sich, und unbefangen entdeckte er ihnen alle Reichtümer Gottes.

Er, der so gut wie nie etwas gelesen hatte, der in allem, was er tat, so kindlich auf Gott ausgerichtet war, er machte eine schreckliche Krise voller Zweifel und Ängste durch. Er bekam so etwas wie die Gewißheit, verdammt zu sein, und so blieb es für ihn vier Jahre, die ein wahres Martyrium waren. Niemand vermochte ihn von dem Gegenteil zu überzeugen.

"Er betrachtete die Sünden seines vergangenen Lebens, und dieser Blick verursachte ihm Entsetzen und machte ihn in seinen Augen so klein und verächtlich, daß er sich der geringsten Zärtlichkeiten des Bräutigams unwürdig fühlte; dennoch sah er sich davon außerordentlich begünstigt, und in dem Gefühl seines Elends redete er sich ein, in einer Täuschung zu leben. Sein Zustand erschien ihm so zweifelhaft, daß er nicht mehr wußte, was aus ihm werden sollte. In der Folgezeit konnte er seine Qualen nicht anders ausdrücken, als sie mit denen der Hölle zu vergleichen.

Seine Befürchtungen und seine Ratlosigkeit nahmen ein solches Ausmaß an, daß sein Geist wie 'stillstand'. Wir sehen hier ein Zeichen, das auf eine Nacht des Geistes hinweist. Seine Seele war in einer so dichten Dunkelheit gefangen, daß er weder vom Himmel noch von der Erde irgendwelche Hilfe empfing. Da faßte er den großzügigen,

vollkommen paradoxen Entschluß, alle diese Qualen 'nicht nur für den Rest seines Lebens, sondern auch in der ganzen Ewigkeit auszuhalten': Denn, so sagte er sich, es macht nichts mehr aus, was ich durchmache oder was ich leide, vorausgesetzt, ich bleibe in Liebe mit Seinem Willen vereint, denn das ist mein ganzes Glück."
In eben dieser vollständigen Opferbereitschaft empfing er einen Strahl des göttlichen Lichts, der alle seine Befürchtungen vertrieb. Weil er in allem nur für Ihn handelte, machte es ihm wenig aus, verdammt oder erlöst zu sein, wesentlich war für ihn, Gott mehr als alles andere zu lieben, und wenigstens dieses Gute würde ihm bis zu seinem Tod bleiben. Danach dachte er weder ans Paradies noch an die Hölle, sondern nur noch daran, sich im gegenwärtigen Augenblick ständig in Gott zu freuen, sich unter allen Umständen voller Liebe mit ihm zu unterhalten, vor allem in den Versuchungen und Trockenheiten *und sogar in den Treulosigkeiten und Sünden.*
Dieser Satz ist von besonderer Bedeutung, denn wenn wir fallen, brechen wir das Liebesgespräch im allgemeinen ab, überzeugt, wie wir sind, daß diese beiden Gegensätze nicht nebeneinander bestehen können. Gott aber liebt uns auch dann, Er weiß, daß wir schwach sind, und diese Abkehr, die wir von Ihm vollziehen, schmerzt Ihn weitaus mehr als unser Fallen an sich.
Möge der kleine Bruder Laurentius von der Auferstehung uns lehren, Gott so weitgehend zu vertrauen.

VI
Jean-Jaques Olier
oder
Wie weit kann Gott zu weit gehen?

Wenn Gott in die Geschichte eingreift, geschieht es immer mit jenem
brausenden Ungestüm, das durch das Leben von Hiob fegt, zugleich
aber mit unendlicher Achtung vor der Freiheit. So stürzt die Menschwerdung des Wortes die Geschichte nicht nur einer Zivilisation,
sondern des ganzen Planeten Erde radikal und endgültig um. Das
Christentum hat die Liebes-Passion erfunden und das Individuum in
seiner Freiheit gekrönt und dabei paradoxerweise den Liberalismus
im weiteren Sinne des Wortes und den Individualismus entdeckt.
Um souverän zu sein, kann das Gute nicht anders, als dem Bösen alle
Freiheit zu lassen; um wirklich geliebt zu werden, kann die Liebe
nicht anders, als der Ablehnung der Liebe alle Freiheit zu lassen. Die
Geburt der Unschuld der LIEBE zieht eine Reaktion von Haß nach
sich, daher der Mord an den Unschuldigen Kindern. Dieser Gegensatz, der in den reinsten Augenblicken der Menschheitsgeschichte zu
finden ist, in denen sich das Geheimnis der Sünde kundtut, den
treffen wir auch in der reinen, dünnen Luft der Gipfel des geistlichen
Lebens an. Die freiesten, in ihrer Freiheit am wahrhaftesten menschlichen Menschen wie Franz von Assisi, Teresa von Avila oder Jean-
Jaques Olier, von dem wir gleich sprechen wollen, sie kennen die
übernatürlichsten Gnaden, die unerhörtesten Überwindungen des
Menschseins und zugleich die Kämpfe, die Auseinandersetzungen
mit dem, was im Menschen am schwärzesten und schlimmsten ist,
Zusammenstöße, aus denen sie siegreich hervorgehen. Kurz gesagt,
wer viel empfangen hat, von dem wird viel verlangt, selbst wenn das
ihm Abverlangte nicht nur den gemeinen Sterblichen, sondern auch
den meisten geistlichen Menschen übertrieben erscheinen mag. Wenn
nach Ansicht der Väter alles Übermaß von den Dämonen kommt, so
kommt das Übermaß der Liebe von Christus, und in der ganzen
Person derer, die Gott lieben, spielt sich fortgesetzt die Qual der
Passion ab, bis sie in seinem Tod und seiner Auferstehung mit Ihm
vereinigt sind.

Ich weine deinetwegen

Für viele war Jean-Jaques Olier ein Ärgernis, doch kein wirklicher Anlaß zum Fall, sondern vielmehr ein Ärgernis für den Verstand. Wie kann Gott es zulassen, daß einer seiner engen Freunde scheinbar oder tatsächlich die Erfahrung des Wahnsinns macht? Man hat wohl Heilige mit Lepra gesehen, aber wahnsinnige Heilige - solch ein Betragen mag der Westen, der den Verstand, zuweilen unter Mißachtung des Geistes, heiliggesprochen hat, Gott nicht zusprechen. Daher der Schluß: das kommt von der Natur. Wenn man das sagt, ist damit aber gar nichts gesagt. Die Gnade sollte sich zurückziehen, sich vollständig von der Natur eines Menschen scheiden, der auf dem Weg, und, wie Olier, sogar auf dem besten Weg der Heiligung ist? Sein Seelenführer, Pater de Condren, der ein Meister darin war, Gott in seiner Menschheit zu denken und zu sehen, der verließ ihn in dieser Prüfung. Condren konnte sich nicht denken, daß Gott in seiner Beziehung zur Menschheit so weit gehen mochte. Nur die Erfahrung kann uns dazu bringen, das anzuerkennen. Oh, die Verheerungen der Weisheit!

Diese Preisgabe durch die Liebsten und Nächsten ist Teil der Reise. Im 17. Jahrhundert war die Kirche von Frankreich und besonders ihr Klerus in einem jammervollen Zustand. Priester und Geistliche erhielten keinerlei Ausbildung; aber ist diese denn nötig, um Pfründen einzustreichen? Es ist das Zeitalter der Ordenspfründen, doch es ist auch die Zeit, in der Gott eingreift und sich seine Soldaten aussucht, wie er es zu einer anderen jammervollen Zeit mit der Jungfrau von Orléans getan hatte, deren Herz mitten in den Flammen unversehrt gefunden wurde, welch machtvolles Symbol! Von seinen Verbündeten verlangt er alles. Olier hatte eine erste und eine zweite Bekehrung erlebt und kam unter der Führung des heiligen Vincent von Paul voran. Aber was ist das, eine Bekehrung? Wird sie ein für allemal erworben? Sicher nicht; sondern sie besteht in einer Veränderung unseres Wesens bis zur Vereinigung, zur geistlichen Hochzeit. Der Abt von Pébrac aber war noch weit davon entfernt. Gott bediente sich einer Frau, um ihn zum Gehorsam zu führen, damit er selbst viele zum Gehorsam führen könnte. Ein wunderbares Beispiel für die Schönheit dieses Geheimnisses. Die ehrwürdige Agnes, Jungfrau, Märtyrin der Liebe vom Orden des heiligen Dominikus, lebte in nächster Nähe von Pébrac, wo der Abt sich allerdings nicht aufhielt - das war so üblich. Mit gewissem zeitlichen Abstand erhielt die selige Jungfrau vom Himmel zwei Worte, eins von Jesus und das andere von Maria. Wir wollen daran erinnern, daß Agnes' große Heiligkeit über jeden Zweifel erhaben ist und die außergewöhnlichen Tatsachen, die in ihrem Leben aufsprossen, als echt angesehen werden können.

Das erste Jean-Jaques Olier betreffende Wort empfing sie, als sie sich zu sterben sehnte, um sich mit ihrem Herrn zu vereinigen. Anscheinend wurden ihr noch fast vier weitere Jahre zugesprochen, die sie Oliers Geburt widmete. Die Antwort Jesu lautete: "Ich brauche dich noch für eine Seele, von der ich möchte, daß du sie für mich gewinnst." Anscheinend wurde ihr der Auftrag innerlich "bekannt", mit dem sie betraut werden sollte. Kurze Zeit später erschien ihr die Jungfrau Maria und sagte: "Bitte meinen Sohn für den Abt von Pébrac." Zwischen zwei Wesen, die einander nicht kannten, war eine geistliche Liebe geboren, die sich als außerordentlich fruchtbar erweisen sollte. Mit sehr viel Liebe betete und büßte Agnes für den, den Gott zu einem sehr hohen Grad der Liebe erheben wollte. Er hätte sich mit dem Leben zufriedengeben können, das Olier mit dem heiligen Vincenz von Paul führte, der viel von ihm erwartete. Merken wir an, daß er dem heiligen Franz von Sales bereits als Student aufgefallen war; aber Gott wollte noch weiter gehen. Und so bereitete Er durch außergewöhnliche Mittel den vor, den Er in außergewöhnlicher Weise auf die Probe stellen würde. Drei Jahre später, während er in Saint-Lazare Exerzitien machte, erschien ihm die schöne, sehr reine Agnes in Begleitung ihres Engels. In ihren Händen hielt sie ein Kreuz und einen Rosenkranz, um ihm zu zeigen, daß sein Weg über das Kreuz und eine große Verehrung der Jungfrau Maria gehen würde. Der Engel, der mit der einen Hand den Mantelsaum der heiligen Agnes trug, fing in der anderen mit einem Taschentuch ihre Tränen auf. Sie hielt ihm das Kreuz und den Rosenkranz entgegen und sagte: "Ich weine deinetwegen." Davon wurde Oliers Herz sehr betrübt, in dem, wie man in den schönsten und geistvollsten Stunden der Ritterlichkeit gesagt haben würde, Liebe und Trauer sich miteinander vermengten. Übrigens hielt Olier die Dame für die Jungfrau Maria. Kurze Zeit darauf er sah sie wieder. Der Abt von Pébrac versicherte, er habe sie leiblich gesehen; es handelt sich in der Tat um einen Fall von Bilokation und nicht um eine bildliche Vision, denn die Heilige ließ ihm ihr Kreuz und das Taschentuch zurück, die er sorgfältig aufbewahrte. Nach einer sicheren Quelle "...wurde 1718 dieses Taschentuch in Saint-Lazare ehrfürchtig aufbewahrt".

Nach seinen Exerzitien begab Olier sich sofort nach Pébrac zu einer Volksmission. Er war zu der Gewißheit gelangt, daß seine Besucherin eine heilige Nonne, und nicht die Jungfrau war und machte sich auf die Suche nach der Dame. Er führt eine richtige Untersuchung durch und entdeckt, daß in nächster Nähe seines Klosters eine Nonne lebt, deren Heiligkeit in der ganzen Umgebung anerkannt ist. Im Kloster von Langeac begrüßt ihn die Pförtnerin mit Namen, weil die Mutter den Besuch "eines großen Dieners Gottes", des Abt von Pébrac, angekündigt hatte. Sie kommt nicht selbst ins Besucherzimmer, sondern läßt ihm wie ein Unterpfand ihren Rosenkranz bringen, was die Nonnen sehr erstaunte. Wiederholt sah er sich durch das Gitter auf die Probe gestellt, doch er ließ nicht ab, "so groß war der Eifer". Schließlich erscheint sie verschleiert, Jean-Jaques bittet sie, den Schleier zu lüften. "Da enthüllt sie ihm ihr Gesicht und bald darauf ihr Herz, und es ist nicht zu sagen, wie groß und wie heilig die Tröstung war, mit der diese beiden großen Seelen einander beschenkten."[1] Sie enthüllt ihm dabei, daß Gott ihn dazu bestimmt, die ersten Grundsteine der Seminare in Frankreich zu legen. Was auch geschah: Olier war nicht nur ein Reformator lau gewordener Klöster, ein Hirt, den man oft zum Bischof hatte machen wollen, sondern vor allem ist er der Gründer von Saint-Sulpice, der Vater so vieler Priester, die dann ihrerseits die aus Mangel an Pflege und Nahrung verlorenen Schafe zurückbrachten.

Ihre Freundschaft auf Erden dauerte nur neun Monate, die sicher intensiv waren, doch nach sechs Monate dauernden Volksmissionen in Velay sah Olier dieses so schöne, weil so reine Antlitz nicht wieder, das von göttlicher Liebe glühte und dessen Augen nach einem Ausdruck des Hohenliedes Tauben glichen. In sehr großer Einsamkeit lernte er die Prüfung kennen.

Vorboten der großen Prüfung

Die erste Krise von Skrupeln setzte kurze Zeit vor seinem Subdiakonat ein:

[1] Siehe Hinweise zur Literatur

"So kam Olier mit Freude in der Übung der Tugenden voran, als der Herr, der das Kreuz zum Hauptmittel der Heiligung seines Dieners erkoren hatte, erlaubte, daß er innerlich von Skrupeln und Qualen geplagt würde. Diese Unruhe war so geartet, daß die Erfindungsgabe seines Beichtvaters sie nicht beseitigen konnte, trotz aller Bereitschaft zur Unterwerfung, die er im Geist seines Beichtkindes vorfand; Der die Ursache seiner Krankheit war, mußte selbst das Heilmittel bringen, und das tat Er, indem Er ihm den Gedanken eingab, zu Unserer lieben Frau von Chartres zu gehen: denn anscheinend mußten alle Gnaden, die Gott ihm gewähren wollte, durch die Hände der allerheiligsten Jungfrau gehen. Zu Fuß und in den Unbilden des Winters unternahm Olier also die Reise, doch mit einer so glühenden Andacht und so vielen Früchten für seine Seele, daß er bei der Ankunft in dieser Kirche von den Skrupeln, die ihn quälten, vollkommen befreit wurde."

Zweiter Anfall von Skrupeln während der Volksmission von 1636

"Er wurde von so großen inneren Qualen gepeinigt, daß alle äußeren Verfolgungen im Vergleich zu seinen Seelenängsten gering waren. Diese Qualen hatten bereits anläßlich einer Untreue begonnen, die er begangen zu haben glaubte, als er sich die Gelegenheit zu einer Mission in den Cevennen hatte entgehen lassen. Diese Untreue schien ihm dermaßen beträchtlich zu sein, daß er drei Jahre lang unaufhörlich zu Gott seufzte und Ihn unter Tränen bat, durch seine unermeßliche Macht das Unrecht wiedergutzumachen, das diese armen Seelen durch seine Treulosigkeit erlitten hätten.
Um ihn weiter zu reinigen, gab Gott jedoch in keiner Weise zu erkennen, daß er ein so eifriges und glühendes Gebet erhörte; er behandelte im Gegenteil diese betrübte Seele mit äußerster Strenge. Er ließ seinen Knecht in so großen Dunkelheiten und Trockenheiten, daß für ihn scheinbar alles verloren war. So verspürte Olier während dieser Mission nur sehr selten Trost und Gnade: Er diente seinem Gott nur in Furcht und Trockenheit und hielt sich nur durch die Reinheit des Glaubens aufrecht."[2] Die Volksmission wird von Erfolg gekrönt. Es ist anzumerken, daß Jean-Jaques Olier währenddessen große

---

[2] Siehe Hinweise zur Literatur

Gnaden der Kontemplation genoß. Am Ende dieser Mission fällt er in einen ans Koma genzenden Zustand; auf Lanzettenstiche, die ihm die Männer der medizinischen Fakultät beibringen, reagiert er nicht mehr. Er ist anscheinend verloren, und seine plötzliche Heilung einige Zeit darauf schreibt er dem heiligen Franz von Sales zu.

Die große Krise

Diese große Prüfung Oliers wird vielen verwirrend erscheinen. Obgleich es sich unbestreitbar um eine Nacht des Geistes handelt, darf man nicht erwarten, hier Punkt für Punkt alles wiederzufinden, was der heilige Johannes vom Kreuz beschreibt.

Es gibt ebenso viele verschiedene Nächte wie Heilige, und wir werden sehen, daß diese Unterschiede wesentlich mit den zugrundeliegenden pathologischen Tendenzen zusammenhängen, von denen niemand ausgenommen ist und die Gott zu reinigen trachtet.

Im Fall Jean-Jaques Oliers scheint festzustehen, daß er in der Kindheit von einer gewissen Nervenschwäche gekennzeichnet war, obwohl er zugleich wegen seines "äußerst lebhaften und durchdringenden"[3] Geistes sehr geschätzt wurde.

"Nach Aussage meiner Mutter, schreibt er in seinen Lebenserinnerungen, hätte ich ohne die besondere Hilfe Gottes aufgrund meines heftigen, aufbrausenden Charakters tausendmal zugrundegehen müssen, welcher mich so wenig darauf achten ließ, wo oder wohin ich ging, sodaß ich von Abhängen hinunterrollte und mich überall und jederzeit verletzte und stieß."[4] Etwas weiter unten berichtet er auch, daß ein neues Kleidungsstück, das er der Jungfrau zu weihen vergessen hatte, noch am selben oder am folgenden Tag "sich verdarb, zerriß oder versengte".[5]

Diese sprachliche Wendung ist recht lustig, denn schließlich zerrissen oder versengten sich seine Kleider nicht von selbst, und hier scheint Olier zu seiner Naivität als Kind keinen Abstand bekommen zu haben.

[3] Siehe Hinweise zur Literatur
[4] Siehe Hinweise zur Literatur
[5] Siehe Hinweise zur Literatur

Sein Verhalten, das man heute als "charakterneurotisch" oder "hyperkinetisch" bezeichnen würde, führte natürlich bei allen im Hause und besonders bei seiner Mutter ihm gegenüber zu Agressivität.

"Immer wurde mit mir geschimpft, ständig wurde ich abgewiesen, mißhandelt, betrübt, geschlagen, ausgepeitscht. Ich hatte bei meiner Mutter keinen ruhigen Augenblick."[6]

Es erscheint begreiflich, daß seine Mutter außer sich war, doch wir wollen betonen, daß, etwas knapp, ebenfalls berichtet wird, sie habe für ihn nie dieselbe Zuneigung gehabt, die sie ihren anderen Kinder bezeugte.

Man kann sich also das Leiden des kleinen Jean-Jaques vorstellen, noch dazu bei seiner außerordentlichen Empfindlichkeit. Von daher können die sich wiederholenden Traumen und diese selbstzerstörerische Haltung als ebensoviele vergebliche Versuche, die Zuneigung seiner Mutter auf sich zu ziehen, gedeutet werden, wie auch als depressive, ja sogar suizidale Entsprechungen: "Ich erinnere mich, daß ich als kleiner Junge kopfüber in einen Brunnen fiel, in dem ich todsicher umkommen mußte; ein andermal fiel ich unter ein Wagenrad, das mich zermalmen mußte, plötzlich aber stillstand."[7]

Fällt man "zufällig" kopfüber in einen Brunnen oder unter die Räder eines fahrenden Karrens ?... Das ist ziemlich unwahrscheinlich!

Frau Olier war über das Verhalten ihres Sohnes so betrübt, daß sie, als der heilige Franz von Sales eines Tages nach der Messe ihre Kinder zu segnen und zu küssen begann, wobei er alle gleichmäßig lobte, ihm klarmachte, Jean-Jaques, der kleinste, sei überhaupt nicht vernünftig und "in seinem schlechten Lebenswandel dermaßen unordentlich, daß er seinem Vater und ihr selbst oft Anlaß gebe, ihn zu schelten". Da antwortete der heilige Bischof: "Holla, gnädige Frau, ein bißchen Geduld, und seid nicht betrübt, denn Gott bereitet in diesem guten Kind einen großen Diener Seiner Kirche vor."

Jean-Jaques war also ein übernervöses, von seiner Mutter sehr verletztes, latent depressives Kind.

Von Kindheit an wird aber auch das Paradoxon sichtbar, das ihn in die Klemme bringen und Anlaß zu seinem ersten Kampf werden sollte: einerseits wird er von seiner Umgebung herabgesetzt, verach-

[6] Siehe Hinweise zur Literatur
[7] Siehe Hinweise zur Literatur

87

tet und als Nichtsnutz behandelt, andererseits rühmen seine Erzieher seinen Verstand und Scharfsinn, und Monsignore Franz von Sales persönlich sagt ihm eine Zukunft als Heiliger voraus.

Aufgrund dieses doppelten, widersprüchlichen Bildes, das man ihm vorhält, sollte Jean-Jaques sein ganzes Leben lang gestört bleiben und vergebens versuchen, sich eine glänzende Persönlichkeit zurechtzumachen; das ist der Ursprung der Verfolgungen, die er zu erdulden hatte.

In seinen Berichten über Olier spricht Henri Brémond von ihm als einem Neurastheniker, der Phasen von Überreiztheit und Depressionen kennenlernen sollte. Diese Deutung von Oliers Schwärmereien und Verzweiflungen kann zutreffen.

Demnach dürfte es sich um eine zyklothyme Störung als Folge einer charakterneurotischen Prägung in der Kindheit handeln, wie es häufig zu beobachten ist. Eine untergründige Schwäche, nicht nur bedingt durch die affektiven Traumen, die wir weiter oben gesehen haben, sondern zweifellos auch durch eine ererbte organische Stoffwechselstörung.

Im Augenblick der großen Krise bei dieser Nervenschwäche greift die Vorsehung mit dem Wechsel des Seelenführers ein, wie ihn Mutter Agnes von Langeac von Gott erbeten hatte: Jean-Jaques Olier verläßt den heiligen Vinzenz von Paul, um seine Seele Pater de Condren in die Hände zu legen, der, wie er wußte, viel anspruchsvoller sein würde. Dies hat sicherlich das Eintreten der großen Krise beschleunigt, die zwei Jahre dauerte.

Jean-Jaques Olier gibt selber zu, daß er große Mühe hatte, die Doktrin und das Programm der Heiligkeit zu verstehen, die von Pater de Condron gelehrt wurden. Zudem verließ er den heiligen Vinzenz von Paul, der ihn geistlich gesehen für fortgeschritten hielt, um eines Führers willen, der ihm gegenüber viel kälter und zurückhaltender war und ihn bei vielen Gelegenheiten in gewisser Weise erneut die Ablehnung und Verachtung erleben ließ, die er von seiner Mutter erduldet hatte.

Als Pater de Condren ihn der Gesellschaft angliederte, war "Olier umgeben von allgemeiner Wertschätzung und Verehrung. Seine aufsehenerregenden apostolischen Arbeiten, die Heiligkeit seines Lebens, selbst seine Abstammung hatten ihm eine so große Wertschätzung eingetragen, daß sie eine Art Martyrium für ihn war. Ständig mußte er gegen Eitelkeit und den immer wieder andrängen-

den Hochmut kämpfen". Die zunächst rein moralische Krise dürfte
also durch äußerst heftige Versuchungen des Hochmuts begonnen
haben. So erklären es Olier und seine Biographen. Doch sie beachten
dabei nicht, daß es die beginnenden Neurasthenie war, die eben diese
Versuchungen hervorrief oder ihnen zumindest eine solche unvor-
hergesehene Schärfe verlieh. Gefangen in der dunklen Not eines
Denkens und Organismus, die sich am Punkt des Scheiterns angekommen sehen, klammert Olier sich verzweifelt an alle Gründe, die
er finden kann, um sich in seinen eigenen Augen größer zu machen.
Der Bedrohung, den ersten Anzeichen der Auflösung, die ihn belau-
ert und schon zerfrißt, setzt er das beträchtliche Ansehen entgegen,
das ihm seine ersten Heldentaten als Neubekehrter eingebracht
haben, setzt er die glänzende Zukunft entgegen, die ihm versprochen
worden war. Auf diese tröstlichen Erinnerungen gestützt, kann er
der fixen Idee scheinbar standhalten, die ihn zunehmend lähmt. Er,
der bis dahin so demütig, so zurückhaltend war, er richtet sich auf,
wirft stolz den Kopf in den Nacken, er spricht laut, zeigt sich
eingebildet. Je mehr er das Bedürfnis hat, sich selbst zu bestätigen,
desto tiefer verstrickt er sich in ein völlig entgegengesetztes Verhalten. Zwei gleichermaßen krankhafte Übersteigerungen also, die
miteinander im Kampf liegen und ihn darum schließlich erschöpfen.[8]
So sieht Olier sich nach und nach der grundlegendsten Tätigkeiten,
so einfacher Dinge wie essen oder nur gehen, beraubt.
Die Rede, die er zuvor mühelos beherrschte, wird unzusammenhän-
gend und erstirbt ihm auf den Lippen, besonders in der Öffentlich-
keit, wo er wie ein armer Trottel zu stammeln beginnt. Seine Mutter
sagte von ihm, man habe ihn für idiotisch oder sogar verrückt halten
können.
Allmählich kann er nicht einmal mehr allein ausgehen, ohne den Weg
zu verfehlen. Schlimmer noch, er kann nicht mehr gehen, und einen
Fuß vor den anderen zu setzen wird für ihn zu einer nur mühsam zu
bewältigenden Leistung: "Ich war ständig nahe daran zu fallen, ich
war wie ein armer Betrunkener."
Schließlich weiß er nicht mehr, wie man ißt, er braucht stundenlang,
um zwei oder drei Zeilen zu schreiben, und dazu noch "völlig
verkehrt".

---

[8] Siehe Hinweise zur Literatur

Das ging so weit, daß man ihm schließlich jeden Dienst untersagte, auch den der Beichte, außer im Notfall.

Gewisse Biographen Oliers deuten diese große Krise als einen direkten göttlichen Eingriff. Das scheint uns etwas zu spiritualisierend gedacht zu sein. Warum sollte Gott, der sich in der Tat für gewöhnlich der Natur, der Zweitursachen, bedient, sich sich nicht auf das gestützt haben, was in Olier als anlagebedingte Nervenschwäche vorhanden war, um ihn auf den Wegen der Demut und Heiligkeit wachsen zu lassen?

Was sehr erbaulich und ganz ohne Zweifel eine Wirkung der Gnade ist, das ist die Art und Weise, wie Olier diese Prüfung dann durchsteht: ohne einen Schatten von Empörung, Groll oder Bitterkeit: "Ich glaubte, für immer und ewig auf diese Zustand beschränkt bleiben zu müssen, und oft habe ich mich bereitwillig Gott dargeboten, um den Verstand zu verlieren und verrückt zu werden, wenn Er es unbedingt wollte."

Zum Gelächter ward ich meinem ganzen Volk, zu ihrem Spottlied alle Tage (Klg 3,14)

Er wird zum Gespräch von ganz Paris: Der König, Kardinal Richelieu, die Bischöfe machen sich offen über ihn lustig, man spielt sogar kleine komische Stücke, die über ihn geschrieben wurden.

Was ihn am meisten Ansehen bei diesen Herren kostet, ist das Anmaßende seiner Körperhaltung und seines Gebarens, das er nicht vermeiden kann, diese Art verzweifelter Versuch, in den Augen der anderen das Gesicht zu wahren, wodurch er jedoch nur umso lächerlicher wird.

Man kann sich vorstellen, daß er noch ernsthaftere Verhaltensstörungen hatte, denn Pater de Condren selbst verzweifelte beinahe an ihm: "Die Berichte, die man ihm über mein Verhalten brachte, bewogen ihn, mich fallenzulassen und sich nicht mehr um mich zu kümmern."

Im Kern all dieser Störungen macht Olier das durch, was in der Nacht des Geistes üblich ist: die ewige Verdammnis und das Verworfensein von Gott. Selbst der Name Gottes wird ihm unerträglich, und er gefällt sich in den Gedanken an die Hölle als den Ort, der ihm beschieden ist.

Pater de Condren stirbt, bevor Olier die Krise überwunden hat; er überwindet sie übrigens nur langsam und allmählich, und nicht ohne Rückfälle, nachdem er in Chartres eine starke Gnade empfangen hat, eine Gnade, während derer Gott ihm Klarheit über die tiefen Wurzeln des Hochmuts gibt.

Es ist sicher, daß Gott Jean-Jaques Olier durch diese psycho-pathologische Entgleisung verwandelt hat: Alle waren sich darin einig, daß er nicht mehr derselbe war, und was noch besser ist, er strahlte das Denken seines Lehrmeisters Charles de Condren aus. Was er niemals aus Büchern hatte lernen können, das nahm er im Schmelzofen der Prüfung in sich auf und besaß es nun wie angeboren.

Es ist überflüssig zu sagen, daß seine apostolische Fruchtbarkeit von dieser Zeit an bis zu seinem Tod einen bemerkenswerten Aufschwung nahm, selbst wenn es ihm nicht an Kreuzen und Verfolgungen fehlte. Gegen Ende seines Lebens hat er wieder unter verschiedenen Krankheiten zu leiden, die jedoch nicht mehr den Charakter der Neuropathie haben: unter Nierenkoliken, furchtbaren Kopfschmerzen, erschöpfender Schlaflosigkeit und schließlich einem Schlaganfall, der ihn linksseitig lähmt.

Mitten in diesem körperlichen Leiden wird er wieder von inneren Qualen gepackt, er fühlt sich völlig von Gott und der Jungfrau Maria verlassen und kann nicht einmal mehr von ihnen sprechen. Diese Prüfung scheint sehr rein und dem sehr nahe zu sein, was der heilige Johannes vom Kreuz darüber geschrieben hat: "Das ist eine unvermischte Agonie", und wie von der kleinen Therese kann man das auch von ihm sagen.

Wie es ihm offenbart worden war, stirbt er mit dem Beistand des heiligen Vinzenz von Paul, dem er stets treu geblieben war, an einem Ostermontag mit 48 Jahren an einem zweiten Schlaganfall.

Neben anderen außergewöhnlichen Dingen, die seinen Tod begleiteten oder auf ihn folgten, bemerkte man auf seiner Stirn die Form eines Kreuzes, das sich dort seit mehreren Jahren rot, wie entzündet, eingegraben hatte. Trotz der Sorgfalt, mit der der Diener Gottes diesen Gunsterweis zu verbergen trachtete, indem er seine Stirn niemals entblößte, war es von einigen seiner Vertrauten bereits früher bemerkt worden.

Das Gerücht von seiner Heiligkeit begann rasch um sich zu greifen, und über zweihundert Geistliche nahmen an der Beerdigung teil. Zahlreiche Zeugnisse von Heilungen und Bekehrungen stellten sich ein: Olier hatte die Gabe, in den Herzen zu lesen und sie zu befreien. Vielen wurde körperliche Heilung gewährt, entweder auf seine Fürbitte oder während er ihnen die Letzte Ölung erteilte. Diese Heilungen waren stets von geistlichen Fortschritten begleitet. Dieses Charisma ging übrigens nach seinem Tod weiter, denn viele Schwerkranke wurden an seinem Grab oder durch seine Reliquien geheilt. Einer der fesselndsten dieser Berichte ist der der Mutter von Saint-Gabriel, die mit "großen Blutauswürfen" behaftet war. Heute weiß man, was das bedeutet: eine fortgeschrittene Tuberkulose mit tödlichem Ausgang unter großen Leiden.

Man ließ sie an den Füßen zur Ader und wandte alle Arten sonstiger mehr oder minder barbarischer Behandlungen an, die keinerlei Wirkung hatten. Als Olier, der zu Besuch zu ihr gekommen war, sie in diesem Zustand sah, wurde er vom Mitleid gepackt und sagte sehr gütig zu ihr: "Meine Tochter, ich verbiete Ihnen, weiter Blut zu spucken, nein wirklich, ich will es nicht." Sie wurde in demselben Augenblick geheilt und lebte danach noch zwanzig Jahre ohne irgendwelche Schwierigkeiten mit der Lunge.

Doch was sie darüber hinaus noch von Olier erhielt, war eine Art Ausströmung von Gnaden oder Ausgießung des Heiligen Geistes, was alle Menschen, die die Gelegenheit hatten, ihr nahezukommen und sich mit ihr zu unterhalten, erleben konnten: "Man war davon ganz durchdrungen und wie mit Wohlgeruch erfüllt, nicht nur während der Unterhaltung, sondern noch Monate danach, in denen man sich am liebsten allein mit Gott beschäftigt haben würde."

Sie fügt hinzu, daß sie während eines Gesprächs mit ihm mehrmals von Fehlern befreit wurde, von denen sie ihm nichts gesagt hatte, und ohne eigenes Bemühen, sie zu beseitigen. Es ist möglich, daß Olier die Askese und den Kampf auf sich genommen hatte, die sie hätte ausüben müssen, um davon befreit zu werden. Welche Feinfühligkeit der Seele!

Man findet bei ihm auch Schwerpunkte, die zweihundert Jahre im voraus an den Geist der Kindschaft und der Hingabe erinnern, den die kleine Therese beauftragt war, der Welt zu offenbaren.

Eine außerordentliche Gefügigkeit gegenüber den Händen all seiner Ärzte, deren Behandlungsmethoden bekanntlich nicht gerade zu den sanftesten gehörten (Stöße mit dem Rasiermesser, mit kleinen Pfeilen, Aderlässe usw.). Stets fröhlich und mit guten Worten für seine Umgebung, während er von den größten körperlichen und manchmal sogar inneren Leiden gepackt ist, sodaß der heilige Vinzenz von Paul nach einem Besuch bei ihm sagen konnte: "Ich bewundere diese Ruhe und betrachte es als ein Wunder, einen Mann zu sehen, der inmitten der Belastungen, die eine solche Krankheit verursacht, von so viel Freude erfüllt ist."[9]

Jemandem, der ihm vorhergesagt hatte, welche Agonie er bis zu seinem Ende erleben würde, antwortete er ohne zu zögern: "Ich werde in dem Zustand zufrieden sein, den Gott für mich bestimmt, und ersehne oder wünsche nichts anderes."

Einmal, in seinen letzten Tagen, sah man ihn jedoch niedergeschlagen: Er hatte den Leib des Herrn nicht empfangen können und war deshalb ganz traurig. Am folgenden Tag konnte er kommunizieren, und sein Herz floß von neuem über vor Freude und Zärtlichkeit für einen jeden.

Seine letzten Monate waren erfüllt von den Besuchen des Herrn und der Jungfrau Maria, die eine besondere Liebe zu ihm hegte. Er machte so viele Wallfahrten zu ihr, wie es ihm mit Rücksicht auf seine geschädigte Gesundheit möglich war, und als er sich einmal auf ihren Befehl nach Notre-Dame de Moulin begeben hatte, sah er sie ganz von Herrlichkeit umgeben, und sie küßte ihn und sprach: "Von nun an gehörst du ganz mir." Man muß dazusagen, daß er sich ihr schon in sehr jungen Jahren geweiht hatte und so als ein Vorläufer der Spiritualität des heiligen Ludwig Maria Grignion von Montfort lebte.

Er hegte eine so große Liebe zu ihr, daß er nicht zögerte, ihr üppige Geschenke zu machen. So ließ er eine prachtvolle Medaille aus Gold gießen, auf der er das Bild des Seminars von Saint-Sulpice eingravierte, damit sie es schützte und all die künftigen Priester zu großen Heiligen machte. Gleichzeitig richtete er sich für die Armen zugrunde, verteilte sein Geld und selbst seine Kleider rückhaltlos und so weitgehend, daß man ihn den Beinamen "Vater der Armen" gab, ein Titel, der für gewöhnlich der Person des heiligen Geistes, dem Geber aller Gaben, vorbehalten bleibt: *Pater pauperorum*.

Man muß dazusagen, daß er seine ganze Jugendzeit als Priester damit zubrachte, die Armen den Katechismus zu lehren, zum großen Ärgernis für seine Familie, die diese Aufgabe seiner für unwürdig hielt.

[9] Siehe Hinweise zur Literatur

Er war auch voller Humor; als er sich auf seinen Stock gestützt, denn die Hälfte seines Leibes war bewegungslos und gelähmt, wie tot, eines Tages zum Grab der Mutter Agnes von Langeac begab, sagte er zu einer jungen Schwester, die ihm über den Weg lief: "Sie sehen, Schwester, wie es mit mir steht, he, es ist die Mutter Agnes, die mir diesen schönen Streich gespielt hat!" Glücklicherweise hatte sie ihm nicht nur Leiden und das Kreuz hinterlassen, sie hatte ihm auch ihren eigenen Schutzengel gegeben, der sich niemals von ihm trennte. Mehrmals sah er ihn und begriff, daß dieser Engel nicht nur für ihn, sondern auch für das ganze Werk der Seminare von Saint-Sulpice bestimmt war.

Wie eine geheimnisvolle Bestätigung dessen, was sein Leben gewesen war, erschien er im Augenblick seines Todes einem Menschen, der ihm sehr verbunden war: Er war in einen Purpurmantel gekleidet und hatte an seiner Seite einen seiner Gefährten, der die Worte sprach: "Er ist ein Märtyrer und *mehr als ein Märtyrer.*"

Trotz all dieser Zeugnisse, die von seiner großen Heiligkeit berichten, wahren viele ihm gegenüber wegen dieser berühmten "Krise", die Zweifel um ihn gesät hatte, eine außerordentliche Zurückhaltung. Der Herr ließ zu, daß er so weit gedemütigt wurde, und nie, weder zu Lebzeiten, noch nach seinem Tod, vollständig rehabilitiert worden ist. Dieses "Auf-den-Index-Gesetzsein" dauert noch an: wer kennt Olier? Alle Bemühungen, einen Kanonisationsprozeß in Gang zu bringen, haben bis jetzt keinen Erfolg gehabt, auch jene nicht, die von den Bischöfen Frankreichs und Kanadas gefordert wurden. Und zwar, das muß zugegeben werden, weil man sich Oliers schämt; deshalb verbirgt man ihn sorgsam, wo es sich doch schlicht und einfach um einen Heiligen vom Schlage eines Vinzenz von Paul oder eines heiligen Jean Eudes handelt, die in derselben Epoche lebten.

Einige versuchten, das Gesicht zu wahren, indem sie nicht alles enthüllten, und in der Tat besitzen wir nichts Genaues darüber, was die "Berichte, die über sein Verhalten angefertigt wurden", betrifft. Zugleich spiritualisierten die meisten der Biographen, die seine Parteigänger waren, diese Krise aufs Äußerste und versuchten, darin nichts als einen direkten göttlichen Eingriff zu sehen, wie zum Beispiel auch Olier selbst, der selbstverständlich nicht genug Abstand hatte, um die Sache zu beurteilen, obgleich er gern zugeben wollte, daß es sich auch um einen gegen sein Fleisch, seine psychische Schwäche geführten Kampf handelte, wie es ihm Pater de Condren mehrfach nahelegte. Beide Haltungen sind überzogen: Weder handelt es sich um eine reine Geisteskrankheit noch um einen direkten Eingriff Gottes. Es handelt sich um Gott, der sich einer zweifellos ererbten und durch vielfache affektive Leiden auch erworbenen Schwäche bedient, um jemanden zur Heiligkeit zu führen. Es handelt sich um den Einfluß Gottes auf eine anfällige Psyche, die daraufhin in der für sie am natürlichsten Weise entgleist, wie es im Grunde fast immer der Fall ist.

Was könnte angesichts eines solchen Bildes auf der rein psychiatrischen Ebene diskutiert werden?

Eine hysterische Entgleisung? Gewisse Element könnten daran denken lassen. Die zunehmende Hemmung der einfachsten Funktionen mit der sich dareinmischenden Prahlerei könnte darauf hinweisen. Stellen wir uns ein wenig die Wirkung vor, die von Olier ausgehen mußte, wie er wie ein Betrunkener durch die Straßen von Paris wankte und den Hals stolz hochreckte, wenn er an jemandem vorbeikam und ein paar mondäne, gezierte Worte an ihn richtete. In alledem liegt etwas Clownhaftes und zugleich furchtbar Verzweifeltes.

Wir würden darin eher die Auswirkung eines gemischten manisch-depressiven Zustands sehen, mit Elementen einer starken intellektuellen Hemmung und den Verlust der einfachsten Gewohnheiten verbunden mit Verhaltensstörungen, die von einer gewissen Unechtheit gekennzeichnet sind.

Was die Züge einer Manie trägt (oder viel mehr einer Hypomanie): übermäßiger Stolz, Äußerungen eines unangebrachten Größenwahns, das ist in der Tat nichts anderes als ein verzweifelter Versuch, gegen die vordringende Depression, gegen den Verfall des Ich anzukämpfen.

Ein Hysteriker hätte sicherlich mehr Talent gehabt und keine so allgemeine Feindseligkeit ausgelöst. Wenigstens einige hätten sich von seinem Spiel einnehmen lassen.

Darum neigen wir eher zu der zweiten Hypothese, umso mehr als das von Brémond erwähnte zyklothyme Temperament Oliers sich dazu anbietet.

Wenn man nun die Dinge auf der geistlichen Ebene analysiert, versteht es sich von selbst, daß bei Olier im Augenblick seiner großen Krise noch ein tiefer Kern von Hochmut vorhanden ist, der gereinigt werden muß. Es ist nicht ohne Bedeutung, daß die Entgleisung mit einer starken Versuchung des Hochmuts beginnt, der das berührt, was seine vornehme Abstammung, seine glänzenden Eigenschaften usw. betrifft.

"Er, der bis dahin so demütig und bescheiden war", sollte man von ihm sagen. Zweifellos handelte es sich um eine eingeübte Demut, die in sich nicht ohne Wert ist, mit wahrer geistlicher Demut jedoch nichts zu tun hat.

Hochmut ist nichts als Täuschung

Wenn man nun betrachtet, was Hochmut von seinem Wesen her ist, wird deutlich, daß er von einer tiefen Täuschung gestützt wird:
- von der Täuschung, ohne Gott auszukommen, unabhängig und etwas aus sich selbst zu sein;
- von der Täuschung einer selbstverständlichen Überlegenheit über andere;
- von der Täuschung, Gott wie seinesgleichen entgegentreten zu können (das ist Luzifers Täuschung);
- von der Täuschung der Verzweiflung..., die die äußerste Form des Hochmuts ist.

Das Gegenteil dieser Täuschung, das heißt, der direkte Zutritt zur Wirklichkeit, das ist die Bewußtwerdung unseres Elends; die Bewußtwerdung, daß wir von uns aus ohne die Gnade Gottes unfähig sind zum geringsten Guten. Das sollte Olier in der Nacht des Geistes zutiefst erfahren.

Von der Täuschung zum Wahnsinn ist es nur ein Schritt, höchstens ein gradueller Unterschied. In psychiatrischen Handbüchern wird die Psychose als Verlust des lebendigen Kontakts mit der Wirklichkeit definiert. Der Geisteskranke lebt in einer trügerischen Welt. Seine Täuschung ist scheinbar grotesker und zerrbildhafter als unser Hochmut, aber wer ist, von Gott aus gesehen, der Verrücktere?

Um uns zu reinigen, bringt Gott plötzlich unsere innere Ausrichtung ans Licht. Man darf also keinesfalls darüber erstaunt sein, daß wir zuweilen von der Täuschung des Hochmuts zu einer bestimmten Form der psychiatrischen Pathologie übergehen.

Die verschiedenen Ausprägungen psycho-pathologischer Erscheinungen werden von unserer Vergangenheit bestimmt, von der einzigartigen Weise, in der wir bisher reagiert haben, in der wir in jedem

Augenblick das uns Dargebotene aufgenommen haben, sowie von unseren Erbanlagen. So weit geht die Zufälligkeit des Menschen.

Darum kann man in einer Nacht des Geistes alles beobachten, vom Auftreten invalidisierender neurotischer Symptome: fixe Ideen, Skrupel, Phobien, hysterieartiges Verhalten, bis zur Enthüllung eines psychotischen Persönlichkeitskerns, der sich entweder in einem Verfolgungswahn oder Interpretationswahn zeigt, oder noch tiefergehend in unzusammenhängendem Denken oder einer Abkapselung usw.

Auch alle Arten charakterneurotischer Äußerungen von Empörung, Agressivität oder Regression verbunden mit Frustrationsintoleranz sind zu beobachten.

Gewiß Grund genug für die Umgebung, verwirrt zu sein! Solange man die eigene Schwäche noch nicht erfahren hat, kann man für alle, die in dieser Pathologie versinken, nichts als Verachtung empfinden. Wir müssen unsere Art, das menschliche Wesen und seinen Weg der Heiligkeit zu sehen und zu erfassen, völlig verändern. Hier sind zwei Postulate unbedingt nötig: erstens, nach dem Sündenfall ist Geisteskrankheit eine für jeden Menschen mögliche Daseinsform; zweitens, niemand kann von sich behaupten, er sei so im Gleichgewicht, daß er vor einer psycho-pathologischen Entgleisung sicher wäre. Es gibt keine Trennwand zwischen gesunden und aus dem Gleichgewicht geratenen Menschen, abgesehen von der, die wir durch unsere Furcht errichtet haben. Der Übergang von geistigem Gleichgewicht zu einem Ungleichgewicht vollzieht sich bei extremen Verhältnissen: Kriegsneurosen und -psychosen beweisen es.

Auch die Einwirkung Gottes kann mit solchen "extremen" Verhältnissen in eine Reihe gestellt werden. Es handelt sich um ein positives Extrem, ein zu starkes Licht, wie die Mystiker sagen, das die menschliche, sündige Psyche nicht ohne Erschütterung ertragen kann.

Wenn wir erst einmal die Gewißheit erlangt haben, daß auch wir es vielleicht nicht vermeiden können, die äußerste Verlassenheit der einen oder anderen Form von Geisteskrankheit durchzumachen, werden wir dem Leiden des anderen gegenüber viel verständnisvoller und offener, ohne ihn einzuordnen, zu psychiatrisieren oder ihn in eine Diagnose einzusperren, die ihn mit einem Verdacht belastet, der sich nicht mehr zerstreuen läßt, wie es nicht nur bei Olier, sondern auch bei vielen anderen der Fall war (Bruder Albert, Père Surin usw.). Wenn man auf diesen Kern des Hochmuts zurückkommt, den es zu reinigen gilt, müssen wir hinzufügen, daß dies nicht nur persönlich, unsere eigene Sünde betreffend, geschehen muß, sondern auch auf eine umfassendere, erlösende Weise. Eben das hat Jesus selbst für uns durchgemacht.

Jesus im Gewand der Torheit

Tatsächlich hat Jesus tiefgreifende Versuchungen des Hochmuts über sich ergehen lassen: die drei Versuchungen in der Wüste sind, genau betrachtet, mehr oder minder verborgen Versuchungen des Hochmuts.

Der Angriff des Teufels in Getsemane entspricht seinerseits einer Beklemmung/Obsession von Hochmut in Form von Verzweiflung, der äußersten Verlassenheit, des Gefühls von Vergeblichkeit und Sinnlosigkeit.

Jesus klammert sich buchstäblich an den Willen des Vaters, um diese Versuchungen zu überwinden. Von daher rührt die Stärke des Kampfes, der in Ihm zu beobachten war. Die Beklemmung, die er erleidet, ist psychologisch, geistlich und körperlich dermaßen stark, daß seine Seele beginnt, sich vom Leib zu "trennen".

Wenn Jesus in Getsemane sagt: "Meine Seele ist zu Tode betrübt", ist das nicht bildlich gemeint. Es ist die Traurigkeit, die über ihn gekommen ist; der moralische Schmerz, könnte man sagen, ist so stark, daß er ihn wirklich zu töten vermöchte.

In diesem Augenblick beginnt seine Seele sich von seinem Leib zu trennen: darum handelt es sich wahrhaft um eine Agonie. Zeichen dieser endgültigen Trennung von Seele und Leib sind für uns der Schweiß und die Tränen von Blut: das wie in Gerinnseln aus den Poren ausgeschwitzte Blut kennzeichnet buchstäblich den Ausdruck des Wesens insgesamt. Von daher auch der reiche Symbolgehalt des Ölgartens als eigentlicher Ort der Presse.

Tatsächlich ist aber das, was Satan Jesus mitten im Kampf von Getsemane unterbreitet, nichts als Täuschung:

- Dein Opfer wird vergeblich sein
- die Menge wird auf Dich spucken und verdammt werden
- schließlich die höchste Versuchung: Deinetwegen werden viele verdammt werden (wir spielen hier auf das an, was viele Mystiker wie Anna-Katharina Emmerich berichten).

So ist der Wahnsinn nicht mehr fern. Jesu Psyche ist jedoch vollkommen, ganz ohne Fehl.

Was die gewöhnlichen Sterblichen angeht, so kann der Durchgang durch eine Agonie dazu führen, daß man in Wahnsinn "fällt", denn unsere Psyche hat durchaus ihre Fehler.

Warum hat die Kirche sich immer davor gefürchtet, daß ihre Heiligen die Prüfung des Wahnsinns durchmachen? Das ging so weit, daß die Kanonisierung eines Heiligen vereitelt wurde, wenn der Advokat des Teufels mit Sicherheit behauptete, es liege Wahnsinn vor.

Zum Glück bleibt manches verborgen, und es gibt viele Heilige, die unserer sogenannten Weisheit durch die Maschen geschlüpft sind.

Zudem fordert der Geist der modernen Welt, man müsse psychisch in Ordnung sein, um ernst genommen zu werden. Früher machte man weniger Umstände.

Der Geisteskranke ist der Pestkranke der modernen Welt. So sehr, daß man ihn in einer Welt nach Art der Konzentrationslager einpfercht, wie man einst Pest- und Leprakranke einpferchte.

Kein Unternehmen stellt ohne psychologischen Test ein..., und viele Ordensgemeinschaften folgen...

Denn in einer Welt, die durch einen an Abgötterei grenzenden Rationalismus gekennzeichnet ist, macht der Wahnsinn Angst.

Dennoch, Wahnsinn widerspricht der Heiligkeit nicht. Über das Seelenheil hinaus sollte uns vor allem die Heiligkeit beschäftigen: Es sollte unsere Hauptsorge sein, daß alle trotz ihres Elends schon hier auf Erden die Herrlichkeit vorwegnehmen, die Gott ihnen bei der Grundlegung der Welt bereitet hat.

Heiligkeit greift um sich. Wie ein Lauffeuer zieht ein Heiliger eine Menge Heiliger nach sich. Aber leider sind Mittelmäßigkeit und Kleinmütigkeit ebenso ansteckend. In den letzten Jahren haben sie ihr Gift in vielen Orden, selbst im Klerus und unter den Laien ausgestreut.

In Ermangelung wahrer Seelenführer... Weil man sich nicht von dem Geist der Welt um uns hat freimachen können, ist man dahin gekommen, das kleinste pathologische Zeichen in einer Seele verdächtig zu finden und sie so an ihrem Aufstieg zu Gott zu hindern. Man darf kein Drama aus diesem psycho-pathologischen Erscheinungsbild machen, das jeder geistliche Weg in einem gegebenen Augenblick annehmen kann, man muß wissen, daß es normal ist, das durchzumachen, und die Umgebung wie den "Patienten" selbst zu beruhigen wissen, weil alles darauf ankommt, durchzuhalten und in der Gabe seiner selbst bis zum Ende der Prüfung treu zu bleiben. Es ist wahr, daß die Neurose sich dem geistlichen Wachstum, folglich auch der Heiligkeit widersetzen kann, insofern sie ein geringes Maß an Gleichgewicht, einen recht bequemen Modus vivendi erlaubt, in dem man sich einrichtet. Darum läßt Gott Entgleisungen zu. Das kleine Gleichgewicht muß in sich zusammenstürzen, damit die Macht der Gnade unser ganzes Wesen erfassen kann.

Man soll sich vor diesen Entgleisungen nicht fürchten. Gott bemißt sie weise, aber nicht so sehr nach dem Maß, in dem wir imstande sind, sie anzunehmen, sondern eher im Maß der Stufe der Liebe, auf die Er uns erheben will. Alles hängt von dieser Stufe der Liebe ab und auch von der Antwort, die wir bis dahin auf die Forderungen der Gnade gegeben haben, sowie von unseren eigenen Liebesinitiativen auf Ihn zu. Darum scheint es uns oft, als gehe Gott zu weit für uns... und für die anderen.

Gott hat Jean-Jaques Olier erwählt, das ist klar; die mystischen Gnaden, mit denen er beschenkt wurde, zeigen das, und die Früchte seines Apostolats in seiner Pfarrei ebenso wie in der Gründung der Seminare zeugen von einem Saft, der von anderswo aufgestiegen ist: *"Ich bin der Weinstock, ihr die Reben; ohne mich könnt ihr nichts tun"* (Joh 15). Das Zeugnis seiner Zeitgenossen, darunter großer Heiliger, belegt, daß er von Gott ausgezeichnet war. Nie könnten natürliche, selbst außergewöhnliche Gaben der heroischen Größe seiner Tugenden gleichkommen.

Hat Gott einen Kranken erwählt?

Bestimmte Biographen Oliers bemühen sich, Gott wegen seiner Rohheit zu entschuldigen, andere bemühen sich, Olier zu entschuldigen: Er war krank - was wäre beschämender als eine Neurose, die moderne Lepra? -, doch heiligte er sich trotz seiner Krankheit. Jede dieser Behauptungen sündigt schwerwiegend. Im ersten Fall hätte Gott sich eines Gesunden bedient und hätte alle Symptome einer schweren Krankheit neu geschaffen, um ihn zu reinigen. Gott als Urheber eines Übels! Diese Frage wird mehrmals von Hiob gestellt. Im zweiten Fall würde Gottes reinigendes Handeln mitten in der Pathologie geleugnet. In Wirklichkeit ging Gottes übernatürliches

Handeln mit der Krankheit zusammen. Diese letzte Behauptung trifft in vielen Fällen zu, und dies anzuerkennen bedeutet, in der Annahme jedes Menschen in seiner schwachen, zerbrechlichen und so sehr von Gott geliebten Schönheit einen unermeßlich großen Schritt weiterzukommen.

Was Olier betrifft, so hat Gott keinen ausgewiesenen, wohl aber einen potentiellen Kranken erwählt. Wie wir alle es sind! Eben das müssen wir anerkennen, daß die Heiligen Neurosen und sogar richtige Psychosen haben können, aber mehr noch, daß der Mensch in seinem Wesensgrund verletzt ist und Gott es *zuläßt*, daß diese Verletzungen zur Reinigung dessen, den er erwählt hat, und zum Wohl einer großen Menge zu offenen Rissen werden. In Wirklichkeit hört das Gespräch zwischen Gott und seinem geliebten Geschöpf nicht auf. Niemals sind seine Freunde schlicht und einfach Gefangene einer Krankheit und ihrer Prognose, ebensowenig wie sie Gefangene dessen sind, was Gottes Wille für sie ist. Wir müssen unbedingt von einer in sich geschlossenen Anthropologie loskommen, denn der Mensch ist offen zur Unendlichkeit. Kein Käfig könnte ihn einschließen.

VII
Pietà
oder
Das Gewicht Gottes

Dein Leib in meine Arme gelegt
In der Gunst der Nacht,
Die stummen Arme geblendet
Von der fassungslosen Blässe,
Deine Arme hingegeben
In andere Arme, die blau vom Tod,
Gott ohne Gott in eine Höhlung gelegt,
Die er selbst in meine Arme grub, die gekreuzten,
Wirklich gekreuzt, ich meine in Kreuzesform,
Die er selbst gekreuzt hat,
Um sein Haupt darin zu bergen und einen Kuß
In die Öffnung meiner Hände zu siegeln,
Die er selbst verwundet hat.

Ich habe seinen Besuch nicht erwartet,
Doch die Stunde, die das Warten überwand,
Drang ein in das klare Dunkel,
Das ich Gunst der Nacht nenne.

Sein Leib in meinen Armen hat die Pracht
Einer von Sommerhitze gereiften Frucht,
Und mein Glück zu lieben ist so groß,
Daß die Zeit am Saum des Morgenrots
Den Schritt verhält.

Und in der Morgenruhe
Vielstimmiger Vogelsang:
Nicht vom Tag oder von der Nacht sind sie,
Sie sind vom Feuer des Gezweigs seiner Arme
Und trinken das Gold des Gottesblutes
Aus dem Kelch seiner verklärten Hände.

Das Gewicht der Gnade

Der Karsamstag ist wie eine Harmonie der Passion, ein friedvoller Klang, der das schönste Liebeslied weitersingt, das je gesungen worden ist, eine Predigt an die Hölle, wo Adam und Eva von neuem den Schritt Gottes vernehmen wie einst im Paradies, und Er kommt, um sie zu erlösen.

...Ruhe des Sohnes am Abend des Neuschöpfungswerks, wie der Vater sich von all seinen Werken und in all seinen Werken ausgeruht hat. Christus ruht sich aus in der Stille seines Grabes. Durchgang an der Grenze zwischen Tod und Auferstehung. So sehen es einige Mystiker; für andere gleicht der Karsamstag einer Nacht des Geistes. Es ist schwer einzusehen, daß nach dem "Alles ist vollbracht" ein erlösendes Leiden weitergegangen sein sollte, wenn nicht als ein Weiterklingen in der Agonie Christi, die sich fortsetzt bis zum Ende der Welt. Einige verletzte Freunde des Bräutigams sind allerdings nicht dieser Meinung, besonders im Fall von Adrienne von Speyr. Doch müssen wir anmerken, daß die Visionen der Mystiker, vor allem wo sie das Leben Jesu betreffen, nicht den objektiven Anspruch vollkommener historischer Treue erheben können; sie können nicht mehr sagen als der biblische Bericht, sondern ihn nur erklären.
Anna Katharina von Emmerich berichtet, daß "Jesus an jenem Ort wunderbare Worte sprach...", doch sonderbarerweise erinnert sie sich nicht mehr daran, oder vorsehungsgemäß erinnert sie sich nicht mehr daran, denn nichts kann dem Evangelium hinzugefügt - oder weggenommen - werden. Bei ihr sind die Visionen, die Wahrnehmungen dessen, was Jesus durchgemacht hat, eher symbolisch als geschichtlich. Was sicherlich nicht bei den aramäischen Worten der Fall ist, die Therese Neumann in ihren Ekstasen wiedergab. Daher müssen wir diesen Mangel an Gewißheit hinnehmen und uns an den tieferen Sinn dessen halten, was diese Bevorzugten wahrgenommen haben.

Dein Leib in meine Arme gelegt in der Gunst der Nacht...

Für den, der die Gunst der Nacht kennt, bekommt der Schrei Nietzsches einen sonderbaren Widerhall: Gott ist tot!

Gott ist tot in mir, und nichts hat mehr einen Sinn. Im selben Augenblick, in dem das Zerreißen des Vorhangs ins Mysterium führt, zu dieser bis dahin allein dem Hohenpriester vorbehaltenen Stätte, führt es ins Leere. Das Allerheiligste war vollkommen leer. Titus glaubte dort ein urtümliches Idol vorzufinden, das ein solches Volk hervorgebracht hätte; er war beeindruckt von dieser Abwesenheit Gottes, fasziniert von dieser Leere, die doch nicht das Nichts ist. Diese Stätte hallte wider von ihrer eigenen Tiefe, von diesem unbekannten Gott, der sie geschaffen hatte. Doch den Schöpfer selbst hat man getötet, und die Welt hätte ohne ausdrückliche Erlaubnis wie ein Kartenhaus zusammenstürzen, ihre Atome sich in einer Kettenreaktion auflösen müssen. Doch da ist diese Leere, die auch in bestimmten nicht-christlichen Mystikern wiederzufinden ist, die Leere, die im Mittelpunkt des Rades ist, die Leere, die ein Gefäß zum Gefäß macht, wieviel Ton man auch in der Hand haben mag.

Diese Leere hat Adrienne von Speyr fasziniert, jedesmal spricht sie ein wenig anders von ihr, Farbtupfern gleich, die wie bei den Impressionisten versuchen, die Schwingungen zum Leuchten und das Leben des Lichts auf das Bild zu bringen. Dieser Zeit-Raum in der Schwebe, in dem ein Schicksal, der Sinn eines Lebens in der Schwebe ist. Diese Zeit, die die Wunden, welche den Händen, den Füßen und der Seite zugefügt wurden, von den glorreichen Wunden trennt, die Jesus nach der Auferstehung seinen Jüngern zeigen sollte, dieser Schwebezustand in einer Art von Leere, welche der Verstand nie wirklich erfassen wird. Jesus von seinem Vater getrennt. Jesus in die Hölle hinabsteigend, der tote Leib Jesu im Grab.

Gott wiegt plötzlich schwer, das Gewicht seines Leibes scheint uns zur Hölle, nach unten, zum Ärgernis hinabzuziehen, statt uns zu erheben, uns einzusaugen und unser Leben von Kommunion zu Kommunion zu einer langsamen, aber sicheren Aufnahme in den Himmel zu machen.

Seine Augen sind geschlossen, Er sieht uns nicht mehr, mehr noch, Er schaut uns nicht mehr an, und sein Vater scheint sich zu verbergen, Er überläßt es uns, ihn zu bestatten, Er liefert ihn uns aus, und dieser Gott ist zu schwer für uns. Seine klaffenden Wunden sind scheinbar nutzlos. Welche Verbindung könnten wir zwischen seiner Verwundung und unserer eigenen Erlösung herstellen?

Und dennoch, nach dem ersten Schluchzen, das unser Wesen bis auf den Grund erschüttert hat, nach diesem panischen Schrecken, Gott sterben zu sehen, folgt auf die Tränen die große Stille und ein unsagbarer Friede, ein Friede im Fall, ein Friede im Ärgernis.

Dies ist eine glückselige Phase der Nacht des Geistes. Endlich hat aller Kampf aufgehört, man betet nicht mehr, man hat es verlernt. Aber etwas in uns betet das reglose Fleisch des Erlösers in vollkommener Weise an, in einer innigen Vertrautheit, die so groß ist, daß die Jungfrau es uns in die Arme gelegt hat. Zweifellos ist es das, was Adrienne von Speyr wahrgenommen hat: Hölle und Eingießung der Liebe in einem, eine Bewegung, die sich im geheimen vollzieht und plötzlich im Donner der Auferstehung losbricht.

Es verblüfft mich jedesmal, wenn ich sehe, daß die, die in der Nacht des Geistes sind, trotz ihres scheinbaren Bekenntnisses zu einem vollkommenen Atheismus magnetisch vom Allerheiligsten angezogen werden, das sie manchmal stundenlang betrachten, anscheinend in einem Dämmerzustand, aber doch in einer geheimen Wachheit, die das Anbrechen des Ostermorgens, der Stunde des Engels ankündigt.

Unterdessen ist Gott da und berührt uns auf eine Weise, die uns in dieser großen, trostlosen Stille nicht "berührt". Früher einmal brachte die Annäherung Gottes ein Aufglühen der Liebe, Gefühlsaufwallungen oder Ängste mit sich, doch diese Berührung, wie Johannes vom Kreuz sagt, oder diese Anrührung, wie es der Selige Ruusbroek nennt, verwirrt uns nicht mehr. Bei dieser Art von Nicht-wissen wissen wir besser denn je, weil "darüber" - wie es der Bewunderungswürdige ebenfalls ausdrückt -: "In der geheiligten Stille des Unbegreiflichen schwingt eine gewisse Klarheit mit, das ist die sehr erhabene Dreifaltigkeit."

Am Vorabend des Karsamstages sagt die Schrift: Schon begann der Shabbat zu leuchten. Dieser Karsamstag des Kontemplativen, an dem er den Leib Jesu in seinen Armen empfängt, kennzeichnet einen wichtigen Durchgang, einen Fortschritt: die Winternacht wird zur Sommernacht. In einer immer tieferen Kenntnis der Menschheit Christi und in der Gegenwart seiner Mutter herrscht in dieser Nacht die Liebe zu Gott, bis sie allmählich das Morgenrot weckt.

VIII
Libermann
oder
Die qualvolle Unbeweglichkeit

Die beiden Schlüssel des Weges der Kindschaft

Es läßt sich nicht verbergen, daß bestimmte Heilige, wie der Ehrwürdige Libermann, bekannter sein könnten, wenn sie nicht so schwache Nerven gehabt hätten. Für uns heute können sie Vorbilder werden und uns hinsichtlich des Wegs der Heiligkeit beruhigen, der für schwierig, heroisch oder sogar unmenschlich gehalten wird. Jakob erinnert so sehr an dieses Urbild des Juden, das von der Unzuträglichkeit der Ghettos, der Abkapselung, der Einsperrung und einem ständigen Unsicherheitsgefühl hervorgebracht wird. Sollten die Christen, die triumphieren, nicht vielmehr eifersüchtig sein auf diese Fähigkeit zur Hingabe, die dem Lammesvolk eigen war, das täglich um des Göttlichen Namens willen zur Schlachtbank geführt wurde? Wie es in einer seiner Lebensbeschreibungen heißt, war der kleine Jakob der Sohn eines Rabbiners und der Vater zahlloser Apostel, die Afrika evangelisierten.

Mit Dr. Vittoz ließe sich von ihm sagen: Man ist nie zu empfindsam. Die Empfindsamkeit wird ihm von keiner Reinigung genommen, diese Empfindsamkeit in bezug auf die anderen, auf ihre Zuneigung und ihr Leiden. Sie ist in sich nicht krankhaft, selbst wenn Krankhafte, beispielsweise Künstler, empfindsamer sind als andere. Wir sprechen hier nicht von einer Gefühlsduselei, wie sie die kleine Therese nach dem Tode ihrer Mutter erfaßte und die in ihrer Eigenart symptomatisch ist für eine tiefe Verletzung; die große Empfindsamkeit, die wir an ihr kennen, hat Jesus, der sie durch die Gnade der Weihnacht heilte, ihr nicht genommen.

Über Jakob, der durch die Taufe François-Marie Libermann geworden war, konnte Pater Schwindenhammer schreiben: "Vom Standpunkt des Glaubens aus betrachtet scheint mir, daß der gute Vater eins der Opfer war, die Gott unter tausend anderen ausgewählt hat, um sein Opfer auf Erden zum Heil der Seelen weiterzuführen; dieser Ansicht ist auch Desgenettes."

Alle Zeugen seines Lebens sind sich darin einig, ihn als kleinen Engel, wir würden sagen, als ein Lamm zu beschreiben. Diese Sanftmut ist wie bei Franz von Sales erworben oder eingegossen, sie liegt nicht in seiner Natur. Denn in diesem Mann brennt ein Feuer, das sich gern weggeben, sich mitteilen möchte. Wenn Gott Libermann seine Heiligkeit selbst hätte aussuchen lassen, würde er ein Franz-Xaver, ein Abenteurer Gottes geworden sein, überfließend von Phantasie und Mitteln und Wegen, um neue Formen der Evangelisierung zu ersinnen.

Doch man sucht sich seine Heiligkeit nicht selbst aus, und wenn Gott uns in der Erwartung unserer Zustimmung zu Rate zieht, macht Er im Übrigen trotzdem, was Er will, denn Er allein weiß, was die Welt braucht.

Dieser Gründer der Afrikamissionen sollte Frankreich nie verlassen; an ein unsichtbares Kreuz genagelt und in der Einssetzung mit dem Gekreuzigten, mit dem er unaufhörlich Zwiesprache hält, ist er mystisch gegenwärtig. Die Frucht dieser Prüfung, die ein Leben lang dauerte, sind Hingabe und Vertrauen. Das ist seine große Botschaft an die Menschen von heute, die von einer Unruhe erfaßt sind, welche im Gegensatz zur Bewegung der Liebe steht, die eine langsame Ausgießung ist, langsam und schmerzvoll, zwei Eigenschaftsworte, die der moderne Mensch ablehnt, und weil er sie ablehnt, kann er nicht lieben lernen; daher darf man sich über das Zutreffende der Botschaft Libermanns an uns nicht wundern.

Wir haben ein planetarisches Bewußtsein der Dinge, sind aber nicht fähig, das zu steuern, was unser Bewußtsein empfängt. Wir ziehen über den Planeten dahin und verlieren so jeden Anhaltspunkt. Nichts ist weniger erstaunlich, als daß eines Tages ein junger Mann unseres Jahrhunderts vom Engel erfaßt wird, der ihn buchstäblich auf der Stelle festnagelt und ihn, verletzt von einer neuen Verletzung, für immer gelähmt sein läßt. Diese Verletzung ist die tiefe Mitte unserer neuen Wandermönche, die unerschöpfliche Quelle des Erbarmens und der echten Freude. Die qualvolle Unbeweglichkeit wird zur Schule der Hingabe und des Vertrauens. Die beiden Schlüssel des Weges der Kindschaft.

Sie werden sich Dem zuwenden, den sie durchbohrt haben
(Za 12,10)

Mit Hilfe des "auswählenden Lesens" wollen wir in einem Überblick die Geschichte seines Lebens nachzeichnen.

Jakob wird am 12. April 1802 in Zabern geboren; sein Vater ist ein wahrer Israelit, ohne Falsch, wie Jesus von Natanael gesagt hat. Das Studium des Talmud, die Ratschläge an die Gläubigen, die ihn aufsuchen und bewundern, das ist die enge, beruhigende und so schöne Welt des elsässischen Judentums, dessen Beschreibung unvollständig bliebe, wenn wir nicht von der Wärme des Heims, von der jüdischen Mutter sprächen, die man sich stets rund und weich wie ein Shabbatbrot denkt. Diese Mutter stirbt, als Jakob zehn Jahre alt ist; sie wird schnell ersetzt, und der Rabbiner fährt fort, die Vorschrift zu befolgen, die den Männern befiehlt, die Erde zu bevölkern. In einem solchen Milieu verstößt man gegen das Gesetz nicht ohne selbstmörderische Absicht, und die hat unser junger Sohn Israels mit dem glänzenden Verstand nicht. Doch Gott wird ihn gleichsam aus seinem Milieu heraussaugen und entwurzeln, um ihn in eine andere Welt zu verpflanzen.

Der Melamed, der Lehrer der jüdischen Schule, warnt die Kinder oft vor der Gefahr, die im Umgang mit den Goyim liegt, und davor, auch nur den Bruchteil einer Sekunde die Augen zu einem der vielen Götzenbilder zu wenden, die an den Straßenecken anzutreffen sind und von den Heiden in Prozessionen herumtragen werden. Besonders das Kreuz anzuschauen, das kann zur Blindheit führen. Für Israel ist das Kreuz stets ein Zeichen der Verwünschung; hat man nicht Millionen und Abermillionen von Juden ermordet, das Kreuz in der Hand oder auf den Mantel genäht wie zu der schrecklichen Zeit der Kreuzzüge, als die gesamte Bevölkerung von Jerusalem von den Soldaten Christi lebendig verbrannt wurde. Geheimnis der Sünde, die jedoch niemals das letzte Wort hat, weil Gott Gott ist!

Dieses Kreuz hat Jesus diesem wahren Sohn Israels, Libermann, dem Gründer der Väter vom Heiligen Geist, unablässig gezeigt, damit sein an Israel ergangenes Wort bis zu den Enden der Erde verbreitet werde.

Einmal aber sieht der kleine Jakob in einer Straßenbiegung plötzlich das Allerheiligste vor sich. Er nimmt die Beine in die Hand und sucht durch die Gassen rennend eine Zuflucht. Die Prozession kommt näher, darum springt er in ein Kellerloch und findet sich in einem großen, ziemlich dunklen Raum wieder. Ein Sonnenstrahl wird von einer Fensterscheibe zurückgeworfen und trifft über dem Allerheiligsten auf das Kreuz, das funkelt und glänzt. Das Kind ist fasziniert von diesem Strahlen, von dem Mann am Kreuz.

In der Schule wird der Sohn des Rabbiners das Kreuz verteidigen, nein, er ist davon gar nicht blind geworden... Nach der "guten" alten Methode verprügelt ihn der Schulmeister, stößt ihn mit dem Kopf an die Wand. Was würden die Folgen dieser ersten Tat eines Martyriums aus Liebe sein?

Bis zum Alter von zwanzig Jahren setzt Jakob seine Talmudstudien glänzend fort und bestärkt den Rabbiner von Zabern in der Hoffnung, die er sich von seinem Sohn macht. Dann folgt die Abreise nach Metz, wo die berühmten Rabbiner sitzen. Nach und nach stürzt die Festung des talmudischen Universums für den Studenten ein, der mit den Sprachen und weltlichen Fächern vertraut wird; so liest er das Neue Testament im griechischen Original. Aber auch den Glauben verliert er nach und nach. Er begibt sich nach Paris, findet dort seine Brüder wieder, die katholisch, apostolisch und römisch geworden sind. Es ist die große Welle der Bekehrungen in der Nachfolge von Ratisbonne und Drach, einer Bekehrung, die für viele Juden einem Ausweg aus dem Ghetto gleichkommt und schlicht und einfach auf die Rennbahn der Angleichung führt. Libermann wohnt im Stanislaus-Kolleg und ist einigermaßen ratlos. Nach theologischen Diskussionen mit Drach, die ihn nicht überzeugen, kniet er nieder, betet, und steht, wie andere, bekehrt wieder auf. Alles wird klar, die Dogmen, die Gottheit Jesu, der Messias. Während seiner Taufe spricht seine Schwägerin, die Frau des Dr. Samson Libermann, eine konvertierte Jüdin aus orthodoxem Milieu, die Prophetie aus, daß der, der sich von da an François-Marie-Paul nennt, Priester wird. Dieser Sohn der Hohenpriester Israels erkannte sofort seine priesterliche Identität, und während langer Jahre strebte er nach dem Priestertum. Seine Studien im Seminar sind glänzend, doch für diesen kleinen Engel mit den stark semitischen Gesichtszügen fehlt es auch nicht an Verfolgungen. Am Vorabend seiner Weihe zum Subdiakon, die ihn rasch auf die Spuren Oliers hätte führen sollen, den er gut kannte, wird er von einem epileptischen Anfall niedergestreckt. Der Zugang zum Priestertum verschloß sich scheinbar für immer.

Sein Vater hatte ihn verflucht. Im orthodoxen Judentum spricht man für einen Renegaten das Totengebet und hält sieben Tage lang Trauer. In der Erinnerung seiner zärtlich geliebten Familie ist Libermann tot. Es muß ein schweres Trauma gewesen sein; die Kopfschmerzen, die möglicherweise von den Stößen seines Schullehrers verursacht worden waren, sollten bis zum Ende seiner Tage anhalten und sind vielleicht nicht unbeteiligt an dem epileptischen Anfall.

Was soll aus ihm werden, da man ihm das Stipendium entzogen hat, das dem Proselyten so großzügig gewährt worden war. Die Lahmlegung begann. Bei jeder seiner Krisen bemerken die Ärzte, daß, wenn die Krankheit tatsächlich eine Epilepsie ist, François sich doch nicht wie ein Epileptiker verhält: keine Zerschlagenheit nach den Anfällen, er lächelt im Gegenteil und heftet seine Augen auf das Bildnis des Gekreuzigten, auf diesen Mann, vor dem er geflohen war, der ihn dann fasziniert hatte, friedlich schaut er ihn an und findet in ihm die Kraft weiterzugehen.

Mit der Möglichkeit, religiöse Gruppen zu leiten, wurde für ihn dann eine Anstellung als Verwalter im Seminar in Rennes gefunden, wo er die Nacht des Geistes kennenlernen sollte. Später vertraute man ihm das Noviziat der Eudisten an, dermaßen übernatürlich war sein inneres Leben. Aber nichts als Niederlagen! Seine epileptischen Anfälle vor den Seminaristen von Rennes, die sich versammelt hatten, um ihn zu hören, machten sein Ansehen bei ihnen vollständig zunichte. Nichts als Nägel, und die bohrten sich in sein Fleisch und schränkten ihn bis zur Unbeweglichkeit ein, wodurch seine Hingabe an die Wege Gottes wuchs und ebenso sein unerschütterliches Vertrauenen, daß er eines Tages Priester werden würde und daß, wie er es ausdrückte: seine liebe Krankheit einen Sinn habe. Hier in Rennes, mitten in diesen Prüfungen, sollte er seine Berufung zum Missionar erhalten. Das Werk der Schwarzen wird von da an seine große Hauptsorge und Anlaß seines Opfers.

Der von Epilepsie geschüttelte Gründer, konnte er von Rom eine Anerkennung seiner neuen Ordensgemeinschaft erwarten? Keine Ordensgemeinschaft ohne Gründer, und nur ein Priester kann ein wahrer Gründer sein; ein Epileptiker aber kann keinen Anspruch auf den Altardienst erheben. Ist das alles wirklich logisch? Scheinbar ja, doch es entspricht nicht der Logik des Kreuzes, dieser Torheit einer hingebenden Liebe, dieser Wissenschaft des Gebens, des Spiels "Wer verliert, gewinnt", das Teresa von Avila so liebte. Das Weizenkorn liegt im Sterben, aus einem wird es tausend hervorbringen, und das

111

weiß Libermann in seinem tiefsten Innern. Der 17. Februar 1840, die Audienz bei Gregor XVI., auf der der Heilige Vater erklärt: "Sarà un santo", er wird ein Heiliger sein, ändert nichts, er kann nicht zum Priester geweiht werden. Der Vater so vieler Bekehrungen muß in seiner Stellung ausharren. Von einigen seiner Vertrauten nach diesem scheinbaren Fehlschlag verlassen, zieht er in eine Dachstube, wo er im Elend lebt, und verfaßt einen Kommentar zum heiligen Johannes. Da ist er nun, der künftige, von seinem guten Volk verehrte große Rabbiner, da ist er, für "nervenkrank" gehalten, von allen verlassen, in physischer und geistiger Verarmung, obgleich sein mystisches Leben schon einen hohen Grad der Erhebung erreicht hat, da ist er, allein mit Dem Einzigen, an seinem Platz festgenagelt von der Liebe des Mannes am Kreuz.

Zwei Jahre lang bleibt der große Missionar unbeweglich, in denen sich die schreckliche Krankheit nicht mehr zeigt, und sie sollte nicht mehr wiederkehren, um Franz-Jakobs Leib zu erschüttern, obgleich er bis zu seinen letzten Tagen ein Zittern in den Händen nachbehält, das sich bemerkbar macht, wenn er die Patene und den Kelch erhebt. In der Tat wurde er am 18. September 1841 in Amiens zum Subdiakon, Diakon und schließlich zum Priester geweiht; seine erste Messe sollte er in einer Kirche lesen, die ihm teuer war, Notre-Dame des victoires. Seine Ordensgemeinschaft vom Heiligen Herzen Mariens wird geboren und vereinigt sich bald darauf mit der vom Heiligen Geist. Seine Gefährten werden zu fernen Inseln und nach Afrika reisen, wo die Lebenserwartung anfänglich nach Tagen, dann nach Monaten gezählt wurde! Libermanns Gesundheit bleibt sehr anfällig, er wird nie den Fuß auf jene Flecken Erde setzen, wo seine Liebe hingeht. Sanft entschläft er am 2. Februar 1852 in Paris im Seminar vom Heiligen Geist.

Jede Krankheit hat einen Sinn und geht in die geistliche Geschichte des Menschen ein

Das ist etwas, was nicht vergessen werden darf. Krankheit ist in sich ein Übel, die Frucht der Sünde des Einzelnen und der Gesamtheit, doch wir müssen davon zu unterscheiden wissen, was daran bejahenswert ist, was sie anzeigt und an Tieferem erkennen läßt. Nie können wir behaupten, eine nervöse Depression sei von Gott gewollt. Dennoch gibt es eine Art, sie zu erleben, sie durchzumachen, die uns hilft, den tieferen Sinn, die Bedeutung eines ganzen Lebens zu entdecken. Eine Krankheit offenbart immer etwas, und daher kann sie uns in der Ordnung des Reiches wachsen lassen.

In seiner Hingabe und seinem vollkommenen Vertrauen auf Gott zweifelte Libermann trotz der Selbstmordgedanken, die ihn wie die kleine Therese quälten, nicht daran, daß Gott ihn auf eine besondere Weise behandelte, heftig zwar, wie er es in einem Brief nennen sollte, den wir zitieren wollen, doch er fühlte sich ganz in seiner Hand.

"Kurz, ich habe nichts erworben, weder an Kenntnissen des Verstandes, noch an Willenskraft, noch an der Übung der Tugenden. Gott hat mir alles geschenkt, er hat mich, ohne mich um Erlaubnis zu fragen, mit einer Heftigkeit an sich gezogen, die ich bisher an keinem anderen bemerkt habe. Ich war anfänglich sehr lau, sehr gleichgültig, sehr nichtig im Hinblick auf das übernatürliche Leben. Der Herr gewährte mir die Gnade, meinem Vater zu widerstehen, der mich dem Glauben entreißen wollte; lieber habe ich ihm entsagt als dem Glauben. Danach ist der gute Meister unverhofft gekommen, um mich mir selbst zu entreißen, und er hielt meine Fähigkeiten ungefähr fünf Jahre lang verborgen und gefangen, ohne daß ich in dieser Zeit daran dachte, an der einen oder anderen Tugend zu arbeiten; meine ganze Beschäftigung bestand darin, bei Ihm zu sein, und das war sehr einfach."

Die unsichtbaren Stigmata der Unbeweglichkeit

Das Leitwort des mystischen Lebens heißt Passivität. Die größten Aktiven sind hinsichtlich des Lebens in Gott vor allem große Passive. Nicht sie tragen das Kreuz, sondern das Kreuz trägt sie, wie ein Floß auf Wellen, Wirbeln oder Stromschnellen, die der größte Athlet Gottes nicht schwimmend überwinden könnte. Der asketische Weg genügt nicht. Mit Libermann hat Gott wiederum einen Schwachen erwählt, einen Armen, der in Oliers Strömung einzureihen ist, einen von jenem Geist der Kindschaft, der den Karmel und die Heimsuchung beschäftigt und in der großen Theologin unserer Zeit, der kleinen Therese, münden sollte.

Der Ehrwürdige Libermann hat das Eindringen Gottes an sich geschehen lassen, was der Gnade zuzurechnen ist. Wir müssen uns wirklich klar machen, daß wir Angst vor dem Vater haben. Wir vertrauen ihm nicht von vornherein, denn wir haben unser natürliches Kindsein nicht gut erlebt. Wir haben den Eindruck, von unserem irdischen Vater getäuscht oder zumindest enttäuscht worden zu sein. Die Pubertätskrise, die uns ihm entgegengestellt hat, stellt uns auch Gott entgegen, wir haben uns gegen die Vaterschaft behauptet, und gegen Gott behauptet sich das fleischliche Wesen. Dieses Eindringen der Gnade wird wie eine potentielle Vergewaltigung wahrgenommen.

In großer Liebe zum Vater aller Freundlichkeiten führt der Weg der Kindschaft zu dem Ausruf der kleinen Therese: "Mein Gott, du hast meine Erwartung übertroffen!" Dieser Weg beginnt mit der Erkenntnis unserer Not, unserer Niedrigkeit: der Unfähigkeit, die Leiter von uns aus zu erklimmen, die zu Gott und daher zum Glück führt. Der Akt der Hingabe und des Vertrauens besteht darin, die erste Stufe zu erklimmen - der asketische Teil, der stets im mystischen Weg enthalten ist -, und darin, uns von den Armen des Vaters fassen zu lassen, der uns zu seinem Antlitz emporheben wird.

Der Weg der Kindschaft steht allen offen, außer den Hochmütigen. In dem Maß, wie die qualvolle Unbeweglichkeit uns völlig von Gott abhängig macht, läßt sie den Hochmut sterben. Darum ist sie für jeden unabdingbar notwendig. Je nach der geistlichen Geschichte und der Erwartung seines Dieners an Ihn wird Gott ihn unbeweglich machen. Durch Krankheit macht er den einen Arm unbeweglich, durch innere Qualen den anderen, durch Verfolgungen aller Arten macht er die Beine unbeweglich; alles, was aus Liebe erduldet worden ist, läßt das Herz dann den Stoß der Lanze ersehnen, und durch die Durchbohrung unseres Herzens macht Gott uns mit seinem Sohn gleichförmig, damit Ströme lebendigen Wassers aus der Seite des Dieners fließen und viele dadurch getränkt, gewaschen und erneuert werden. Das ist das Werk, die Arbeit, woran Gott Gefallen hat.

IX
Ignaz und die Skrupel

"*Während der Vorbereitungszeit auf den feierlichen Jahrestag der ersten heiligen Kommunion wurde ich von der schrecklichen Seelenkrankheit der Skrupel befallen. Um dieses Martyrium zu verstehen, muß man es selbst erlebt haben. Es ist mir unmöglich, in Worten wiederzugeben, was ich fast zwei Jahre hindurch gelitten habe! Alle Gedanken und selbst die einfachsten Handlungen wurden für mich zur Quelle der Verwirrung und Gewissensnot. Erst wenn ich Maria alle meine Nöte anvertraut hatte, fand ich wieder Ruhe. Das kostete mich aber viel Überwindung. Ich fühlte mich dennoch verpflichtet, ihr alle, auch die sonderbarsten Gedanken anzuvertrauen. War meine Last abgewälzt, dann genoß ich für einen Augenblick Seelenfrieden. Mit Blitzesschnelle aber war dieser Friede dahin, und meine Marter setzte von neuem ein!... Ich wurde dadurch so krank, daß man genötigt war, mich bereits mit dreizehn Jahren aus der Klosterschule zurückzunehmen.*"[1]

Dieser Auszug aus der "Geschichte einer Seele", der geistlichen Autobiographie der heiligen Therese vom Kinde Jesu, ist überaus anrührend. Ein Kind, das sich einen der schmerzhaftesten Splitter aus dem Fleisch zieht. Psychiatrisch gesehen, stolpert man sofort über eine unerbittliche Diagnose und Prognose: die Zwangsneurose. Menschen, die fixen Ideen unterworfen sind, schließen sich buchstäblich in einer keimfrei gemachten Welt ein und versuchen, durch beschwörende Riten einen unsichtbaren Feind zurückzuschlagen, der jedoch gerade nicht in den fixen Ideen besteht, an die sie glauben. Der Zwangskranke geht mit sich und den anderen streng um, ist ein Anhänger der Ordnung, hat eine Sauberkeitsmanie, er hört nur auf sich selber und trägt seine eigenen moralischen Kriterien in sich, die erschreckend anspruchsvoll sind.

Auf religiösem Gebiet sieht man aus diesem *Boden* krankhafte Skrupel wachsen. Das moralische Bewußtsein ist befallen. Der Mensch

---

[1] Therese Martin, "Geschichte einer Seele" Die Heilige von Lisieux erzählt aus ihrem Leben, Johannes-Verlag Leutesdorf 1986, S. 78, 80.

ist unfähig, sein Gewissen zu befriedigen, das sich in einem verschwommenen Bereich bewegt. Bei großer Müdigkeit hat jeder schon einmal die Erfahrung gemacht, was Skrupel sind. Plötzlich ist man unfähig, einen Entschluß zu fassen und weiß nicht, ob das, was man macht, gut oder schlecht ist, und wenn der Entschluß gefaßt ist, wirft der Schritt zur Tat von neuem das Problem der Richtigkeit des Entschlusses auf, usw. Der Skrupelhafte wird seine wirklichen oder eingebildeten Sünden beichten, doch sobald er aus dem Beichtstuhl heraus ist, wird er zu der Überzeugung gelangen, daß die Sünde schlecht eingestanden wurde, daß er sie gewissermaßen durch eine nur annähernde Ausdrucksweise verschleiert hat, daß ihm also nicht vergeben ist, und am liebsten würde er aufs Neue oder besser beichten und auch den Beichtvater wechseln, denn der Seine hat nicht dieselbe Richtung wie er. Der Beichtvater kann in der Tat nur versuchen, sein Beichtkind aus der "Verschwommenheit" herauszuholen und ihm deutlich zu machen, daß es nicht gesündigt hat.

Dieser Boden enthält alles Nötige, um das geistliche Leben und noch mehr das mystische Leben zu töten. Er macht die Gabe, den Empfang der Gnade, die Hingabe unmöglich, und vor allem schließt er die Barmherzigkeit für sich selbst aus. Wenn man die kleine Therese im Licht der Humanwissenschaften genau betrachtet, ist man durchaus gezwungen, auf das Wunder der Gnade zu schließen. Wie findet ein Kind im Kampf mit derartigen Zwangsvorstellungen das Mittel, alles Maria anzuvertrauen, sich an jemand anderen zu wenden, ihm das Urteil zu überlassen und im Auge des Taifuns diesen Frieden zu kosten, der alles Verstehen übersteigt? Wir müssen vor allem staunen und uns klar werden, daß weder wir noch sonst einer jemals zum Gefangenen einer Diagnose gemacht werden können. Wir sind mehr als das, und der *homo capax dei* ist nicht einfach ein durch den mehr oder weniger guten Zustand seiner Stromkreise begrenzter Computer. Jene, die zur großen Botin der Barmherzigkeit für unsere Zeit werden sollte, war in diesen Kreislauf von Zwängen eingeschlossen, der die Barmherzigkeit, das heißt, die Liebe, die stärker ist als jede Gerechtigkeit, nicht zulassen kann.

Mehr noch, sie sollte sich der Barmherzigkeit Gottes darbieten, wie man sich vor ihr seiner Gerechtigkeit darbot, um "wiedergutzumachen". Opferte man sich damit nicht dem eigenen Bedürfnis nach Gerechtigkeit und Rechtfertigung, diesem Bedürfnis nach Bestrafung, während Gott unsere Sünden auslöschen und nicht mehr daran denken will? Die Autobiographie des heiligen Ignaz von Loyola bietet ein Musterbeispiel von Zwangskrankheit mit einer Erkrankung an Skrupeln, die zum Fürchten war und schlicht und einfach in reinem Wahnsinn und im Selbstmord hätte enden können:

"Aber in dieser Frömmigkeit erfuhr er aufgrund seiner Skrupel viel Pein. Obgleich seine Generalbeichte in Montserrat mit sehr viel Sorgfalt und vollständig schriftlich abgefaßt worden war, wie bereits berichtet, so erschien es ihm in der Tat manchmal so, als hätte er bestimmte Dinge nicht gebeichtet, und das bereitete ihm viel Kummer. Obgleich er noch einmal beichtete, war er nicht befriedigt. Da machte er sich auf die Suche nach geistlichen Männern, die ihm irgendein Heilmittel für seine Skrupel verschaffen konnten. Aber nichts half. Schließlich sagte ihm in der Beichte ein Domtheologe, ein bedeutender geistlicher Mensch, der in der Kathedrale auch predigte, er solle alles aufschreiben, woran er sich erinnern konnte.

Das tat er, und trotzdem wurde er nach der Beichte von Skrupeln erfaßt, wobei jedesmal die Dinge immer spitzfindiger wurden, sodaß er davon sehr betrübt war. Und obwohl er sich klarmachte, daß seine Skrupel ihm großen Schaden zufügten und es gut gewesen wäre, sich von ihnen zu befreien, wollte es ihm nicht glücken. Manchmal dachte er, das Heilmittel wäre, daß ihm sein Beichtvater im Namen Jesu Christi den Befehl gäbe, keines der vergangenen Dinge mehr zu gestehen, und er wünschte sehr, der Beichtvater würde ihm das befehlen, doch hatte er nicht die Kühnheit, sich ihm in dieser Sache zu eröffnen."

Man sieht hier gut, wie der von vielfältigen, krankhaften Ungewißheiten, von dieser schon erwähnten Verschwommenheit gefesselte Zwangskranke stets Hindernisse auf der ersten, dann auf der zweiten, sogar bis zur dritten Stufe errichtet und schließlich das nicht erreicht, was ihn befreien könnte.

"Ohne daß er ihn darum gebeten hätte, kam der Beichtvater jedoch darauf, ihm zu befehlen, keines der vergangenen Dinge mehr zu gestehen, außer wenn es sich um etwas gut Geklärtes handelte. Doch weil er sie alle für gut geklärt hielt, zog er keinen Nutzen aus diesem Befehl, und so blieb es für ihn bei seiner Pein. (...) Aber in alledem fand er kein Heilmittel für seine Skrupel, und viele Monate waren vergangen, in denen er sich quälte. Einmal, als er darüber sehr betrübt war, rettete er sich ins Gebet und begann in der Inbrunst dieses Gebets, mit lauter Stimme zu Gott zu schreien und ihm zu sagen: 'Hilf mir, Herr,

denn weder bei den Menschen noch bei sonst einem Geschöpf finde ich
das Heilmittel. Wenn ich glaubte, es finden zu können, würde mir
keine Mühe zu groß sein. Zeige mir, Herr, wo ich es entdecken kann.
Selbst wenn ich der Spur eines Hündchens folgen müßte, damit es mir
das Heilmittel gäbe, würde ich es tun.'
Während er noch bei diesen Gedanken war, überkamen ihn wieder-
holt Versuchungen großer Gewalttätigkeit, die ihn dazu trieben, sich
in ein großes Loch zu werfen, das in seinem Zimmer nahe der Stelle
war, wo er betete. Weil er aber wußte, daß es Sünde wäre, sich zu
töten, begann er wieder zu schreien..."

Da tut Ignaz dem Himmel mit Fasten und Beten Gewalt an; sein
Beichtvater zwingt ihn, sich nicht selbst Gewalt anzutun und sich
psychisch noch mehr zu schwächen. Kurze Zeit darauf erwachte der
Heilige aus dem Alptraum, und die Skrupel verschwanden, endgültig, wie der Vater der Exerzitien sagt. Das stimmt, doch wenn Gott
ihn aus dieser schrecklichen Krise erlöst hatte, in die er immer tiefer
hinabsank, so veränderte Er doch nicht sein psychologisches Profil,
seine pathologische Tendenz, jene, die in jedem Adamssohn vorhanden ist, gleich ob sie zu fixen Ideen oder zur Hysterie neigt.
Diejenigen, die Kranke mit Herablassung oder Verachtung behandeln, wird es in der Demut bewahren, sich daran zu erinnern. Wie uns
die Schrift erinnert: *"Wer steht, sehe zu, daß er nicht falle"* (1 Kor
10,12).
Ignaz sollte sein Leben lang von diesem zwanghaften Temperament
gekennzeichnet bleiben; sein Wortschatz läuft keine Gefahr, mit dem
Quietismus in Berührung zu kommen; mit ihm gibt man sich nicht
hin, man macht Exerzitien. Über Gnaden, Sünden und Eigenschaften wird Buch geführt wie über Geld. In der Absicht, seine Memoiren
zu schreiben, erinnert er sich vierzig Jahre später seiner Buchführung
mit bestürzender Genauigkeit, und zugleich wird man Handlungen
und Haltungen an ihm gewahr, die einem skrupulösen Menschen
unmöglich sind und vom Leben Christi in ihm sowie vom Vorhandensein großer, eingegossener Gnaden zeugen.
Die ignatianische Unterscheidung, die so vielen Menschen geholfen
hat, in ihrem Leben klar zu sehen und bestimmte Entschlüsse zu
fassen, ist, das muß in diesem Fall gesagt werden, mit skrupulöser
Genauigkeit verfaßt. Das Für und Wider wird schriftlich niederge-
legt. Sicher, die ignatianischen Methoden stießen oder stoßen sich
mit den Improvisationen der Mystiker, für die wir eine Schwäche

haben, doch müssen wir das Wunder und die Gnade Gottes anerkennen, die für eine ganz bestimmte Sendung in der Kirche absichtlich einen Mann wie Ignaz erwählte. Welch ein Reichtum, der sich aus einer solchen Armut entwickelt hat!

Eine Bemerkung ist notwendig: Während Therese von ihren Skrupeln vollständig befreit wurde, bleibt bei Ignaz eine Spur davon übrig. Wir können die Frage nicht mit Gewißheit lösen. Vielleicht weil das Profil unseres ehemaligen Offiziers viel deutlicher ausgeprägt war. Vielleicht auch, weil Gott bei diesem vorbeirasenden Stern der Heiligkeit viel schneller gehandelt hat, der den nächtlichen Raum durchflog und kurz hell erleuchtete.

In Ignaz' Ausbildung war diese Prüfung ein Gewinn: Er, der so viele Seelen führen und andere die Seelenführung lehren sollte, mußte die Ungewißheit der Selbstbeurteilung erfahren. Liegt hier der Ursprung des ignatianischen Gehorsams?

Es gibt für skrupulöse Menschen tatsächlich kein anderes Heilmittel als den Gehorsam, einen vollkommenen Gehorsam, der Gehorsam des Urteilsvermögens heißt. Glücklich derjenige, der diesen Gehorsam bereits geübt hat, wenn die Prüfung kommt; sie wird dadurch erleichtert. In vielen Qualen der Nacht, vor allem der Nacht des Geistes, ist das Urteilsvermögen vollkommen verdunkelt, wir würden sagen, irre geworden. Wer sich zum Beispiel verdammt glaubt, kann weiterhin zur Kommunion gehen, wenn er sein Urteil an seinen Seelenführer oder den Beichtvater abgegeben hat; denn gerade der Kranke bedarf der Medizin, und die Eucharistie heilt uns von uns selbst. Allein der vollkommene Gehorsam kann uns aus der Verschwommenheit herausholen, von der wir weiter oben gesprochen haben.

Der skrupelhafte Mensch verharrt im Verhältnis zum Moralkodex in einer Verschwommenheit, um sich von diesem besser verurteilen lassen zu können und um die moralische Strenge zu rechtfertigen, die im Gegensatz zu dieser Verschwommenheit steht, der man auf der Ebene der Entscheidungen als eine gewisse Verwirrung des Denkens begegnet. Im Namen des Gehorsams muß er beipflichten, daß, nach einem Wort von Ionesco, die Tür offen oder zu ist, daß das Gas abgestellt ist und er beim Hinausgehen den Schlüssel ordentlich im Schloß umgedreht hat, usw.

Skrupel sind zwar ein Martyrium, aber sie sind auch eine Quelle der Gnade und des geistlichen Fortschritts, sofern sie richtig geführt werden. Noch einmal, die Umgebung soll die Hand Gottes dabei sehen, ein Vorrecht der Armen. Wir sollen Menschen und Ereignisse auf eine dem Evangelium entsprechende Weise beurteilen, gleich welche Ausbildung in den Humanwissenschaften wir haben. Die Hilfe der Psychologie, der Psychotherapie kann sich als wertvoll erweisen, aber sie muß die Demut in dem Wissen wahren, daß jeder Mensch ein Geheimnis ist, daß jeder Mensch für seinen Gott einzigartig ist, daß demnach ein Therapeut niemals alles verstehen kann und der Leidende manchmal mit Gott allein gelassen werden muß, der als Einziger das Geheimnis dieses Leidens kennt.

Wir müssen anmerken, daß sich die Neigung zu zwanghaften Handlungen bei ungefähr einer von drei Personen feststellen läßt. Die medizinische Behandlung, die uns am meisten Achtung vor dem geistliche Leben dieser Kranken zu haben scheint, ist die des Abbé Arnaud d'Agnel und des Dr. d'Espiney. Diese Behandlung nach Vittoz ist synthetisch, nicht analytisch, sie nimmt die kranke Persönlichkeit nicht auseinander, sondern zeigt ihr den Weg zur Einigung, zu einer Kontrolle ihrer Gedanken. Es ist klar, daß die medizinische Behandlung Ordensangehöriger von einer straffen geistlichen Führung begleitet werden muß.

X
Die Prüfung der Dauer

"Ich kenne einen Menschen, der in aller Wahrheit versichern könnte, er habe in den vierzig Jahren, die Gott begonnen hat, ihm die Gunst dessen zu erweisen, wovon wir gesprochen haben - der mystischen Vereinigung -, nicht einen Tag erlebt, ohne zu leiden und verschiedene Qualen zu erdulden; ich meine das geringe Maß seiner Gesundheit und seine großen Prüfungen." Das ist die Stimme von Teresa von Avila in ihrem Buch "Die innere Burg". Ich kenne einen Menschen... und wir kennen ihn auch. Seit Paulus täuscht der Ausdruck niemanden mehr. Die Madre konnte seufzen: "Das Leben ist eine in einer schlechten Herberge verbrachte Nacht", sie wußte, wovon sie sprach. Die höchsten Erfahrungen der Gemeinschaft mit Gott sind auch Erfahrungen des Nichtmitteilbaren hier auf Erden. Aber des Nachts... Die leuchtendsten Mitteilungen vollziehen sich in der Gunst der Nacht. Daher ist der Hintergrund allen mystischen Lebens die Nacht, duftschwere andalusische Nacht oder eisige Wüstennacht, Nacht der Trockenheit oder von Liebe erglühte Nacht.

Man muß der Wirklichkeit ins Auge schauen, unser Gang durch das Leben wird sich immer *in hac lacrimarum valle*, in diesem Tal der Tränen, vollziehen. Wir können die größten geistlichen Freuden erleben, der Schrei des Bedrückten wird immer bis zu uns auf den Gipfel des Horeb dringen. Das Licht, das uns anvertraut ist, scheint in die Nacht der Welt. Wir legen großen Wert darauf, dies zu sagen, bevor wir von der Dauer der Prüfungen sprechen. Die Väter sagten: "Sei gefaßt darauf, bis zu deinem letzten Atemzug versucht zu werden." Die Dauer dieser Prüfungen selbst lehrt uns, sie ohne Erschrecken zu betrachten, sie klärt uns nach und nach über den Sinn des gegenwärtigen Lebens auf und stellt uns dem Leben der zukünftigen Welt gegenüber.

Die Prüfungen dauern also lange. Die Mehrzahl der Autoren liefert Umschreibungen eines berühmten Kapitels von Johannes vom Kreuz, in dem uns der Heilige, ohne wirklich genaue Angaben zu machen, die uns beruhigen könnten, auf die Antwort eines Spaßmachers verweist: Eine gewisse Zeit! Dennoch gibt er zwei Bezugsgrößen an: den Starkmut der Seele und den Grad der Liebe, zu dem uns Gott erheben will.

Der Starkmut der Seele

Gott kann nichts ohne unsere Einwilligung tun. Ich werde den Starkmut der Seele vor der Prüfung und während der Prüfung unterscheiden. Die Sehnsucht zu lieben und zu leiden, die wir vor der Prüfung geäußert haben, hat Gott als eine Liebeserklärung gehört. Er nimmt uns beim Wort, und Er hat ein Recht dazu, das Recht, uns das Schlimmste zu bieten, denn wir sind verbunden im Guten wie im Schlimmen. Daher die Überraschung, die völlige Verwirrung dessen, der gleichwohl den Vertrag unterschrieben und ja zu Gott gesagt hatte. Daher die heftige Reaktion des ganzen Wesens, die für den Beginn der Nächte so kennzeichnend ist. Die Intensität der Reinigung läßt sich dann an der Sehnsucht abmessen, die wir vor dieser Nacht hatten.

Der Starkmut während der Nacht ist sehr unterschiedlich. Johannes vom Kreuz setzt uns davon in Kenntnis, daß manche so schwach sind, daß Gott sie ihr ganzes Leben lang in einem Halbdunkel hält, weil sie zu der wahren Nacht nicht fähig sind. Sicher, je heftiger die Nacht ist, desto kürzer ist sie, aber wenn Gott uns höher bringen will, und sei es nur ein wenig, dauert sie umso länger!
Was mich angeht, so bin ich stets erstaunt gewesen über den Starkmut derer, die sich in diesem Zustand befanden. Die Verzweifeltsten, die am meisten Geprüften würden ihren Platz um nichts in der Welt tauschen. Und wenn es vorkommt, daß einige in diesen Phasen, die so sehr an die Melancholie erinnern, "am Ende" sind und beginnen, um Gnade zu bitten, fassen sie sich sehr schnell wieder und bitten den Herrn wegen ihrer Unbelehrbarkeit um Vergebung. Schließlich "küssen alle die Hand, die sie schlägt". Die größte Schwäche bemerken wir bei dem Wunsch nach Tröstungen, nach Zeichen, die Gott geben soll. Gott verweigert diese Tröstungen nicht, doch sie tragen nicht zur Reinigung des Glaubens und der Hoffnung bei und verzögern daher das Wirken der Gnade.

Die Dauer der Reinigungen

Man kann indessen das Beispiel der Heiligen betrachten, um eine gewisse Anzahl von Schlüssen daraus zu ziehen. Die Berührungen der Nacht, von denen wir schon gesprochen haben, können kurz sein: einige Monate; doch eine Nacht wird nach Jahren gezählt. Der heilige Franz von Assisi hat vielleicht die kürzeste kennengelernt - werden wir aber eines Tages deren Intensität messen können? Zwei bis drei Jahre nach Meinung der Autoren. Im allgemeinen dauern sie mehrere Jahre, etwa drei bis vier, können aber zehn bis dreißig erreichen. Eine Nacht von dreißig Jahren ist oft ein Hell-Dunkel, in dem mit Unterbrechungen der Stern leuchtet, der die Magier zur Krippe geführt hat. Es muß angemerkt werden, daß die Geprüften sich von der Dauer oft zutiefst herausgefordert fühlen und schließlich einwilligen, ihr ganzes Leben lang und in der Ewigkeit zu leiden, wenn es sein müßte - wobei es sich nicht um den quietistischen Irrtum handelt, der darin besteht, daß man die Hölle aus Liebe zu Gott gelten läßt, wodurch diese übrigens als Liebe verneint würde. Gott kann uns nicht vergewaltigen. Es soll uns genügen, seine Weisheit im Buch der Natur zu betrachten und daraus eine Lehre über das Wachstum der Pflanzen und Bäume ziehen, über die Notwendigkeit der Strenge des Winters, der uns manchmal recht lang erscheint, aber giftige Ausdünstungen vernichtet. Selbst Schnee, der die Erde bedeckt, wie um alles pflanzliche Leben zu auszulöschen, düngt besser als ein chemisches Düngemittel. Marthe geht noch weiter, wenn sie sagt, daß die Erde aufgerissen werden muß, um den Samen zu empfangen.

Von den drei Kreuzen

Und doch stellt das Leben bestimmter Heiliger Fragen an uns. Warum sah sich der heilige Paul vom Kreuz nach fünfzig Jahren tiefer Nacht mit dem ruhmreichen Titel "Fürst der Betrübten" geehrt? Wir könnten antworten, daß die Dauer eines Lebens - für den Gründer der Passionisten mehr als achtzig Jahre - die Dauer der Prüfung bedingt. Einige Stigmatisierte haben wie Christus nicht länger als dreiunddreißig Jahre gelebt, die kleine Therese ist in der Blüte ihrer Jugend in den Himmel gegangen. Aber die Antwort würde nicht genügen.

Pater Garrigou-Lagrange fordert uns auf, die drei Kreuze auf dem Kalvarienberg anzuschauen. Das Kreuz Jesu in der Mitte hat selbstverständlich erlösenden Wert, das des guten Schächers bekommt einen reinigenden und wiederherstellenden, weil von dem Sünder anerkannten Wert. Was das Kreuz des anderen Verurteilten angeht, so hat es keinen Wert in sich selbst, weil das Leiden dort abgelehnt wird; es ist vielmehr Anlaß zur Empörung gegen Gott und die Menschen.

Da wir durch die Taufe in seinen Tod und seine Auferstehung mit Christus gleich geworden sind, teilen wir mit Ihm auch sein Kreuz, das nicht reinigt, sondern erlöst. Durch das Kreuz und mit Ihm sind wir Mit-Erlöser nach dem Beispiel der Jungfrau Maria, die mit dem Gekreuzigten gleich wurde. Und Maria ist mit der Passion Jesu verbunden, um Ihn auf eine neue Art in Schmerzen zu gebären, in der Geburt aus ihrem mystischen Leib, der Kirche.

Es muß auch angemerkt werden, daß die heiligen Gründer von Orden und Kongregationen nicht nur zu ihrer eigenen Reinigung Nächte durchmachen, sondern auch für die Erlösung einer großen Menge.

Bevor wir uns genauer mit dem Fall der heiligen Johanna von Chantal beschäftigen, wollen wir die Jungfrau Maria mit dem Wort Mutter der Nächte grüßen. Denen, die mit dem Kreuz ihres Sohnes verbunden sind, steht sie in der Tat ganz besonders bei. Wenn die Seelenführer das doch wüßten und den Geprüften die Zuflucht zu Maria empfehlen würden. Wenn Gott sich verbirgt, bleibt seine Mutter gegenwärtig, besonders während der Nacht der Sinne und zum Teil in der Nacht des Geistes. Sie ist geheimnisvoll zugegen, wie es die Ikonen in Getsemane erkennen lassen. Vielleicht darum, weil die Ängste uns wieder auf dieses Sichzusammenziehen der Gebärmutter und den Durchgang durch die enge, geängstigte Pforte zurückführen? Die Mutter ist gegenwärtig, leidet selbst mit dem, der leidet und läßt ihm insgeheim eine fast unsichtbare Hilfe zuteil werden. Aber vorbei ist es mit der Bequemlichkeit des Fruchtwassers; nie kann sie für uns die Rückkehr in den Mutterschoß bedeuten; diese Mutter Courage ist die starke Frau, die uns hilft, den Durchgang zu schaffen. Darum kann sie sich in den Nächten auch nicht den Wünschen ihres Sohnes entgegenstellen und unsere Reinigung verzögern. Wir können sagen, daß sie in Kana den Weg ihres Sohnes zum Kreuz beschleunigt hat, sie hat eine Geburt beschleunigt, die sich in übermäßigem Leiden und übermäßiger Liebe vollziehen sollte.

Es kommt daher nicht selten vor, daß in den Trockenheiten, wenn Beten nicht mehr möglich ist, nur der Rosenkranz bleibt, das Gebet der Armen. Maria ist auch gegenwärtig, um im Augenblick der Kreuzabnahme das Haupt ihres Kindes zu halten. In diesem Schlaf der Mächte ruft die Jungfrau bei dem, der die furchtbare Nacht des Geistes kennenlernt, doch wieder Aufschwünge der Liebe hervor, obgleich ihre Gegenwart noch verborgener geworden ist..., bis sie in dieser furchtbaren Leere verschwindet, die wir, liturgisch gesehen, am Karsamstag erleben.

Allein, ohne Maria, ohne seinen Vater steigt Jesus in die Hölle hinab. Uns erscheint dieser Abstieg in die Hölle wie ein Abstieg "zur" Hölle, weil wir diesen Reinigungsort wie eine äußerste Verlassenheit wahrnehmen. Wir suchen Maria und finden sie nicht mehr, wie die Braut des Hohenliedes ihren Geliebten zunächst auf seinem Lager, dann in den Straßen bis hin zur Stadtmauer suchte. Dort war er, gerade außerhalb der Mauern, das heißt im Grab. Er war da, doch in einer Weise zugleich anwesend und abwesend, die noch zu verwirrend war. Wir erkennen den Gärtner noch nicht, oder den Pilger, den fremden Freund, der uns am Ufer erwartet und ein Feuer anzündet, damit wir mit ihm essen.

So sehr ist das eine andere, aber schon auf dieser Erde gegenwärtige Welt, in die wir eben hineingeboren werden, daß wir weder Den erkennen, der unsere große Liebe ist, noch unsere eigene Mutter. Die Den innig gekannt haben, dessen Züge einzigartig sind, das schönste der Menschenkinder, Den erkennen sie auf den Straßen des Gelobten Landes jahrelang nicht wieder, und doch war nicht Er es, der sich verändert hat, Er ist derselbe gestern, heute und morgen!

Der heilige Ludwig Grignion von Montfort hat für die Apostel der letzten Zeiten, die vor allem Arme sein werden, eine Vielzahl von Kreuzen vorhergesagt, ein Anwachsen der Leiden, aber zugleich den sehr großen Beistand der Gottesmutter, der bewirken wird, daß die Kreuze sehr sanft sind. Wie wahr das ist, wenngleich sich diese Verheißung wahrscheinlich nicht auf die letzte Reinigung des Geistes anwenden läßt.

Zwischen zwei Gewittern regnet es

Es gibt Tage, da können uns die Wettervorhersagen nichts anderes versprechen, als was der Himmel schickt. Das Leben der heiligen Johanna von Chantal könnten wir in dieser Weise zusammenfassen:

zwischen den Gewittern Wolkenbrüche..., sofern es nicht ein ständiges Grau in Grau ist.

Wie wir gesehen haben, hat Gott Franz von Sales und Johanna von Chantal auf erstaunliche Weise zusammengeführt. Viele Schwestern von der Heimsuchung Mariä haben an bestimmten Torheiten der göttlichen Weisheit Anstoß genommen und waren verwirrt von diesem keuschen Gurren. Doch Gott zerstört in der neuen Schöpfung nicht, was berufen ist, auf ewig Liebe zu sein. Nun wollte Er aber, daß dieses Paar ein Bild der Liebe (im starken Sinn des Wortes) wäre. Kein Wunder, daß der Satz: *Es ist nicht gut, daß der Mensch allein sei* (Gen 2,18) einschränkend verstanden wird.

Es ist sehr lieblich, dieses Wort Gottes, und vermag unsere Liebe zu einem solchen Vater aufwallen zu lassen, den wir uns eifersüchtiger wünschen, als er ist. Will er Adam eifersüchtig für sich behalten? Nein! Seine Liebe schließt nicht aus, sondern ein: *Es ist nicht gut -* anders übersetzt: *Es ist nicht das Glück des Menschen, daß er allein sei.* Darauf wird der Vater versuchen, diese schreckliche seinsmäßige Einsamkeit zu durchbrechen, die jeder Adamssohn erleben muß.

Selbst in dem einigsten, verliebtesten Paar bleibt diese Einsamkeit bestehen, solange sie nicht von der Freundschaft Gottes abgelöst wird, die mystisch ist und sich erst in der mystischen Hochzeit vollkommen äußert.

Wenn wir das Leben der großen Gründer durchforschen, ist darin eine kleine, manchmal sehr unscheinbare Heilige verborgen, die auf marianische, das heißt sehr mütterliche, starke Weise, das Unerträgliche erträglich macht. Einige sind sehr bekannt, andere weniger, wie die Selige Diana, die Jordan von Sachsen half, der nach dem heiligen Dominikus und nach nur sechsmonatiger Ordenszugehörigkeit Generaloberer der Predigerbrüder geworden war.

Die spürbare geistliche Liebe ist auch verbunden mit dem Geheimnis der Nacht und der Agonie. Es ist gefährlich, sie zu suchen und vorzeitig hervorzurufen. Sie gehört schon zur Passivität, zur Betrachtung.

Als Johanna und Franz sich begegnen, als sie sich während einer Predigt wiedererkennen - sie hatten einander im Traum gesehen -, sind beide bereits Heilige! Aber der heiligere von beiden ist nicht unbedingt der, an den man denkt. Frau von Chantal pflegte Frau Acarie[1] in einer Zeit zu besuchen, als der Heilige Geist die Salons oft aufsuchte, das ist ganz normal; der Teufel tat das auch.

Auf diese Weise sollte die "Heimsuchung" den Weg der Kindschaft erben, welcher dem Karmel teuer war, der sich in Frankreich niederließ, und durch eine Schwester von der Heimsuchung Mariä, die Tante der kleinen Therese, die man als die Heilige der Familie betrachtete, sollte der Weg der Kindschaft in den Karmel zurückkehren! Wer will die Rolle dieser wunderbaren Frauen beschreiben, die die größten Entscheidungen der Kirche so günstig beeinflußt haben, bis hin zur Definition bestimmter Dogmen, bis hin zur geistlichen Führung des Heiligen Vaters, man denke an Katharina von Siena...

Es ist wirklich das marianische Geheimnis, das Franz von Sales in Johanna von Chantal erkennt, das Geheimnis der Frau, die zugleich Mutter, Gattin, Schwester und Tochter ist, gehorsames Kind und Königin der Herzen. Er hat durch seine geistliche Führung viele Menschen von ihren Qualen befreit, doch was Johanna-Franziska betrifft, sagt er: "Ja, sprach der heilige Petrus, es ist gut, hier zu sein und die Verklärung zu sehen... aber, Frau Äbtissin, die heilige Jungfrau ist keineswegs dort, sondern nur auf dem Kalvarienberg, wo sie nichts als Tote, Nägel, Dornen und Ohnmachten sieht, außerordentliche Finsternisse, Preisgabe und äußerste Verlassenheit."

Das Leben der Mutter von Chantal kann man nicht anders als durch Mütterlichkeit erklären, sowohl was das Apostolat dessen angeht, den Gott ihr als Vater und Freund gegeben hatte, als auch alle Seelen, die die "Heimsuchung" einst tragen sollte.

Doch wenn der Bischof von Genf dank der wunderbaren Anwesenheit der heiligen Johanna von Chantal nicht allein war, so kann man nicht sagen, daß sie selbst lebte wie Johannes mit der Jungfrau Maria in Ephesus. Sie war sehr einsam, und die Anekdote über das Bedauern des heiligen Franz von Sales nach ihrem Tode gefällt mir sehr. Die männliche Psychologie, selbst wenn sie hochgradig gereinigt ist, ist von der weiblichen so weit entfernt... Bei ihrer letzten Unterhaltung hatte Franz es eilig(!) und sprach nur über Angelegenheiten des Ordens, wo doch vereinbart war, daß die diesen Angelegenheiten zugemessene Zeit nicht mehr als die Hälfte der Unterhaltung ausmachen sollte, während die andere Hälfte der Öffnung des Herzens vorbehalten blieb. Franz ging eilends fort, wie Männer es tun, wenn sie nichts mehr zu sagen haben und schon an etwas anderes denken.

---

[1] Frau Acarie führte im 17. Jahrhundert den Karmel in Frankreich ein.

Er segnete sie nicht. Sie sollten sich in dieser Welt nicht wiedersehen. Neun Jahre später wurde der Sarg des heiligen Bischofs in Gegenwart zahlreicher glaubwürdiger ziviler und kirchlicher Zeugen geöffnet. In der Erinnerung an dieses letzte Herzeleid nahm nun die Mutter von Chantal die Hand von Franz von Sales und legte sie sich auf den Kopf. Alle bezeugen, daß die Hand sich belebte, Frau von Chantals Kopf streichelte und sie segnete.

Wir könnten den Eindruck haben, hier liege fehlender Ernst oder eine gewisse Leichtfertigkeit vor, aber wie sagte Marthe mit ihrem gesunden Menschenverstand: Was leicht ist, das steigt auf! Keine geistliche Tändelei, im Gegenteil, wir wollten durch diese Anekdote die Menschlichkeit dieser Wege zeigen, die Wege der Liebe sind und auf den ersten Blick - sogar auf den zweiten - vollkommen unmenschlich zu sein scheinen. Wieviel Zärtlichkeit liegt in diesem Liebesmartyrium und auch wieviel Humor in dieser Tragödie des Daseins. Wie sanft und leicht ist dieses Joch zu tragen!

XI
Die Versuchung der Gotteslästerung

Danke, mein Gott,
für das Heiligtum meiner Seele, für diesen Raum
tiefer Stille,
in den nie etwas Unreines oder Beschmutzes eingedrungen ist
und nie eindringen wird, weil Du sein Wächter bist.
Danke, mein Gott,
daß keine Verletzung, die die Menschen verursachen,
diesen geheimen Garten angetastet hat,
dieses Allerheiligste, in das Du allein eingehst,
Du mitleidvoller Hoherpriester im Gewand Deiner Herrlichkeit.
Danke, gütiger Gott,
denn immer wenn ich gefallen war, hast Du mir gezeigt,
daß Du in mir bliebst,
viel tiefer als meine Sünde.
Danke, Herr,
daß keiner meiner schlechten Gedanken,
keine meiner Empörungen
die Schwelle überschreiten konnte,
die Dein Engel bewacht.
Ich weiß, daß Du mich erwartest
zu einer letzten, leuchtenden Begegnung
in dem Liebestabernakel, in den
mein ganzes Wesen einkehren wird.
Danke, mein Gott,
denn die Seele, die Du in mich gelegt, ist rein.

Keuschheit macht nicht mehr krank!

Bei einem Gottessucher wird die Sexualität vor allem als etwas Hinderliches angesehen, als ein fast unüberwindbares Hindernis, dessen Überwindung viele aufgegeben haben, indem sie sich vom Priestertum oder dem Ordensleben abgewandt haben. Die manichäische Versuchung ist stark: Gott hätte den Geist erschaffen und der

Teufel das Fleisch. Leider kann sich nur ein auf Übersetzung programmierter Computer erlauben, jenes *"Das Fleisch ist schwach, und der Geist ist willig"* (Mat 26,41) mit "der Braten ist matt" wiederzugeben... Nach der Bibel ist der fleischliche Mensch nicht vornehmlich der, der in seinem Fleisch Versuchungen besteht, sondern der, bei dem Hochmut, Eifersucht und Leidenschaften vorherrschen, die wesentlich schwieriger sind als die, von denen die "Sanguiniker" gequält werden, die durch ihr Temperament in der Demut bewahrt werden. Ein Temperament, das ebenso schnell sündigt wie bereut. Trotzdem fühlen sich eher sinnliche Menschen von ihrer Sinnlichkeit bedrängt und tragen so eine immer wieder neu gespeiste Quelle von Schuldgefühlen in sich.

Die Heiligen werfen sich in Dorngebüsch und Brennesseln, wälzen sich im Schnee oder werfen sich auch in eiskaltes Wasser, um ein Feuer zu löschen, das sie innerlich verzehrt. Das ist zumindest das Bild von Epinal, das wir gern anschauen, vielleicht weil darin die Spur einer starken Erregung des Fleisches bleibt, die man bei den Heldentaten der Liebe wiederfindet.

Der heilige Bernhard, der um Hilfe rief, als ihn eine schöne Gastwirtin mit einem nächtlichen Besuch beehren wollte, der heilige Bernhard begriff, daß er sein Fleisch niemals würde beherrschen können, sondern es vielmehr mit sich versöhnen, oder genauer gesagt, der Gnade unterwerfen mußte. Daher sollte er von der Aufnahme des Fleisches sprechen. Moderner ausgedrückt bedeutet es die Anerkennung, daß Sexualität in sich nichts Schlechtes ist, auch Sinnlichkeit nicht, daß sie aber einer Erlösung bedarf. Warum sie dem Teufel überlassen, der dann daraus seinen Nutzen zu ziehen versteht, indem er sich entweder der Einbildungskraft bemächtigt und eine Breitwand voller Spukgestalten zur Schau stellt, oder zu einer strengen Askese drängt, die genau das Gegenteil vom mystischen Leben ist. Im Leben der Heiligen, das heißt bei allen Christen, die im Stand der Gnade leben, bemerkt man, daß die Sexualität kein Problem darstellt, nach dem Wort des Apostels: *"Davon soll bei euch nicht einmal die Rede sein"* (Eph 5,3). Wenn sich indessen die Salbung des Geistes zurückzieht, ist es wie eine steigende Flut von Wünschen, die zart und menschlich sind, bevor sie heftig werden. Was einfach bedeutet, daß die Anwesenheit des Geistes in uns zwar gewisse Mächte, gewisse schlechte Triebe betäubt, sie aber nicht aufhebt; dieser Krieg der vollkommenen Reinigung tritt erst in der dunklen Nacht des

Geistes ein. Denken wir nur an den wunderbaren Bericht der Vita nach Thomas de Celano, in dem man den heiligen Franz in der Stunde einer furchtbaren Versuchung im Kampf mit seinen alten Dämonen sieht. Der Böse ist ständig eifersüchtig auf den Fortschritt, den die Kinder Gottes machen. Hier sehen wir die Probe, auf die er in seiner Anmaßung den Heiligen in der Einsiedelei von Sarteano stellte. Er sah, wie er sich von Tag zu Tag mehr heiligte und sein Fortkommen ständig beobachtete, ohne jemals mit dem erreichten Fortschritt zufrieden zu sein. Eines Nachts, als der Selige gerade in seiner Zelle betete, rief ihn der Teufel dreimal: Franz! Franz! Franz!

- Was ist los?, fragte er.

- Es gibt keinen Sünder auf dieser Welt, antwortete der andere, dem Gott nicht Vergebung gewährt, wenn er sich bekehrt; aber wer sich durch vieles Büßen selbst tötet, der wird niemals Barmherzigkeit erlangen.

Wenn der Teufel erscheint, verschwindet der Augenschein der Dinge des Reiches. Die feine, durchdringende Stimme will die Ordnung der Dinge umstürzen; gewöhnlich gelingt ihm das, solange die Prüfung dauert. Trennen wir die Einsicht, die der Mensch über sich selbst hat, sein Selbstverständnis, von dem Blick der Barmherzigkeit, mit dem Gott auf sein Geschöpf sieht, so bleiben nur Humanwissenschaften, christliche Neurosen und Verzweiflung übrig.

Franz steht allein vor dem Klugredner, der so vollendet vernünftig denkt und die geistlichen Tatsachen auswendig kennt, die er in ein rein verstandesmäßiges Gespräch einbringen will. Das ist genau die Art von Theologie und daher von Anthropologie, die wir in diesem Buch anprangern und vermeiden möchten. Gott ist im Menschen, und zugleich, um eines unaufhörlichen Liebesgesprächs willen, ist Er der Ganz Andere.

Wie eine unzüchtige Schlange, eine Anklägerin und kalte Rechnerin erhebt sich hier die Sexualität, um sich in das Zwiegespräch einzumischen und es zu stören. In durchaus mittelalterlichem Realismus führt Franz' Antwort uns vom Gemeinen zum Erhabenen. Er gibt der anklägerischen Stimme nicht nach, sondern geißelt sich, aber das Verlangen ist stärker als seine Körperkräfte, die schon schwinden. Alsbald wälzt er sich im Schnee, doch vergebens. Dann tut er, was er sofort hätte tun sollen, als die Stimme des Feindes sich erstmals hören ließ. Er kommt auf die Wirklichkeit zurück, indem er seine Sexualität und ihren Zweck betrachtet, und durch diese paradoxe Tun mitten in der Krise entzieht er dem Teufel seinen Fang:

"Sein ganzer Leib war von Schlägen geädert, aber die Versuchung ging nicht weg. Also lief er in den Garten und wälzte sich vollkommen nackt im tiefen Schnee, suchte ihn dann mit vollen Händen zusammen und formte daraus sieben Haufen als Schneemänner, nahm die Parade ab und trat beiseite: 'Schau, sagte er, der größte ist deine Frau, die anderen vier sind deine beiden Söhne und die beiden Töchter, die beiden letzten dein Diener und das Dienstmädchen, denn man muß sich auch bedienen lassen. Nun beeile dich und verschaffe ihnen Kleidung, denn sie sterben vor Kälte. Wenn du so viel Sorgen aber zu beschwerlich findest, dann richte all deine Sorge wieder darauf, nur noch Gott zu dienen!' Sogleich blies der besiegte Versucher zum Rückzug, und der Heilige ging in seine Zelle und pries Gott."

Schon hier finden wir eine bemerkenswerte Veranschaulichung dessen, was das Konzil verantwortete Vaterschaft genannt hat, die Beherrschung der Sexualität im Zusammenhang mit der Vaterschaft. Sexualität... Quelle und Dienerin des Lebens und Überfließen. Fürchten wir doch nicht die Schreckgespenster, seien sie nun freudianisch oder nicht, und die fixen Ideen einer pervertierten, das heißt, nicht vom Geist erleuchteten Intelligenz, die aufgeregt zu uns sagen: Du hast eine Kraft in dir, die stärker ist als du, und wenn du dich nicht ihrem Gesetz unterwirfst, wirst du verrückt.

Die Psychologie hat sich auf diesem Gebiet schon sehr weit entwikkelt; sexuelle Beziehungen werden nicht mehr beinahe systematisch zur Lösung von Konflikten empfohlen, sondern man hat im Gegenteil festgestellt, daß das Fehlen solcher Beziehungen eine Therapie erleichtern kann. Mehr noch, sexuelle Beziehungen können Neurosen hervorrufen und verstärken, indem sie Schreckgespenstern und Perversionen Tür und Tor öffnen. Eine tiefgreifende Heilung soll normale menschliche sexuelle Beziehungen ermöglichen, und nicht umgekehrt. Mit einem Wort, Keuschheit macht nicht krank.

Die Askese der Heiligen ist die der gewöhnlichen Christen, wenn man überhaupt von gewöhnlichen sprechen kann; der christliche Weg ist eng und schmal, führt aber zum Leben. Doch stellt sich die Frage: Warum sind wir überhaupt mit Sexualität ausgestattet worden? Wenn man den Menschen mit den Tieren und insbesondere den Menschenaffen vergleicht, stellt man fest, daß letztere sich nicht mehr als ein oder zwei Mal im Jahr zu paaren brauchen. Morphologische und psychologische Vergleiche zeigen, daß der Mensch für häufigere und von der Fruchtbarkeit unabhängige Sexualkontakte geschaffen ist. Die Empörung, die sich bei vielen randständigen oder sich auf dem Weg an den Rand befindlichen Katholiken in bezug zur Lehre der Kirche über Sexualethik grollend bemerkbar macht, könnte so zusammengefaßt werden: Warum hat Gott uns zu einem bestimmten Verhalten geschaffen, wenn man nun ein ganz anderes Verhalten von uns verlangt?

Wiederum wollen wir die mystische Erfahrung, wie sie sich in den Reinigungen zeigt, befragen. Anders gesagt: wie behandelt Gott die Sexualität? Er läßt ihr eine äußerst starke und schmerzhafte Behandlung zuteil werden, nicht um allmählich den Nerv des Zahns zu töten, der abgetötet werden soll (um einen allgemein verständlichen Vergleich zu gebrauchen), sondern um bestimmte Neigungen oder gewohnheitsmäßige oder derzeitige Laster zu beseitigen, die die "Libido", im jungianischen Sinn des Begriffs, pervertieren. Denn sie ist Leben, das Verlangen zu leben und zu geben, sie ist ursprünglich zum Opfer bereit. Ihre Perversion aufgrund vielfältiger psychologischer und affektiver Verletzungen, von denen wir bereit gesprochen haben, besteht darin, diese Lebensenergie von ihrem anfänglichen Ziel abzuwenden: Gott ist der vermittelnde Partner in der Heiligung, zugunsten eines Ego, das sich weigert zu sterben. Je größer aber die Angst vor diesem Tod ist, desto größer wird auch die Perversion bis hin zur Pornographie sein, ein Verlangen, das gesucht und nie gefunden wird, das durch Ausschweifung verdorben und suizidal wird. Es gibt keine glücklichen Genießer!

"Um keiner Schönheit willen werde ich mich je verlieren, es sei denn wegen dieses Ich-weiß- nicht- was, das man per Abenteuer findet... Der Reiz des Vergänglichen, was kann man anderes von ihm sagen, als daß er das Verlangen erschöpft und den Geschmack an den Dingen verkehrt..." Diese Verse des heiligen Johannes vom Kreuz veranschaulichen unser Thema an der Stelle, wo sie äußerst feinsinnig ausdrücken, daß es nicht das Verlangen ist, das ausgelöscht werden muß. Der Heilige weiß jedoch nicht, wie dieses Verlangen anders gerettet werden könnte, als in einer Begegnung mit diesem Ich-weiß-nicht-was, das nach der Ewigkeit schmeckt. Um dieses Erhabenen willen verzichtet er auf jeden anderen Genuß.

Diese Suche ist so stark an die Einbildungskraft gebunden, daß eine wahre bilderstürmerische Krise wie eine Art Impfung durchgemacht werden muß. Wer die Perversionen nicht wie der kennt, der sich von ihnen losgesagt hat und sich in der Nacht der Sinne davon gereinigt fühlt, der wird eine Einssetzung mit den verwerflichsten Lastern erleben, ein wahres Eintauchen in die Hölle der Unzüchtigen; dort ruft das Fleisch der Verdammten in der Orgie, die die Absage an Gottes Liebe entfesselt hat, einen heilsamen Ekel hervor.

Diese Wirklichkeit sollte der heilige Johannes vom Kreuz in zwei miteinander verbundenen Versuchungen darlegen, die die Nacht des Geistes vorbereiten und gegebenenfalls in sie hineinreichen: den Geist der Gotteslästerung und den Geist der Unzucht: *"Die sich darin befinden, haben gewöhnlich furchtbare Widerwärtigkeiten und Versuchungen im Sinn; diese Prüfung dauert lange, doch ist sie bei den einen länger als bei den anderen. Einige werden vom Engel Satans angefallen, dem Geist der Widerwärtigkeiten, der ihre Sinne durch starke, abscheuliche Versuchungen verwirrt, ihren Geist durch verworfene Gedanken oder ihre Phantasie durch dermaßen lebhafte Vorstellungen peinigt, daß ihre Pein schlimmer ist als der Tod. Bei anderen Gelegenheiten werden die, die sich in dieser Nacht befinden, von dem Geist der Gotteslästerung angefallen: entsetzliche Lästerungen gehen durch alle ihre Gedanken; in einigen Augenblicken ist ihre Phantasie davon dermaßen verblüfft, daß sie sie fast auszusprechen scheinen: und sie empfinden dabei eine grausame Pein."*

An diesem Tisch der Sünder scheint man Sünde zu essen und zu trinken, sie einzuatmen und zur Sünde zu werden. Das Entsetzen dieser Nacht ruft das Entsetzen vor der Sünde hervor und beseitigt das geheime Einverständnis mit ihr und allem, was man zuvor als Verirrung akzeptiert hat, ohne zu wissen, daß dieser aus dem Rauch der Wollust gewobene Vorhang Abgründe der Empörung, der vollständigen Weigerung, zu lieben, und eine ganze Orgie im ursprünglichen Sinn des Wortes verbarg, welche die Nicht-Liebe als den Hintergrund der Hölle malt.

Es muß angemerkt werden, daß das zwar nicht von allen durchgemacht wird - von einer kleinen Anzahl, sagt der Lehrmeister des Karmel -, daß aber alle Christen eines Tages die Erfahrung solcher lasterhafter, quälender Vorstellungen mit sexuellem oder zotigem Inhalt machen, die selbst in geringem Ausmaß furchtbar schmerzhaft sind. Sie zeugen von Ausartung in bezug zum Heiligen oder zu der reinen Liebe, die in den Tiefen des Unbewußten wohnt und sich in den Augenblicken zeigt, in denen sich das Geheimnis der Liebe offenbart, wie zum Beispiel in der Messe. Daher muß man sich deswegen nicht übermäßig beunruhigen, denn dadurch würde der zwanghafte Charakter dieser Lästerungen nur gefestigt. Wir wollen im Gegenteil die gewinnbringende Seite des Leidens betrachten, die sie hervorbringen.

Die sehr reine, sehr keusche und jungfräuliche Katharina von Siena hat diese Prüfung kennengelernt; sie klärt uns über das Leiden, das sie verursacht, auf. Diese Heilige war mehrere Tage und Nächte vom Geist der Lästerung durchdrungen, ihre Gedanken waren ganz erfüllt von schrecklichen Spukgestalten und unzüchtigen Phantasien. Am Ende dieser Prüfung, in der sie den Eindruck hatte, als habe Gott sie dem Teufel überlassen, erscheint ihr Jesus. Sie fragt ihn: Wo waren Sie in dieser Zeit? Antwortet Jesus, in ihr sei Er gewesen. Katharina kann nicht glauben, daß Jesus mit der Hölle zugleich dasein konnte. Er fragte sie, ob sie gelitten habe, und auf ihre offensichtlich bejahende Antwort erklärte Er: Du hast gelitten, weil ich in dir war.

Das wahre Verlangen Gottes, die wahre "Sexualität" offenbart sich sehr dunkel im Leiden. Sie leidet nicht oder nicht mehr unter Verirrungen, wohingegen der Sünder oder der Heilige vor seiner Bekehrung fröhlich sündigte und an den Schandtaten der verbogenen Liebe Gefallen fand.

Diese Prüfung dauert im allgemeinen ziemlich lange, in den uns bekannten Fällen ein bis drei Jahre. Wenn diese Pein aufhört, stellt sich endgültig der Friede ein. Es ist, als hätte Gott Blindekuh gespielt. Er hat die Augen seines Opfers der Liebe verbunden und läßt es sich im Dunkeln herumdrehen, bis es seinen natürlichen Orientierungssinn verliert. Was es dann dabei genießt, kann es nicht mehr mit dem vergleichen, was es vorher auf dem Gebiet der Sexualität erlebt hat, so als bestünde keinerlei Beziehung mehr zu irgendeiner früheren Erfahrung.

Wie unbewußt sollten Teresa von Avila oder der heilige Johannes vom Kreuz sich der höfischen Sprache mit all ihrer Lieblichkeit und ihren Feinheiten, um nicht zu sagen Raffinessen bedienen.

Das Erhabene und das Gemeine

Der Wunderbare Jan von Ruusbroec sollte indessen in seinem Werk "Die Zierde der geistlichen Hochzeit"[1] auf seine eigene, das heißt erhabene Weise davon sprechen:

Über die Wonne
Die Seele, die Christus begegnet, fühlt süßen Genuß.
"Aus diesem süßen Genuß kommt Wonne des Herzens und aller leiblichen Kräfte, so daß es dem Menschen scheint, er werde in liebevoller göttlicher Umarmung innerlich umfaßt. Diese Wonne und dieser Trost ist angenehmer als alle Wonne, die die Erde hervorbringen kann, selbst wenn ein einziger Mensch sie ganz empfangen könnte. In diesem Zustand der Wonne sinkt Gott mit seinen Gaben ins Herz hinein, und dies mit so viel fühlbarem Trost und Freude, daß das Herz innerlich überfließt. Dies läßt den Menschen erfahren, wie elend diejenigen sind, die außerhalb der Minne wohnen. Dieses Gefühl der Wonne ist ein Verfließen des Herzens, das der Mensch wegen der Fülle innerer Freude nicht zurückhalten kann.
Aus diesem genußvollen Zustand der Wonne entsteht geistige Trunkenheit. Geistige Trunkenheit bedeutet, daß der Mensch mehr spürbaren Genuß und mehr Freude empfängt, als sein Herz oder seine Lust begehren und fassen können. Geistige Trunkenheit veranlaßt den Menschen zu manch befremdlicher Verhaltensweise. Die einen läßt sie singen und Gott loben vor freudiger Erfülltheit. Andere Menschen läßt sie große Tränen weinen vor Entzückung des Herzens. Bei anderen bewirkt sie Unruhe in allen Gliedern, so daß sie laufen, springen und tanzen müssen; einen anderen überwältigt die Trunkenheit so sehr, daß er in die Hände klatscht und jubeln muß. Einer ruft mit lauter Stimme und zeigt dadurch die Erfülltheit, die er innerlich verspürt. Ein anderer aber muß schweigen und dahinschmelzen wegen der Wonne in allen Sinnen. Bisweilen dünkt es ihn, daß die ganze Welt dasselbe fühle wie er; gelegentlich aber glaubt er, niemand habe das empfunden, was ihn überkommen hat. (...) Bald wundert es ihn, daß nicht alle Menschen göttlich werden; dann aber dünkt es ihn, daß Gott ihm allein gehöre und keinem so sehr wie ihm.

---

[1] Vgl. Jan van Ruusbroec, "Die Zierde der geistlichen Hochzeit", Johannes Verlag Einsiedeln 1987, S.72 f.

Bald fragt er sich verwundert, was diese Wonne ist, woher sie kommt und was ihm geschehen ist. Dies ist in der körperlichen Empfindsamkeit das wonneerfüllteste Leben, das ein Mensch auf Erden bekommen kann. Bisweilen wird das Gefühl der Entzückung so groß, daß der Mensch glaubt, sein Herz werde zerrissen ob all der vielfältigen Gaben und wundersamen Werke. Mitten in der Betäubung erwacht ein Tun, die Danksagung... Herr, ich bin nicht würdig..., doch ich brauche diese unermeßliche Güte... Da kommt die Demut, die der Ausgangspunkt für den Menschen ist, und der Mensch wird eine höhere Stufe erklimmen."

Jene, die sich lieben und ihre Liebe in der Sprache des Körpers ausdrücken, der dazu berufen ist, Tempel des Geistes zu werden, ein Glied des mystischen Leibes Christi, ahnen dunkel, auf fast kontemplative, eingegossene Weise, daß das Ziel ihrer Verbindung in Gott ist. Das Paar hat eine Berufung zur Dreifaltigkeit, die Liebe ist Bewegung und kreisendes Leben zwischen dem Vater, dem Sohn und dem Heiligen Geist. Hier lasse ich eine Stimme mit größerer Vollmacht fortfahren, die Hans Urs von Balthasar zu Gehör gebracht hat: die der Adrienne von Speyr, der großen zeitgenössischen Mystikerin, Ärztin, Ehefrau und Stigmatisierten. Eine sehr zeitgemäße Mystikerin, überraschend, wie der Geist uns oft überrascht, besonders am Ende dieses 20. Jahrhunderts:

"Aber es besteht nicht nur eine Parallele zwischen der körperlichen Liebe und dem Gebet, die Beziehung zwischen beiden ist derart, daß die Frau durch den Mann zu Gott geführt wird und der Mann durch die Frau; jeder sieht in dem anderen ein Symbol, eine Darstellung der fleischgewordenen Liebe Gottes, und wenn ihre Liebe rein ist, entdekken sie hinter und unter dieser körperlichen Form immer konkreter die Liebe Gottes, und sie werden dazu geführt, Ihn anzubeten, sich Ihm zu unterwerfen und hinzugeben."

Diese Worte von Adrienne lassen uns im Bereich des Erhabenen verweilen. Ein hoher Grad der Verbindung mit Gott muß erreicht worden sein, um das Geheimnis der Sexualität in ihrer ursprünglichen Reinheit mit den Augen der göttlichen Weisheit zu betrachten. Die Welt um uns, auch die von der Regierung in ihrer ethischen Auswahl empfohlene Moral, macht den Genuß zum obersten Grundsatz, den Partner zum Objekt und führt so zu Zynismus und Verzweiflung. Wo sind sie, die am Himmel von Vence wie über dem Jerusalem des Hohenlieds schwebenden, engumschlungenen Paare

von Chagall? Wer, außer dem Mystiker, ist fähig, sich rein, das heißt vollkommen und unvermischt zu schenken und die Liebe ohne die Kehrseite von Angst und Hass zu empfangen? Die Antwort auf die großen Fragen, die heute die katholische Familie bedrohen, ist weder technisch noch ethisch, sondern mystisch. Ein in der Opferbereitschaft und der Kontemplation lebendes Paar - von denen es dank der gegenwärtigen Erneuerung mehr und mehr gibt - muß auf Versuchungen und Reinigungen von seiten Gottes gefaßt sein, auf den Anruf zur Enthaltsamkeit für eine begrenzte oder unbegrenzte Zeit. Die Aussage, daß Gott das Ziel der Sexualität ist, kann schockierend erscheinen. Das wird es auch, sobald sich unser Blick von der Kontemplation abwendet, sobald unsere psychischen Risse uns auf uns selbst und unsere Trugbilder zurückwerfen. Dann wird die Sprache der großen Mystiker unerträglich, sogar unanständig. Ich habe 1968 in einem Manifest der "sexuellen Revolution" zum erstenmal einen Text der heiligen Teresa von Avila gelesen; es handelte sich um den feinsinnigen Vortrag über die Transverberation, der so oft von atheistischen, materialistischen Psychoanalytikern studiert worden ist. Jean Guitton erwidert: "Unanständig ist jedes Wesen, das seine Beziehung zu seinem Endzweck, das heißt Gott, abbricht."
Was die Sexualität angeht, so ist klar, daß sie von allen Seiten vom Gemeinen bedroht ist: Die von der Liebe abgetrennte Nacktheit eines Geschlechts läuft Gefahr, in ihrem Wesen unanständig zu sein. Sartre war mit sich selbst logisch, der an das Nichts (an das Absurde des Seins) glaubte. Eine von ihrem Zweck abgetrennte Wirklichkeit mußte ihm absurd, "überflüssig", erscheinen.
"Sex" kann nur dann vollkommen gerechtfertigt, gewürdigt und gutgeheißen werden, wenn man ihn mit Gott in Verbindung bringt. Was auf die Aussage (mit Lacordaire, Salomo und Plato) hinausläuft, daß es nur eine Liebe gibt, die göttliche Liebe, und daß unsere menschliche Leidenschaft über sich selbst hinausgehen müßte, ohne sich aufzuheben, um wahre Leidenschaft zu bleiben: Das heißt, sie muß sich sublimieren.
Die Sublimierung, von der Guitton spricht, besteht nicht in dem uns bekannten psychologischen Vorgang, sondern ist das Ergebnis einer asketischen Anstrengung auf der Suche nach dem Erhabenen und besteht in einem mystischen Ergriffenwerden von Gott. Wie wir uns erinnern, läßt dieses letzte uns die Erinnerung an niedrige, gemeine Beziehungen vollständig verlieren. Der Mystiker kann auf seinem

Weg nicht ohne furchtbare Schäden für seine Seele haltmachen. Der Irrtum der Quietisten bestand darin zu glauben, daß ihnen "alles erlaubt sei", sobald sie eine bestimmte Stufe des Gebets erreicht hätten. Andere Häresien, die beim Heiligen Geist begonnen hatten, haben auf diese Weise in der Trostlosigkeit des Fleisches geendet.

Die Empfindsamkeit, die man bei den Mystikern feststellt, ist genau das Gegenteil von mystischer Sinnlichkeit, von der Suche nach Sinneseindrücken. Wenn sie zufällig bemerken, daß ihr Körper zugleich mit ihrem ganzen Wesen von Liebesglut ergriffen wird und der Körper daran teilnimmt, machen sie nicht halt, da sie die Sache als einen Vorfall ansehen, der auf mangelnde Vorbereitung oder unzureichende Reinigung zurückzuführen ist.

Teresa von Avila beriet einmal ihren jungen Bruder Laurentius, bei dem es in bestimmten Zuständen des Betens zu Samenergüssen kam, und sie empfahl ihm, dem Phänomen nicht die geringste Aufmerksamkeit zu zollen; sie gab zu, daß sie selbst nie diese Erfahrung gemacht hatte. Hat die Psychoanalyse Teresa bis hierhin gelesen?

Allein die göttliche Weisheit kann uns leiten und dahin führen, auf sublime - und nicht sublimierte - Weise zu leben (wie man auch "verdorben" in den beiden Bedeutungen des Wortes sagen könnte), allein die göttliche Weisheit kann uns durch die Gabe der Weisheit die wahre Kenntnis des Schöpfers und seines Geschöpfes schenken. Dieser Weg, der über große Verzichtleistungen geht, kann unmenschlich erscheinen, doch das hieße die Weisheit vollkommen verkennen, welche Torheit der Liebe ist, die für ihre Liebhaber aber weit von Torheit entfernt ist. Um dieses "Ich-weiß-nicht-was willen, das per Abenteuer gefunden wird", kann man sich verlieren; wir wollen anmerken, daß der poetische Begriff "Abenteuer" im poetischen Wortschatz der Epoche des heiligen Johannes vom Kreuz eine sehr bezeichnende höfische Nebenbedeutung hatte.

Auf dem sexuellen Gebiet geht der mystische Weg heute mehr denn je über das Nichts, um alles zu erreichen, über einen völligen Zerfall, wo es unmöglich wird zu beten oder sich auf einen frommen Gedanken zu konzentrieren. Ohne die Erfahrung der Verdammnis zu machen, fühlt sich der, der bis dahin mit spürbaren Gnaden begünstigt war, jetzt abgewiesen, schuldig und von Gott getrennt. Diese Prüfung ist so furchtbar, daß ein Vater, der sie erdulden mußte, lange zum Himmel betete, ihn davon zu erlösen. Der heilige Johannes der Fürbitter - diese Geschichte spielte sich im christlichen Orient ab -

erschien ihm und erklärte ihm, diese Prüfung werde sofort aufhören, wenn er es wolle, daß er aber eine bedeutende Krone dadurch verlieren würde. Die Geschichte berichtet, daß der Mönch es vorzog, die verheißene Krone zu verlieren, die der Reinheit des Herzens, so sehr hatte er unter diesem Fegfeuer gelitten, das eher der Hölle glich. Siluan, der Mönch vom Athos, dessen Erbe und Botschaft uns durch den Archimandriten Sophrony überliefert worden ist, hat diese Pein bis zu Ende durchgemacht. Während auch er den Himmel anflehte, hörte er das Wort: "Bewahre deine Seele in der Hölle und verzweifle nicht." Ein wertvoller Rat, der sich an alle wendet, die sich in der Prüfung der Lästerung befinden. In der Tat, diese Höllenflammen sind die Flammen des Fegfeuers, die Flammen der Liebe, die das hervorbringt, was der Orient als seinsmäßige Umschmelzung bezeichnet. Das reinste Gold kommt aus diesem Schmelztiegel des Leidens, das den Glauben eines "Athleten" im paulinischen Sinn des Worts entwickelt, Hoffnung gegen alle Hoffnung, Geduld und die Entdeckung der Weisheit Gottes, die für unser Menschsein dermaßen töricht ist, daß allein die vollkommene Hingabe in die Hände Gottes, selbst mitten in dem, was wir als Hölle wahrnehmen, und allein der vollkommene Gehorsam gegenüber den göttlichen Wegen uns vor der Verzweiflung und der Versuchung zum Selbstmord bewahren können.

Diese Prüfung ist klassisch, und klassisch sind auch Siluans übernatürliche Reaktionen. Bald fühlt sich das Fleisch geschmeichelt: Eines solchen Martyriums für würdig befunden zu werden, widerfährt nur Heiligen. Die Versuchung des Hochmuts entfacht den Wunsch, die Wirkungen der göttlichen Weisheit allein zu überwinden, aber diese Auswirkung ist nur von kurzer Dauer, und binnen kurzem macht sie dem Lohn des Hochmuts, das heißt der Verzweiflung, Platz.

Bald unterliegen Fleisch und Geist dem Ansturm der Hölle, und der Heilige hält sich für verloren. Er hat keine Hoffnung mehr, selbst das göttliche Erbarmen kann eine so beschmutzte Seele nicht retten! Da kommt der Wunsch nach dem Tod und die Versuchung zum Selbstmord auf. Wie aber Marie Noël in einem Gedicht sagt, in dem die Hoffnung mit der Verzweiflung wetteifert: Der Tod ist nicht Tod genug.

Das starke Licht, das immer verborgener in den Finsternissen leuchtet, weist den Atheismus von sich, der Tod ist nicht das Nichts, und doch seufzt derjenige, der Erleichterung sucht, nach einer Art von

Nichts oder ewigem Schlaf. In Wirklichkeit bleibt die feine Spitze der Seele mit Gott vereint und würde um keinen Preis von Ihm getrennt werden wollen, wenn auch alle Fähigkeiten in dieser Hölle gefangen zu sein scheinen. Daher faßt sich der Mönch wieder und wandert auf diesem schmalen Grat, antwortet auf den Hochmut mit Taten der Demut, die den Frieden zurückbringen, und auf die Verzweiflung mit einer anagogischen Haltung: Selbst wenn du mich bis auf den Grund der Hölle verdammst, will ich deine Liebe bekennen. Diesen Satz haben viele Heilige ausgesprochen.

Wir wollen es für alle wiederholen, die dieses Tal des Todesschattens durchschreiten, für die Menge der ganz Kleinen, dieser kleinen Heiligen der letzten Zeiten, die zu sein wir alle berufen sind: diese Gedanken, diese furchtbaren Gedanken kommen nicht durch unseren eigenen Willen. Gott gesteht Satans Engel das Recht zu, sie uns einzuflüstern. Aber wenn er auch vor allem Zugang zur Phantasie und zum Gedächtnis hat, an das Allerheiligste unseres Geistes kann er nicht rühren. Die Rauchschwaden der Hölle machen den Eingang für uns so weit unkenntlich, daß wir völlig an dessen Vorhandensein zweifeln. Nein, nicht wir beleidigen Gott, es ist keine Sünde, in diesem Zustand zu bleiben, es ist eine Schule, und wir gefallen Gott mehr, wenn wir uns ihr unterziehen, als wenn unsere Gedanken versuchen, sich völlig für Gott aufzusparen, indem wir Herz, Zunge und Blick hüten.

Um dieses Kapitel abzuschließen, muß noch angemerkt werden, daß Gott allein der Richter über Zeiten und Mittel ist. Bestimmte Heilige zum Beispiel haben diese furchtbaren Verwirrungen der Sinne nicht durchgemacht, oft durch das Eingreifen der Jungfrau Maria. Der heilige Ignaz zum Beispiel war von der ritterlichen Literatur, vom höfischen Roman durchdrungen. Wenn man aber weiß, daß sie mystisch inspiriert sind - anfangs ein Rennen, das in der Begegnung mit dem geliebten Wesen endet -, dann weiß man auch, daß letztere nicht ohne Reiz war und daß jenes Zeitalter sich keine schamhafte Zurückhaltung auferlegte, um die Ausgelassenheit zu schildern, die man durch so viele Prüfungen verdient hatte. Nun hatte Ignaz aber die Legenden entdeckt und bemühte sich mit dem etwas naiven Eifer des Neubekehrten, sie nachzuahmen. Die Gewohnheiten des Fleisches versperrten ihm sehr bald den Weg, doch Gott, der das große Leiden der krankhaften Skrupel kannte, die er würde durchzumachen haben, ersparte ihm diese Prüfung:

"Und schon gerieten seine vergangenen Phantasien in Vergessenheit, zum Nutzen der heiligen Wünsche, die er hegte, welche in ihm von einer geistlichen Heimsuchung auf die folgende Weise gefestigt wurden: Als er eines Nachts wach geblieben war, sah er klar das Bild Unserer lieben Frau mit dem Heiligen Jesuskind vor sich, und von dieser Vision, die eine beträchtliche Zeit währte, empfing er eine außergewöhnliche innere Bewegung, und er blieb zurück mit einem solchen Ekel vor seinem ganzen vergangenen Leben und besonders vor den Dingen des Fleisches, daß es ihm schien, als hätte man aus seiner Seele alle Arten von Bildern entfernt, die dort aufgezeichnet waren. So hatte er von dieser Stunde an bis zum August 1553, da dies geschrieben wird, nie mehr auch nur die geringste Zustimmung zu den Dingen des Fleisches."

XII
Der Erlösungswert der Nächte

Was die Heiligen durchmachen, machen sie nicht durch, weil sie Ausnahmewesen wären, sondern weil sie Menschen sind

Für Jesus wie für die Jungfrau Maria und auch bestimmte, bereits auf eine hohe Stufe der Vollkommenheit gelangte Heilige hat die reinigende Nacht ihren Wert nicht für sie selbst, sondern für die Welt. Sie werden mit der Sünde gleichgesetzt, um sie dank ihrer Opferung zu vernichten. Sie werden zu ebenso vielen Lämmern, die die Sünde der Welt tragen. Wir denken hier ganz besonders an Marthe Robin, die schon im Alter von dreißig Jahren "weitgehend gereinigt" war und die dann "zusätzlich" noch fünfzig Jahre gelähmt, ohne zu essen und zu trinken in der Nacht ihres absichtlich verdunkelten Zimmerchens zubrachte. Seit sie im zweiten Weltkrieg ihre Augen für ihr Land dargeboten hatte, konnte sie nämlich nicht den kleinsten Lichtstrahl ertragen, ohne in ein Koma zu fallen. Diese sinnfällige Nacht läßt vermuten, welche geistlichen Nächte aller Art Marthe in diesen fünfzig Jahren hat aushalten können. Nächte, die die Geburt der "Foyers de charité" sowie neuer Gemeinschaften befruchten sollten, die sie seit 1936 im Vorgefühl eines neuen Pfingsten der Liebe und eines Frühlings der Kirche vorhergesagt hatte. Geschehen Geburten nicht meistens in der Nacht?

Nächte, die die Finsternisse der modernen Welt tragen sollten und tragen, um sie aufzusaugen, wie ein Schwamm die Bitterkeit des Essigs aufsaugte, der Jesus gereicht wurde.

Besteht nicht ein verblüffender Gegensatz zwischen dem Dunkel, dieser vollkommenen Beraubung, worin Marthe lebte, und dem gesegneten, erlesenen Namen "Foyer de lumière et de charité" (Heim, oder genauer Heimischer Herd, Feuerstätte des Lichts und der Nächstenliebe), wahren Fackeln, die erleuchten und wärmen und unsere armen, vom Eis der Gleichgültigkeit erstarrten menschlichen Herzen anziehen. Wir sind zu sehr daran gewöhnt, vom Heim oder heimischen Herd zu sprechen, sodaß uns der ganze Reiz dieses Begriffs entgeht. Ein Herd ist noch mehr als eine Glut und viel mehr als ein auflodernd es Feuer, das etwas unbestimmt Vergängliches mit sich bringt. Durch diese Geburt von Heimen hatte der Herr Marthe versprochen, nicht nur die Kirche, sondern die ganze Welt zu erneuern. Und tatsächlich können die aus diesen Heimen hervorgegangenen Zeugnisse von Bekehrungen bereits auf mehrere Zehntausend geschätzt werden. Fruchtbare, dauerhafte Bekehrungen, eine Baumschule von Berufungen, könnte man sagen, und von Gründungen aller Art, die das Morgenrot des dritten Jahrtausends der Kirche ahnen lassen.

Doch das, was Marthe auf vorbildliche Weise durchgemacht hat, machen wir im kleinen alle durch. Unsere Taufgnade macht uns zu kleinen Lämmern, die dazu bestimmt sind, in einer aufopfernden Erhebung einen Teil der Sünde dieser Welt zu tragen, entsprechend den Worten der kleinen Stigmatisierten von Châteauneuf: Jedes Leben in dieser Welt ist eine Messe, und jede Seele ist eine Hostie. Daraus erklärt sich, daß die Nächte je nach der Zeit, die wir leben, sozusagen verschiedene Färbungen annehmen können.

Die heilige Therese vom Kinde Jesu hat den Atheismus des 20. Jahrhunderts getragen. Alle die trügerischen Argumente, die uns unsere atheistischen existentialistischen Philosophen ein paar Jahre später vorlegen sollten, hat sie, natürlich intuitiv, wie Volltreffer erhalten, die jedesmal ihre jungfräuliche Seele zerrissen. Nach der hinterlistigen Art der alten Schlange, die sich kaum erneuert, hat sich der Zweifel in sie eingeschlichen. Dieser Zweifel hat sie geviertteilt, hat sie in einem solchen Maß zerrissen, daß sie hauchte: "Ich hätte nie gedacht, daß es möglich wäre, so sehr zu leiden; ich kann es mir nicht anders als mit meinem brennenden Wunsch erklären, die Seelen zu retten." Und mitten im Sturm vollbrachte die kleine Therese heroische Glaubenstaten. Oft sprach sie sich einen Satz von Hiob vor und machte ihn sich zu eigen: *"Selbst wenn er mich töten sollte, würde ich weiter auf Ihn hoffen."*

Die bezeichnendste Schriftstelle der Heiligen von Lisieux finden wir in ihren Selbstbiographischen Schriften, wo wir das prophetische Format dieses ganz kleinen Mädchens ermessen können, das von Gott erwählt worden ist, um die Weisheit der Weisen zu verwirren. Sie erfährt Sartres Ekel und die Faszination des Nichts; der Urheber dieser Täuschung sieht sich von einem Kind entlarvt:

"In den so fröhlichen Ostertagen ließ Jesus mich fühlen, daß es tatsächlich Seelen gibt, die den Glauben nicht haben... Er ließ zu, daß dichteste Finsternisse in meine Seele eindrangen und der mir so süße

Gedanke an den Himmel bloß noch ein Anlaß zu Kampf und Qual war... Man muß durch diesen dunklen Tunnel gewandert sein, um zu wissen, wie finster er ist!

...Doch plötzlich verdichten sich die Nebel um mich her, sie dringen in meine Seele ein und umhüllen sie derart, daß ich in ihr das so liebliche Bild meiner Heimat nicht mehr wiederzufinden vermag, alles ist entschwunden! Suche ich Ruhe für mein durch all die Finsternis ringsum ermattetes Herz in der Erinnerung an das lichtvolle Land, nach dem ich mich sehne, so verdoppelt sich meine Qual; die Stimme der Sünder annehmend, scheint die Finsternis mich zu verhöhnen und mir zuzurufen: '- Du träumst von Licht, von einer mit lieblichsten Wohlgerüchen durchströmten Heimat, du träumst von dem ewigen Besitz des Schöpfers all dieser Wunderwerke, du wähnst, eines Tages den Nebeln, die dich umfangen, zu entrinnen! Nur zu, nur zu, freu dich über den Tod, der dir geben wird, nicht, was du erhoffst, sondern eine noch tiefere Nacht, die Nacht des Nichts'".[1]

Man muß wissen, daß Marthe vor ihrem dreißigsten Lebensjahr von der kleinen Therese besucht worden war: "Du wirst meine Sendung weiterführen", hatte sie ihr anvertraut.

Ja, gewiß führt Therese ihre Sendung im Himmel weiter, wie Marthe, die sich jetzt an den Toren der Hölle aufhält, um Seelen am Eintreten zu hindern, wenn das möglich ist. Doch die triumphierende Kirche und die kämpfende Kirche gehen miteinander Hand in Hand, und der Kampf, der von unseren beiden Freundinnen im Himmel so tapfer gekämpft wird, muß hier unten weitergeführt werden.

Das Gefühl des Schwindels in der moralischen Verwirrung

Die Welt hat sich in den letzten Jahren noch weiter entwickelt. Man wandelt nicht ungestraft, wenn man Gott widersteht, Gott leugnet. Hier befinden wir uns mitten in der Spirale des Verfalls. Man unterscheidet das Gute nicht mehr vom Bösen. Unter dem Deckmantel des Guten tötet man Kinder im Schoß ihrer Mütter. Und die Familienmütter, die ihr fünftes oder sechstes Kind tragen, gehen verwirrt zum Arzt, der sie aufgebracht von oben bis unten mustert: Was, Sie wollen das Kind behalten? Sie denken nicht daran?... Sie

[1] Therese von Lisieux, "Selbstbiographie", Johannes Verlag, 1988[11], S. 219, 221

fühlen sich schuldig gesprochen. Wie jenes junge Mädchen von der Sozialhilfe, das an einem Donnerstagabend abtreiben sollte: Alles war geplant... bis auf dieses Offizium im Kloster, bei dem für die Kranken gebetet wird. Während sie, die nicht getauft ist, zerstreut am Gebet teilnimmt, wird sie von einer Prophetie erschüttert: "Unter uns ist eine junge Frau, die abtreiben soll; der Herr bittet sie, der Herr fleht sie an, dieses Kind zu behalten." Sie setzt sich auf ihren Stuhl, eine sanfte Wärme dringt auf sie ein, und sie läßt sich davon durchdringen. Stundenlang könnte sie dort bleiben, es ist so schön, geliebt zu werden. Ihr Entschluß ist gefaßt, sie wird nicht abtreiben. Und mehr noch, sie wird sich zusammen mit ihrem Kind taufen lassen. Aber um welchen Preis an Leiden! Erzieher, Sozialarbeiterinnen, wohlmeinende Leute weisen sie hart zurecht und bedrohen sie sogar. Man untersagt ihr jeden Kontakt mit uns. Man behindert sie in ihrer Bewegungsfreiheit, um sie unserem Einfluß zu entziehen. Inmitten dieser Brandung wird die werdende Mutter in ihrer Überzeugung erschüttert. Sie wagt nicht mehr, jemandem von ihrem Kind zu erzählen, sie schämt sich, gegen das unerbittlichen Gesetz verstoßen zu haben, das von ihren Erzieher verteidigt wird: Du wirst einen Unglücklichen mehr auf die Welt setzen, du wirst es noch bereuen, und er wird dir Vorwürfe machen.

Unter Tränen vertraute sie uns dann kindlich an: Ich weiß nicht mehr, woran ich bin: von dem Guten sagen 'sie', es sei schlecht, und 'sie' sagen, das Schlechte solle ich tun. Allein durch Gottes Gnade sollte das Kind das Licht der Welt erblicken.

Man unterscheidet das Gute nicht mehr vom Bösen; aber die Werteskala ist nicht einmal umgeworfen, es gibt diese Skala nicht mehr, alles ist verworren. Und hier haben wir einen neuen Zug an der Nacht des Geistes: den Schwindel der moralischen Verwirrung. Er ist für unser Zeitalter bezeichnend, bis jetzt aber noch nicht beschrieben worden. Nach dem Beispiel unserer Zeitgenossen, die vollkommen unbewußt darin leben, wird der, der sich Gott ausgeliefert hat, eintauchen in das Durcheinander, in dem der Verlust an Anhaltspunkten bewirkt, daß man nicht mehr weiß, wohin man gehen soll, es ist der Weg der Wolken, der in Wirklichkeit überhaupt kein Weg ist und wo man sich jeden Augenblick zu verirren scheint.

Wo ist das Gute, wo das Böse? Man weiß es nicht mehr. Man weiß auch nicht mehr, was man beichten soll, man ist Sünde, das ist alles, was man weiß. Das ist ein Zeichen der Zeit.

Traditionsgemäß wird im Judentum die Shabbatfeier genau zu der Stunde begonnen, in der man einen weißen Faden nicht mehr von einem schwarzen unterscheiden kann, weiß und schwarz, Symbole der Reinheit und der Sünde.

Die dritte Dämmerung

Wir befinden uns also in der Stunde, in der die Farben von gut und böse sich vermischen... Denn der große Shabbat kommt. In der Dämmerung des sechsten Tages ruhte der Vater sich aus, als Er sah, daß alles gut gemacht war: erster Shabbat; in der Dämmerung des Karfreitags ruhte der Sohn sich nach der harten Arbeit in der Kelter des Kreuzes im Grab aus. Wir stehen in der Erwartung des Shabbats des Geistes, der "sein Werk in der Welt weiterführt und jede Heiligung vollendet" und seine Kirche vorbereitet, sodaß sie ohne Falten und Runzeln sei, um ihre bräutliche Berufung zu vollenden. Freuen wir uns also, man kann den weißen Faden nicht mehr von dem schwarzen unterscheiden, denn sie ist nahe, die Stunde, in der der Geist zur Ruhe kommt.

Abstieg in die Hölle der Psychose

Ein weiterer neuer, in den vergangenen Jahrhunderten unbekannter Gesichtspunkt: Gegenwärtig ist diese Nacht der Welt stigmatisiert durch ein wahres Eintauchen in die Psychose. Dies offenbart sich im Kunstschaffen unserer Tage.
Die Kunst ist für eine Zivilisation das, was der Blick für ein Gesicht ist: ein Fenster zur Seele. Sag mir, welche Kunst du hast, und ich sage dir den Zustand deiner Seele! Was offenbaren uns Malerei, Musik, Bildhauerei und Architektur der letzten Jahrzehnte? Eine Tendenz zur Abstraktion, zur Undurchdringlichkeit und Abgeschlossenheit. Es genügt, das Radio auf France-Musique während der Wiedergabe moderner Musikstücke einzustellen, um sich klarzumachen, daß falsche Harmonien und Mißtöne überwiegen. Das ganze schöpferische Genie scheint sich an einem wirklichkeitsfremden Denken, einem zerborstenen Denken zu orientieren, dem eine psychotische Wahrnehmung der Welt zugrunde liegt. Besuchen wir eine beliebige

Kunstgalerie, und wir sehen die entfesseltsten Spukgestalten des Chaos ausgestellt.

Die Wissenschaft selbst hat die logischen Kategorien der Verständigung gesprengt. Die Relativitätstheorie ist überholt, man ist jetzt bei der Antimaterie. Die moderne Mathematik schwebt in Sphären, wo zwei und zwei nicht mehr vier ist. Was die Biologie angeht, so wird sie zum Reich des Zauberlehrlings; die Tiefkühlung von Embryonen ist nur eine Begleiterscheinung, und nichts, bis hin zum Städtebau, wird von der Psychotisierung verschont. Polypenhaft ausufernde Städte mit kubischen Ungeheuern aus Beton, Glas und Stahl, in denen die Promiskuität den Abgrund zwischen den Menschen nur noch vergrößert.

Man zwängt sich in der Untergrundbahn zusammen, ohne sich anzuschauen, ohne sich zu begegnen: Der andere ist nicht länger ein *alter ego*, ein Bruder, er ist zum Fremden geworden. Die Zerstückelung geht bis in die Zelle der Familie: geschiedene Paare, abgetriebene Kinder, Jugendliche mit Lebensüberdruß, die in die Droge, einen bedeutenden Bestandteil der Auflösung, in die Gewalt, eine falsche Mystik und oft in den Selbstmord zu fliehen versuchen.

Das Ende unseres 20. Jahrhunderts ist psychotisch, wie das sogenannte Jahrhundert der Aufklärung hysterisch sein konnte und das 19. von zwanghafter Strenge gekennzeichnet war. In dieser Eingeschlossenheit, in der man sich an den Kopfhörer eines *walkman* flüchtet, in dieser zunehmenden Leere, in der die Sinnlosigkeit unerträglich werden könnte, wird der Gegenstand zur Faszination. Man konsumiert, man verschlingt gierig, versucht, sich mit Bildern und Geräuschen vollzustopfen, und liebt mit Rabatt, ohne je satt zu werden. Das ist die letzte Zuckung einer Zivilisation, die im Sterben liegt. Sollte der Herr uns vergessen? Nein, am Abend des Gründonnerstags hat der Herr diesen Kelch der äußersten Verlassenheit bis zum Grund geleert, und er trinkt ihn weiter durch uns, die wir dargeboten sind, und durch seinen mystischen Leib, die Kirche.

Darum sind unsere Nächte des Geistes vielleicht mehr denn je von der Erfahrung der Psychose geprägt.

Hier sind einige Auszüge aus dem Logbuch eines engen Freundes Gottes, der durch die Feuerprobe der Prüfung gegangen ist.

Führe mich hinaus aus meinem Gefängnis, und Deinem Namen
sage ich Dank! (Ps 142,8)

Ostern 82
Anfälle von unbezwinglicher Angst. Augenblicke der Lostrennung
von der Wirklichkeit, sehr deutliches Gefühl, daß der Tod meine Seele
durchdringt, daß sich die Erde unter meinen Füßen auftut, um mich
zu verschlingen. Aber das Gebet geht weiter und auch der Wille zum
Kampf. In bestimmten Augenblicken bin ich vollkommen kraftlos,
was schreckliche Schuldgefühle in mir verursacht, wenn ich daran
denke, was von mir erwartet wird.

Mai 82
Nachts sehr heftiger Eindruck, als würde meine Seele mir aus dem
Leib gerissen. Ich habe nicht mehr genug Luft, um zu schreien. Ich
glaube, daß es der Teufel ist, der meine Seele gestohlen hat, und daß
der Herr das zuläßt. Ich glaube, es ist so weit mit mir gekommen, weil
ich gegen den Heiligen Geist gesündigt habe; übrigens drängen sich
die Lästerungen gegen ihn mit schwindelerregender Schnelligkeit in
meinem Kopf.
Bis zum Grund eingetaucht in Verzweiflung. Angesichts des Schwei-
gens und der Untätigkeit Gottes begreife ich, daß Er mich aufgege-
ben hat, für immer und ewig. Jede Minute ein Alptraum, der zur
Ewigkeit wird. Das Delirium bricht nachdrücklich aus, in Richtung
Paranoia. Alles bestätigt mir, daß ich verdammt bin. Aber ich liebe
den Herrn immer noch und bin unsäglich zerrissen, daß er mich
aufgegeben hat. Ich identifiziere mich mit Judas. In meinem Geist
teuflisches Hohngelächter angesichts meines Elends. Unerträgliche
Pein in Herz und Geist. Beten ist nicht möglich, außer dem Schrei der
Verzweiflung: Herr, gib mir meine Seele wieder!
Von Mißverständnissen geprägter Umgang mit meiner Umgebung
wegen des Deliriums, das mich alles nach einer unerbittlichen Logik
interpretieren läßt und meine Verdammung beweist. Visuelle und
auditive Halluzinationen. Ich sehe bestimmte Diener Gottes als
ebenfalls Verdammte an, die es eingefädelt haben, mich in ihren Fall
mit hineinzuziehen. Allmählich beginne ich Gott für ein sadistisches
Ungeheuer zu halten, das Gebet ist vollkommen unterbrochen, und
das der anderen scheint mich tiefer in die Verdammung hineinzusto-
ßen. Ich bin zu nichts mehr fähig.

Juli 82

Ich habe nur noch den einen Gedanken: das Bewußtsein verlieren. Nie existiert zu haben. Ich glaube, alles ist wegen meiner Schuld so gekommen, wegen meiner Sünde, und die gerechte Verdammung beginnt erst...

Es gibt verschiedene Grade der Verzweiflung, vielleicht entspricht der meine der Hoffnung, die ich zuvor hatte. Alles was mich früher tröstete, trägt nur zu meinem Leiden bei.

September 82

Ich fühle mich wie ein Säugling. Ich brauche Hilfe für die einfachsten Dinge wie waschen und anziehen. Zum Glück ist Bruder L. da, der alles mit unglaublicher Natürlichkeit und oft mit Humor macht. Ich höre gern zu, wenn über konkrete Angelegenheiten des Hauses geredet wird, ich kann keine Unterhaltung mehr beginnen, aber das Schweigen bedrückt mich.

Dezember 82

Wenn ich die Kommunion empfange, habe ich den Eindruck, einen nicht wieder gut zu machenden Frevel zu begehen, der noch zu meiner Verdammung beiträgt. Es ist, als martere ich den Herrn absichtlich.

Januar 83

Das Delirium wird schwächer, und ich werde mir dessen bewußt. Mein Schuldgefühl verschwindet und meine Ängste werden geringer. An die Stelle des Schreckens, verdammt zu sein, tritt ein Glaubensverlust. Das ist die Herrschaft der Sinnlosigkeit, wobei ich die für sehr glücklich halte, die die Chance haben zu glauben - ich sage mir, daß eine glückliche Täuschung mehr wert ist als eine unglückliche Einsicht. Ich beginne wieder zu lesen, und das ist zwei oder drei Stunden täglich meine einzige Ablenkung. Ich schlafe ein Höchstmaß, um in einem Mindestmaß zu leben. Da ich nicht mehr an die Hölle glaube und meine Verzweiflung vollkommen ist, nehme ich mir vor, mich umzubringen, aber ich habe nicht die Kraft zur Tat. Die ganze Zeit gehe ich den Selbstmord immer wieder durch, ich sehe mich gleichsam von den Lebenden getrennt in der Welt der Toten, oft mit Anfällen schizophrener Art, die schlimmer sind als der Tod.

Juli 83
Abfahrt nach N...; zwei weitere Ablenkungen sind mir möglich: fernsehen und in der Stadt spazierengehen. Diese Freiheit erlaubt mir wenigstens zeitweise, meine Zwänge zu unterbrechen. Das dient mir auch als Stoff zur Unterhaltung, denn sonst ist alles leer.

Mitte August 83
Erster Kontakt mit dem Psychiater. Sehr feinfühlig, er handelt mit viel Takt. Er nimmt sich die Zeit, mir zu erklären, wie die Medikamente wirken, klärt mich über Nebenwirkungen auf. Er behandelt mich nicht wie einen Kranken, sondern wie einen vollwertigen Menschen. Das ist unschätzbar viel wert. Überdies hat er Humor und bringt mich zum Lachen.
Bei der Arbeit bin ich immer noch unpraktisch. Man muß mich anregen, mitziehen.

Dezember 83
Jede religiöse Übung erscheint mir geheuchelt. In diesen Augenblicken ist die Verzweiflung am größten, und ich wiederhole ständig die finstersten Gedanken. Jedes fromme Wort treibt mich nur umso tiefer hinein.
Mein Seelenführer scheint mich aufzugeben und an meinem Fall zu verzweifeln. Mir scheint, als falle das letzte Bollwerk, auf das ich mich verlassen konnte, in sich zusammen. Meine ganze Empörung gegen Gott kristallisiert sich in ihm.

Februar 84
Ich schäme mich, ein Gegenzeuge zu sein, schäme mich, unterhalb von allem zu sein, und meine Nächsten, die, die ich liebe, zu enttäuschen. Ich habe keine Persönlichkeit und kein Gesicht mehr. Ich bin ein seelenloser Körper. Neulich hat F. zu mir gesagt: Du hast dich nicht verändert. Das schien mir zwar Einbildung zu sein, aber es hat mich einen Augenblick getröstet (kleiner Hoffnungsschimmer).

Juli 84
Ich will meine Mutter immer noch nicht sehen. Ich will nicht, daß sie mich in diesem Zustand sieht. Vielleicht bin ich ihr böse, daß sie mich zur Welt gebracht hat. Ich stehe auf der Seite derer, die wie Hiob den Tag ihrer Geburt nicht zu segnen vermögen - ich habe nicht gewagt

zu schreiben: verdammen, aber ich liebe und segne die, die das an
meiner Stelle tun.
Furchtbar intensiv erlebe ich aufs neue bestimmte Mängel in der
Haltung meiner Mutter oder meines Vaters. Mangel an Zärtlichkeit,
unerbittliche, starre Autorität.

8. September 84
Am Fest der Geburt Mariens fühle ich in meinem Herzen wieder ein
winziges Rinnsal von Leben fließen, in meiner Seele gerät etwas ins
Schwingen... Während ich das feststelle, mildert sich meine Verzweif-
lung, ich begreife, daß ich die Kraft habe weiterzuleben. Die Nacht
füllt sich mit Sternen, um mich zu leiten.

Das ist der Anfang einer langsamen Auferstehung, die dann zwei
oder drei Monate dauert. Drei Jahre des Abstiegs in die Hölle..., im
Nachhinein ist das wenig, gemessen an einem ganzen Leben, aber
man muß es Tag für Tag durchmachen... mit der ganzen prognosti-
schen Ungewißheit eines solchen Zustands, um das Elend all derer zu
begreifen, die in einer derartigen Prüfung stehen.
Wie haben einige Auszüge aus diesem Tagebuch wiedergegeben,
denn es macht recht gut begreiflich, welche Wendung eine Nacht des
Geistes in diesen unseren Zeiten nehmen kann.
Zugrundeliegende psychische Schwäche? Vielleicht, was macht das
aus! Dieser Mensch war vor seiner Prüfung nicht psychotisch, an
ihrem Ausgang ist er es ebensowenig. Also? Geheimnis der göttlichen Weisheit: *Was die Welt für töricht hält, hat Gott auserwählt, um*
die Weisen zu beschämen (1 Kor 1,27).
Diese Erfahrung der Geisteskrankheit mit Halluzinationen, Delirien
und wahnhaften Deutungen als Begleiterscheinungen dient gewiß
einer persönlichen Reinigung, zugleich ist sie aber auch Teilnahme an
der Nacht der Welt. Dieser Abstieg in die Hölle, wobei der Mensch
zerrissen und mit sich selbst und allen uneins ist, wird zu gegebener
Zeit seine Früchte bringen. Die erste dieser Früchte ist die Wieder-
vereinigung des inneren Wesens und seine innige Gemeinschaft mit
dem Geheimnis der Dreifaltigkeit.
Die Mystiker sprechen oft von der Vollendung in der Einheit als dem
letzten Ziel ihres Lebens in der Liebe zum Herrn. Die Psychose ist
aber gerade der Ort der Zerstückelung, des Berstens und der Teilung.
Darin kommt sie der Hölle nahe. Sie ist der Gegensatz zu dieser

Einheit. Es ist nicht ohne Bedeutung, daß der heilige Johannes in seinem Evangelium die Agonie in Getsemane nicht zur Sprache bringt, obgleich er sich doch dort befindet. Dagegen ist nach seinem Bericht das letzte Wort Jesu vor seiner Verhaftung im Garten der Ölpresse das Gebet um die Einheit: *"Daß alle eins seien, wie du, Vater, in mir und ich in dir, daß sie in uns eins seien... ich habe die Herrlichkeit, die du mir gegeben hast, ihnen gegeben, damit sie eins seien, wie wir eins sind: ich in ihnen und du in mir, so mögen sie zur vollendeten Einheit gelangen"* (Joh 17, 21-24).

Nichts ist zufällig in der Bibel. Dieser Text steht genau an der Stelle, an der der heilige Johannes Jesu Agonie in Getsemane hätte bringen können. Zweifellos, weil er an ihrer Stelle steht, weil er ihre positive Entsprechung ist. In der letzten Teilung seiner Seele, in der Vierteilung seiner vom Bösen schwer bedrückten Psyche bringt Jesus uns zur Welt und zieht uns hinein in das Geheimnis der Einheit.

XIII
Gemischte Fälle

Offenbart dieser schmerzvolle Weg, über den wir soeben gesprochen haben, einen rein göttlichen Eingriff, oder handelt es sich um einen "gemischten Fall", in dem das Pathologische und das Geistliche eng miteinander verwoben sind? Doch wer wäre nicht unvermischt? Wer, außer der Jungfrau Maria und Jesus selbst, könnte behaupten, seine Seele sei heil? Um das zuzugeben, müssen wir sehr demütig sein, wo wir uns doch vor jeder psychischen Entgleisungen so sicher wähnen. Vielleicht hatte jener junge Geweihte, dessen "innere Kämpfe" wir soeben offengelegt haben, einen "psychotischen Kern" in sich, der bei ihm deutlicher als bei anderen zutage trat. Vielleicht hat er eine Episode von deliranter Melancholie durchgemacht, die das Auftreten weiterer Episoden dieser Art befürchten lassen könnte. Auf die verschiedenen Therapien, die man ihm angedeihen ließ, hat er allerdings sehr schlecht angesprochen. Die Länge der Episode, fast drei Jahre, spricht überhaupt nicht für eine Melancholie; im allgemeinen geht eine Krise der Melancholie nach höchstens sechs Monaten von selbst zuende. Darum bevorzugen wir die Annahme, daß er ohne diesen Einfluß Gottes in seinem Leben vielleicht niemals den kleinsten psychischen Riß aufgewiesen hätte. Denn hier handelt es sich nicht um irgendwen: Er hatte bereits eine große Reife in Gott sowie eine gewisse Ausstrahlung erlangt, als die Prüfung ihn niederwarf.

Eines Tages gestand er, er habe sich Gott in einem Akt vollkommenener Hingabe überlassen und "ihm das völlige Recht über alles, was ihm gehörte", eingeräumt, seinen Verstand inbegriffen! Sollte Gott ihn beim Wort genommen haben? Es wäre ein wenig voreilig, das zu folgern. Wir meinen eher, daß Gott sich von dieser Seele, die sich so nach der Zugehörigkeit zu Ihm sehnte und Ihn so liebte, stark angezogen fühlte und Sich erlaubte, sie ganz, mit all ihren Schwächen, zu ergreifen, um sie in Sich einzutauchen, daher dann diese Erschütterung.

Wir haben viel von "Nächten" gesprochen, doch es kommt nicht selten vor, daß die gleiche psychische Erschütterung auch anläßlich einer starken, lichtvollen Erfahrung Gottes auftritt.

Nach einer Ausgießung des Heiligen Geistes zeigt sich dann bei dem Betreffenden eine Art transitorisches Irresein. Wieviele Gebetsgruppen haben nicht ein ähnliches Drama erlebt. Eine junge Geweihte vertraute uns an, daß sie bei ihrer Begegnung mit dem Herrn einen wahren Weg nach Damaskus durchgemacht hat. Sie wurde irdendwie zu den Pforten des Himmels emporgetragen. Zwar kam sie nicht blind zurück, hatte jedoch etwa zehn Tage lang den Eindruck, gleichsam doppelt zu sein, sich bei ihrem Tun zuzuschauen. Sie war ein wenig überschwenglich, sah fast überall Zeichen und neigte sehr zu Deutungen, was ihre Umgebung veranlaßte zu sagen, sie entwickele ein mystisches Delirium. Ein derartiger Zweifel an der Erfahrung, die sie gemacht hatte, erschütterte sie, und so nahm sie ihre Bibel und schlug die Worte des heiligen Paulus auf: *"In deinem Namen hat man mich für einen Verrückten gehalten, man hat mich wie einen Verrückten behandelt."* Süßer Trost, sich wenigstens von Gott verstanden und geachtet zu wissen. Eins kam zum anderen - es handelte sich in der Tat um ein kleines Syndrom einer Depersonalisation ohne Folgen -, und sie ging ihren Weg in der gewohnten Weise weiter. Der Einfluß Gottes aber, den diese junge Frau erlebt hat - die, abgesehen von dieser Episode, übrigens von ihrer Umgebung als sehr ausgeglichen bezeichnet wurde -, ist mit dem Einbruch Gottes mitten in eine Nacht des Geistes überhaupt nicht zu vergleichen. Um wievieles größer können also die psychischen Schäden sein, die dabei zeitweilig auftreten?

Wir sind alle "gemischt"

Vielleicht sind einige gefährdeter als andere. Bei ihnen geht die Prüfung nicht so unbemerkt vorüber. Wie Bruder Albert lernen sie dann womöglich den erniedrigenden Aufenthalt in einer "Spezialklinik" kennen.

Dieser polnische Kunstmaler, der so empfindsam und feinsinnig war, sah sich in der Tat von seinen Brüdern gezwungen, das Kloster zu verlassen, um ein Irrenhaus aufzusuchen:

"Kaum war er ins Noviziat... eingetreten, arbeitete er mit bemerkenswertem Eifer an seiner Vervollkommnung. Er war als Novize musterhaft. Bald begann er die großen Exerzitien. Unter der Einwirkung der Meditationen wurde er von der fixen Idee ergriffen, daß er

gewiß verdammt werden würde. Dieser Gedanke quälte ihn so sehr
und stürzte ihn in solche Ängste, daß eine richtige Psychose daraus
wurde und er schließlich gezwungen war, das Noviziat zu verlassen."
Über diesen Abschnitt seines Lebens sind nur wenige Einzelheiten
bekannt, da seine Oberen in diesem Punkt stets sehr verschwiegen
waren. Tatsache ist, daß sie es nach gewissen Überspanntheiten für
richtig hielten, ihn nicht nur fortzuschicken, sondern in in die
Nervenklinik in Kulparkow bei Lwow einweisen zu lassen. Das
geschah im Jahre 1881.
Die Psychiater konnten nicht viel für ihn tun. Er war wie betäubt,
sprach nicht, aß nicht. Als ihn sein Beichtvater später um genauere
Angaben bat, antwortete er:
"Ich war bei vollem Verstand und nicht einen Augenblick irre, aber
ich machte ein wahres Martyrium durch, eine namenlose Angst, ich
wurde von entsetzlichen Skrupeln buchstäblich gefoltert."
Er sprach nicht gern über diese schmerzvolle Zeit, denn er fürchtete,
gegen die Nächstenliebe zu verstoßen...
Glücklicherweise kam nach einigen Wochen sein Bruder Stanislaus,
um ihn abzuholen. Er war ihm überaus dankbar dafür. "Wie schön,
daß du mich mitnimmst! Ich habe mich hier sehr unglücklich gefühlt!" Wenn man den Zustand der psychiatrischen Kliniken jener
Zeit kennt, überläuft es einen kalt bei dem Gedanken, daß Bruder
Albert dorthin hatte gebracht werden können. Einige Bilder von der
Salpêtrière im Paris derselben Zeit sind recht anschaulich: Man
fesselte die Geisteskranken, die sich in allen Richtungen wanden und
die ganze Nacht schrien. Ein wahrer Alptraum!
Heute haben Neuroleptika die Zwangsjacken ersetzt. Doch gilt
heute nicht weniger als früher, daß der Besuch in einer psyiatrischen
Klinik manchmal schwer zu ertragen ist.
Ein Freund Bruder Alberts hatte von seiner Depression erfahren und
begab sich ins Kloster: Man erklärte ihm, was geschehen war.
- Was, donnert der Mann los, Sie haben einen Kranken fortgeschickt,
statt ihn zu pflegen? "Vernunftgemäß" setzt der Pater auseinander,
daß gewiß die Regel dem Bruder nicht bekam, daß die Mönche keine
Kranken pflegen können, die nicht bei ihnen bleiben, daß diese
Abreise unvermeidlich war.
"So also handelt ihr? Ihr, die ihr Christen seid! Man hat also kein
Herz in dieser 'Bude'? Ich schüttle auf Ihrer Schwelle den Staub von
meinen Füßen."

Die bestürzten Jesuiten sahen den Mann wütend das Haus verlassen.[1] Inzwischen kann Bruder Albert, der von Stanislaus mitgenommen worden war, sich einfach nicht erholen. Sein Zustand läßt in der Tat an eine akute Melancholie denken. Es ist bekannt, daß Melancholiker im allgemeinen mitten in der Entkräftung ein vollkommen klares Denken bewahren. Als ich eines Tages einen Melancholiker befragte, der drei Wochen lang entkräftet, ohne zu sprechen, zu essen, zu trinken oder zu schlafen verbracht hatte, vertraute er mir an, daß er sich vollkommen an alle meine Versuche erinnerte, ihn aus seiner Stummheit herauszuholen. Er wiederholte sogar bestimmte Sätze, die ich ihm gesagt hatte. - Warum haben Sie denn nicht geantwortet? fragte ich ihn. - Ich konnte und wollte nicht; an mir nagte immer nur der eine Gedanke an Selbstmord und beanspruchte all meine Kraft. So hielt sich Bruder Albert stundenlang bewegungslos im Garten auf, die Augen auf ein offenes Buch geheftet, das er aber gar nicht las. Auf nichts, was im Haus oder sogar in seiner unmittelbaren Nähe geschah, reagierte er.

Dieser ehemalige Soldat, der so oft dem Tod ins Gesicht gesehen hatte, war versteinert vor Angst. Stanislaus war weder ein Seelenführer, noch Psychiater und verstand nichts von dem Zustand seines Bruders, doch er liebte ihn zärtlich. Die Liebe gab ihm die richtigen Gesten und Worte ein. Er achtete sein Schweigen und blieb ihm unauffällig nahe.

In dieser ganzen Zeit konnte Bruder Albert natürlich nicht einmal mehr zur Kirche gehen, zweifellos aus Furcht, einen Frevel zu begehen. Eines Tages griff Stanislaus zu einer List. Da er wußte, daß Albert im Nebenzimmer war, begann er mit dem Pfarrer ein Gespräch über die Barmherzigkeit. Alles kam darin vor: der verlorene Sohn, die Ehebrecherin, die Samariterin, die Reue Petri usw. Sie sprachen sehr einfach, der Herr Pfarrer war kein großer Theologe, aber er lebte sein Evangelium. Seine Worte trafen mitten ins Herz. Bruder Albert hörte zu. Das war die Stunde Gottes. Er fühlte etwas wie eine Lichtung im Dunkel. "Vielleicht doch nicht verdammt?" Einige Stunden später verlangte er, man solle ihm sein Pferd satteln, der Diener fällt beinahe auf den Rücken: "Großer Gott, der stumme Herr hat gesprochen!"

---

[1] Maria Winowska, "Das verhöhnte Antlitz - Das Leben des Bruders Albert von Polen", Otto Müller Verlag Salzburg, S.81-82

Bruder Albert stürmt zum Herrn Pfarrer hinein, einem zweifellos heiligen Gottesmann, denn wie der Pfarrer von Ars brachte er bewegte Nächte zu, und wie die ganze Gegend wußte, machte der Teufel ihm oft schwer zu schaffen.

Er hörte Bruder Alberts Beichte, gab ihm den Frieden wieder und reichte ihm die Kommunion.

Verwandelt kehrte Bruder Albert nach Hause zurück. Seine Familie konnte sich gar nicht darüber beruhigen, ihn wieder so heiter, mitteilsam und einfach zu sehen, endlich "er selbst", wie Stanislaus dachte, und doch so anders. Eines Tages wurde er im Garten dabei überrascht, wie er mit liebeglühendem Gesicht auf und ab ging und unaufhörlich wiederholte: Wie gut Gott ist, wie barmherzig Er ist!

Darauf wurde Bruder Albert, der in den Dritten Orden der Franziskaner eingetreten war, ein Heiliger, er stieg in die Hölle hinab... aus der Stadt in die Armenviertel von Krakau, wo Prostitution und Gewalt jedermanns Schrecken waren. Er machte sich zum Bettler mit den Bettlern. Sie gewannen ihn schließlich lieb. Sehr schnell vertraute ihm die Stadt das Bettlerasyl an. Bruder Albert schickte sich an, bei seinen Brüdern, den Bettlern, zu wohnen und ihren Hunger zu stillen, indem er ihnen täglich zu essen gab und sein möglichstes tat, um ihnen Arbeit und anständige Kleidung zu verschaffen. Er kämpfte gegen die abscheulichen Elendsbehausungen, wusch und kratzte den Schmutz weg, machte Jagd auf Wanzen und Flöhe und stellte schließlich Pritschen auf. Kurz darauf übernahm er das Frauenasyl, das jenes der Männer an Schrecken noch übertraf. Es war auch eine Stätte der Prostitution.

Rasch fand er Mitarbeiter, die ersten Albertiner, dann auch einige Frauen, die sich um seinen Hirtenstab scharten, und so konnte er auch andere Asyle hüten.

Nach einem erschöpfenden Leben, in dem er sich rückhaltlos gab, starb er am Weihnachtstag 1916 im Ruch der Heiligkeit. Sein Fall liegt in Rom vor und kommt sehr gut voran.

Bruder Albert, ein gemischter Fall? Zu seinen Lebzeiten glaubte man das zweifellos. Die Krise der Melancholie ist bei ihm jedoch nie wieder aufgetreten, darum ist es schwierig, etwas dazu zu sagen.

Andere, die uns näher sind, wie Monsignore D., den die kleine Therese an einem 1. Oktober nach einer langen Agonie besuchte, waren ihr ganzes Leben lang mit der entsetzlichen Diagnose einer manisch-depressiven Psychose belastet. Phasen von Überspanntheit, Phasen von Niedergeschlagenheit. Nie konnte er mit den Aufgaben und und der Verantwortung betraut werden, denen er ohne sie sehr gut hätte gerecht werden können. Ständige Demütigung durch eine Psyche, auf die man sich nicht verlassen kann. Sein Leben lang verabreichte man ihm Lithiumsalz. Er machte diese Prüfung mit einem Frieden und einer Freude durch, die ansteckend waren, und beendete sein Leben in einer kontemplativen Gemeinschaft.

Unnötig zu sagen, daß alle diese melancholischen Phasen, die er in der reinsten Selbstaufopferung durchgemacht hat, so etwas wie eine Nacht des Geistes waren und er zutiefst gereinigt und geheiligt daraus hervorgegangen ist.

Also ist es manchmal überflüssig, sich zu lange die Frage nach der Reinheit einer geistlichen Prüfung zu stellen. Die Diagnose einer Krankheit schränkt Gottes Handeln nicht im geringsten ein. Nur die entsprechende Haltung ist ein wenig unterschiedlich, denn man wird mehr die therapeutische Seite betonen, zugleich aber eine aufgeklärte geistliche Führung beibehalten.

Louise du Néant oder die Heiligen gehen in die Heilanstalt

Es gibt noch eine weitere Lebensgeschichte, die hier berichtet zu werden verdient: die der Louise du Néant, die vielleicht die ungewöhnlichste im wörtlichen Sinne ist, die dem 17. Jahrhundert begegnet ist.

Diese junge Frau aus dem Adel von Anjou war seit ihrer Jugend vom Leiden gezeichnet: Ihre Eltern waren gegen sie eingenommen, sie wurde oft wie ein Dummkopf behandelt und geschlagen. Trotzdem sollte man von ihr als Zwanzigjährige sagen, daß sie einen lebhaften, scharfsinnigen Geist, eine sehr sanfte Stimme und viel Anmut besaß. Mit ungefähr 37 Jahren verzichtet sie auf all die guten Partien, die ihr angeboten worden waren, und verläßt die Familie, um ins Kloster zu gehen. Kaum war sie ins Noviziat eingetreten, fiel sie in die Hände eines Priesters, der des Jansenismus verdächtigt wurde. Das wurde für sie der Beginn einer furchtbaren Krise: *"Unaufhörlich schien sie das Verdammungsurteil und die Dämonen zu hören, die ihr unablässig sagten: Es gibt überhaupt keinen Gott für dich, gehe in die ewigen Flammen... Sie stieß Schreie aus und wand sich in allen Richtungen; manchmal entkam sie den Fesseln, die man ihr angelegt hatte, und ging auf die Straße, gefolgt von einer Menge Katzen, die für die Leute jener Zeit Dämonen bedeuteten, sodaß man glaubte, sie sei eine Hexe oder besessen, und das einfache Volk wollte sie verbrennen. Schließlich schloß man sie in der Salpêtrière in einen Karzer zusammen mit einer alten Jungfer ein, die von Geschwüren und Ungeziefer zerfressen und so entsetzlich anzusehen war, daß sie alle Welt erschreckte.*"[2]

Ganz Paris kam, um sie wie ein seltsames Tier oder eine Zauberin zu besehen. Selbst Geistliche verschonten sie nicht. Einer von ihnen sagte zu ihr, als er sie auf einem fauligen Strohhaufen liegen sah: "Schwester Louise, da werden Sie ein anständiges Strohfeuer bekommen."

Karzer waren eine Art kleiner Hütten, in denen die armen Geisteskranken nur durch ein Klappfenster in der Tür Luft und Licht bekamen. *"Ein Eisenring, der sie in der Körpermitte umfing, war an der Wand befestigt, Hände und Füße waren angebunden. Größtenteils nackt und vor Kälte und Feuchtigkeit zitternd, stießen sie Tag und Nacht Seufzer aus. Im Winter, zur Zeit des Hochwassers der Seine, wurden diese ungesunden, auf der Höhe der Abflüsse befindlichen Löcher die Zuflucht einer Menge sehr großer Ratten, die sie nachts anfielen und annagten, wo sie an sie herankommen konnten.*"[3]

Hier halten wir mit dieser grauenvollen Beschreibung inne, doch wir müssen uns ein Bild von der Lage des Geisteskranken jener Tage machen.

Allmählich wurde Louise ruhiger, schrie endlich weniger oft und weniger laut, und man erlaubte ihr, ihren Karzer zu verlassen, um eine ihrer Leidensgenossinnen aufzusuchen, die eine große Beterin war. Sie verbrachten zusammen viele Stunden im Gebet. So wurde Louise von ihren Qualen befreit. Man hatte den glücklichen Einfall, einen heiligen Priester zu ihr zu schicken, der ein gewisses Charisma besaß, um den gequältesten Seelen Frieden zu geben. Er beruhigte sie hinsichtlich ihres Schicksals, nahm ihr die Beichte ab und ließ sie kommunizieren; seitdem hörte sie auf zu schreien. Sie hatte schließlich selbst geglaubt, sie sei eine Hexe, weil sogar Vertreter der Kirche sie dafür hielten. Nun fühlte sie sich endlich angenommen in ihrer Not.

---

[2] Siehe Hinweise zur Literatur
[3] Siehe Hinweise zur Literatur

Nach sechs Monaten steckte man sie in den Saal der "Verrückten, die den Verstand wiedergewonnen haben" und vertraute ihr die Pflege der Kranken (Tuberkulose-, Skorbut- und Leprakranke...) an. Dort sollte sie freiwillig bleiben, beschäftigt, wie sie war, um diesen armen Irren eine Erleichterung zu verschaffen, die sie pflegte, als handelte es sich um Prinzessinnen. Sie säuberte die Karzer, leerte die Eimer, dann ging sie in die Messe und verrichtete ihr Gebet. Darauf kehrte sie zurück, um ihre "Herrinnen" anzukleiden, zu füttern und sie auch zum Beten anzuleiten. Sie lehrte sie den Katechismus. Trotz allem hielten viele sie immer noch für verrückt, und aus Demut unternahm sie nichts, um sie eines Besseren zu belehren.

Was für eine Krise von Demenz ist das aber nun genaugenommen, die unsere Schwester Louise niederstreckte, obwohl sie doch eine vorbildliche Novizin war?

Wie wir gesehen haben, stand die Gewißheit, verdammt zu sein, im Mittelpunkt ihrer Erfahrung, wie bei fast allen, die in die Nacht des Geistes eingetaucht sind. War sie anfälliger als andere? Es scheint, als habe die Melancholie bei ihr nicht die stuporhafte Form der Niedergeschlagenheit und stummen Mattigkeit angenommen, die sonst eher üblich ist. Nein, bei ihr brach vielmehr so etwas wie ein gemischter Zustand aus, in dem sich Manie und Melancholie vermengen. Die Manie wird durch einen Zustand der Überreiztheit mit Unruhe, Überspanntheit und einer Entfesselung im instinktiven und affektiven Bereich gekennzeichnet, das alles vor dem Hintergrund einer Euphorie, die aber nichts anderes als die Kehrseite einer latenten Depression ist. Manie und Melancholie sind in der Tat zwei einander entgegengesetzte Begriffe für ein und dieselbe Verzweiflung. Die Manie ist für die Melancholie, was der Karneval für den Tod ist.

Wir entscheiden uns daher für diese Auffassung von den Dingen, da außer der motorischen Unruhe nichts auf eine hysterische Entgleisung hinweist, wie man sie zu jener Zeit in der Salpêtrière antraf. Das Fehlen einer affektgeladenen und verführerischen Haltung spricht nicht für die Diagnose einer Hysterie.

Wir wollen anmerken, daß sich die Körperkraft bei einem manischen Wutanfall annähernd verzehnfachen kann. Es ist daher nicht erstaunlich, daß Louise du Néant sich zuweilen aus ihren Ketten zu befreien vermochte.

Eine bedeutsame Tatsache ist festzuhalten: Sie hat niemals einen Rückfall gehabt. Es handelte sich also nicht um eine manisch-depressive Psychose, die in der Regel eine lebenslange Krankheit ist. Für Louise bestand das Problem darin, daß sie auf den Einfluß Gottes, statt mit einer Phase melancholischer Erschöpfung, mit einem gemischten Zustand reagierte, in dem die manische Agitiertheit offenkundig deutlicher zutage tritt und für die Umgebung störender wirkt, obgleich sie dieselbe tiefe Verzweiflung verrät. Wir hatten das in geringem Ausmaß bei Olier in der Phase gesehen, in der er nicht anders konnte, als laut zu sprechen und sich aufzuspielen, während er doch zutiefst niedergeschlagen war.

Louise du Néant war im Grunde genommen hinsichtlich dessen, was ihr zugestoßen war, ziemlich objektiv, denn sie sagte: "Durch die Barmherzigkeit Gottes fühle ich mich so bereit, alles zu tun, was Er will, daß ich ihn dafür preisen würde, wenn ich wieder ebenso verrückt werden sollte, wie ich es war."

In der Tat war während dieser Krise der "Verrücktheit" eine wunderbare Wandlung in ihr vorgegangen, was uns zu der Aussage veranlaßt, daß es sich wohl um etwas der Nacht des Geistes Entsprechendes gehandelt hat, wenn es sich nicht um eine einfache Pathologie im üblichen Verständnis handelte. Weder die reine Melancholie, noch die Manie oder der kleinste Anflug eines Deliriums bewirken eine solch tiefe Wandlung. Was diese betrifft, spricht man sogar von einer existentiellen Unproduktivität, und dies ist vielleicht das wichtigste Element der Differentialdiagnose (einer Diagnose, die sich ganz offensichtlich erst im Nachhinein stellen läßt).

Sicher, ihr mystisches Leben war von außerordentlichen Gnadenerweisen erfüllt, doch sie bat Gott, daß nichts davon nach außen hin sichtbar würde. So hörten ihre Ekstasen nach einigen Monaten auf. Sie war sehr spritzig und amüsant, besonders wenn sie von ihren Abtötungen sprach, die zu bekennen ihr Beichtvater sie gezwungen hatte, wie um dafür Vergebung zu erlangen und deren Strenge zu mildern.

Wenn sie in den Augen der Welt noch ein wenig verrückt erschien, so handelte es sich jetzt mehr um eine Verrücktheit in Christus: am liebsten hätte sie überall "Liebe, Liebe" ausgerufen und alle Welt versammelt, um ihr diese verrückte Liebe zu Gott mitzuteilen, der sie entflammt hatte.

Im Hinblick auf ihre Nervenschwäche und bei einer möglicherweise bestehenden Neigung zur Überspanntheit hatte sie eigentlich immer das außerordentliche Glück, sehr gut geführt zu werden. Pater Guilloré zum Beispiel, ein sehr spiritueller Jesuit, war mit allem, was an eine Täuschung erinnern könnte, unerbittlich. Er war mißtrauisch bis zum Äußersten und ließ ihr nichts durchgehen, erkannte aber rasch in ihr eine Seele von der Größe der Katharina von Siena. Er ging dann sogar so weit, seine eigenen geistlichen Töchter in die Schule der Louise du Néant zu schicken. Das hinderte ihn nicht, sie weiterhin grob zu behandeln, denn für ihn war das beste Mittel zur Unterscheidung die Verachtung(!).

Im Jahre 1681 verließ sie endlich die Salpêtrière, behielt jedoch die Kleidung der Geisteskranken bei, um sich weiterhin zu demütigen. Sie lebte in den Straßen von Paris und bemühte sich unermüdlich, den Armen Gutes zu verschaffen, sie zu trösten und zu evangelisieren.

Drei Jahre darauf wurde sie gewissermaßen ein "ordentlicher Mensch", indem sie ihre Kusine begleitete, der soeben ein Krankenhaus anvertraut worden war. Sie übte weiter Nächstenliebe mit vollen Händen, nahm die undankbarsten Aufgaben auf sich und gab sich alle Mühe, daß die Armen ein wenig Trost empfingen, wobei sie ein intensives Gebetsleben mit nächtlichem Aufstehen, langem Gebet usw. führte.

An ihrem Lebensende war sie ganz von friedvoller Freude erfüllt. "Ich bin fast ein sorgloses Kind", sagte sie von sich selbst.

Oft betete sie über den Kranken und heilte sie, doch das verwirrte sie, und sie bestritt, die geringste Macht aus sich selbst zu haben.

So sehr sie sich durch ihre Überspanntheiten hatte hervortun können, so sehr versenkte sie sich in ihren letzten Lebensjahren in Sanftmut und Demut.

Sie starb mit sechsundfünfzig Jahren an einer Tuberkulose, die sie sich bei der Krankenpflege zugezogen hatte. Bei ihrer Beerdigung war das ganze Volk zugegen, und ihr Grab wurde lange wie das einer Heiligen besucht.

XIV
Des Teufels Part
Oder
Von der Faszination des Bösen
zur Faszination des Kreuzes

Freud und die jüdische Tradition der Mystik

Es ist undenkbar, selbst bei einem *Ilui*, im Jiddischen ein "geniales Kind", wie es das Genie in jeder Generation hervorbringt, aus dem Nichts eine so umfassende Lehre wie die Psychoanalyse zu ersinnen. Bereits einige der Exegeten Freuds haben nach dem Großvater des Vaters der Psychoanalyse geforscht. Es ist vielleicht nicht ausreichend darauf hingewiesen worden, wie jüdisch Freud in diesem erstickenden Milieu des Wiener Bürgertums war. Ein Jude, dem in seiner Haut nicht wohl war, doch Jude nach seiner Abstammung. "Der Mann mit den Statuen" sollte nur mit Juden umgehen und mit wenigen Ausnahmen nur mit Juden in Verbindung stehen. Was er jedoch sucht, ist nicht der Gott seiner Väter; sein Essay über Mose und den Monotheismus kommt einer grotesken Farce, einer Jugendsünde gleich. Was ihn an dem ashkenasischen Judentum, aus dem er hervorgegangen ist, faszinieren sollte, das waren dessen "Krankheiten", seine Perversionen, seine Häresien. Seine Welt des Aberglaubens, des *dibbuk*, Dämonen und Wunder der Zahlenalchemie, Faszination der Lilith, dieser Dämonin, die die Form aller Spukgestalten der Männer annimmt, um sie besser verführen und töten zu können. Gewisse magische, aus diesen geistlichen Abdriften stammende Elemente hat das Judentum als Beitrag zum Wohl des Volkes umwandeln und nutzbringend verwerten können. Nicht ohne Humor. So wird der Golem, ein Wesen aus Lehm, das nach einigen Beschwörungsformeln lebendig wird - einige Zeugen berichten, ein entsprechendes Phänomen in der tibetanischen Magie angetroffen zu haben -, der Golem wird eine sympathische, symbolische Figur, die bei Verfolgungen die Verteidigung der Juden übernimmt. Die jüdische Einbildungskraft läßt das magische Element vollkommen in sich aufgehen.

Hat Freud genauso viel Humor bewiesen, anders gesagt, hat er es verstanden, einen wohlwollenden Abstand zu den Verirrungen der Vergangenheit zu finden? In "Freud und die jüdische mystische Tradition", erschienen bei Editions Payot, zeigt David Bakan die Faszination des Wiener Arztes hinsichtlich der Verirrungen, des Pathologischen im religiösen Bereich. Bestimmte freudianische Themen stammen eindeutig aus dieser "perversen Folklore", die in den beiden Haupthäresien zu finden sind, welche das messianische Bewußtsein Israels, wie uns scheint, endgültig geprägt haben. Es handelt sich hauptsächlich um den Sabbataismus des Sabbatai Zvi, der zu allen von den kabbalistischen Kalenderberechnungen festgestellten Zeitpunkten "erschien" und sich zum Islam bekehrte, nachdem er seine Zeitgenossen in eine törichte messianische Erwartung mitgerissen hatte, in der beim Herannahen der "Parusie" alles verbrannt wurde. Bestimmte moralische, sexuelle Verirrungen von Zvi finden wir in einer anderen dämonisierten Strömung des Messianismus, bei Jacob Frank, wieder. Ich zitiere hier David Bakan: "Die Psychoanalyse als eine Verzerrung der Liebe: da liegt einer ihrer wesentlichen Züge." Alle Schriften Freuds sind von dieser paradoxen Einssetzung des Guten mit dem Bösen geprägt, sodaß deren übliche Polarität dadurch tatsächlich aufgehoben ist.

Um die geschichtlichen Vorgänger zu würdigen, die Freud in diesem Sinn haben beeinflussen können, werden wir eine Bewegung, die innerhalb des Sabbataismus unter der Führung von Jacob Frank entstanden war, sowie die mit ihr auftauchenden Lehren untersuchen, insbesondere die Lehre von der Heiligkeit der Sünde.

Wie Sholem[1] betont, wenn er die Hauptkennzeichen des jüdischen Mystizismus angibt: "...der Mystiker scheut sich nicht einmal zu folgern, daß in einem höheren Sinn eine Wurzel des Bösen vorhanden ist, sogar in Gott. Jedes Attribut des Gottesreiches stellt eine gegebene Etappe dar, das Attribut der Strenge und des unerbittlichen Gerichts inbegriffen, welches das mystische Denken mit dem Ursprung des Bösen in Gott verknüpft hat."

Die Lehre vom Bösen wurde von der These gestützt, nach der die heiligen Funken ausgestreut worden waren und die Menschen sich zur Sünde verleiten lassen mußten, um sie wieder einzusammeln. Die Idee von der Heiligen Sünde wurde vorherrschend: Das Heil käme

---

[1] Siehe Hinweise zur Literatur

durch die Sünde, und durch das Übermaß der entstünde eine Welt, in der es dann keine Sünde mehr geben würde. Frank hatte erklärt: "Ich bin gekommen, um die Welt von allen Gesetzen und Verordnungen zu befreien, die bis heute in Kraft sind."

Meint man hier nicht Freud selbst zu hören und das Echo seiner Stimme in vielen seiner Schüler? Alle diese Lehren sind eine Frucht der Gnosis, die entgegen ihrem Namen das Gegenteil einer tiefen, liebenden Kenntnis Gottes, besonders im Geist der Kindschaft, ist. Die Gnosis ist das Heil durch die Einweihung in ein geheimgehaltenes Wissen. In diesem Wissen aber verbirgt sich der Teufel. Gott, sagt er, kann sich nicht in seinem Wesen mitteilen, es sind nur Funken, Emanationen der Göttlichkeit, die mit ihm in Verbindung gebracht werden können. Und so werden die Menschwerdung und alle ihre Folgen geleugnet.

Die christliche Mystik ist sehr von der Menschwerdung geprägt, sehr sinnfällig: Gott ergreift den Menschen, weil er von Substanz zu Substanz mit ihm Gemeinschaft haben möchte; jeder Abstand zwischen ihnen stellt eine Art Niemandsland dar, das der Bereich der Täuschung ist - die Mystiker wissen das so gut! -, und der Teufel regiert in diesem Bereich, der den Schöpfer von seinem geliebten Geschöpf trennt, denn diese Trennung ist die Frucht der Empörung, des Hochmuts und der Sünde.

Der Teufel ist der Affe Gottes; Freuds Schriften zeigen uns seine Vorliebe für diese Art von Affen, die er wissenschaftlich erforscht (?). Die Behauptung, aus der Maßlosigkeit der Ausschweifung gehe das Gute hervor, ist eine Parodie der wahren Apokalypse; Gott muß wegen des Übermaßes des Bösen eingreifen. Die wesentliche Verdrehung besteht darin, zu behaupten, das Gute müsse mit dem Bösen gleichgesetzt werden, um es gleichsam zu sättigen und darüber hinauszugelangen. Was für eine abscheuliche Nachäfferei des Kreuzes, an dem Christus sich aus Liebe zur Sünde gemacht hat, die Sünde der Welt auf sich genommen hat! Der Mystiker kann, vor allem in der Nacht der Geistes, sagen: "Ich bin Sünde, ich bin mit der Sünde gleichgesetzt worden", aber er sagt das in einem derartigen Ergriffensein von Gott, daß es ihm in Wirklichkeit unmöglich ist zu sündigen, zumindest nicht schwerwiegend. Diese beträchtliche Zweideutigkeit hat zur Folge, daß sich bei passiven Reinigungen eine Psychoanalyse vollkommen verbietet. Man kann feststellen, daß Gott ein psychoanalytisches Verfahren schließlich hinreichend billigt, aber auf göttliche Weise, mit unendlicher Achtung, ohne dem Unbewußten Gewalt anzutun und indem er nur das an die Oberfläche kommen läßt, was der Patient ertragen kann, wobei er ihn so bis an die Grenzen seiner Kräfte prüft, mehr aber nicht.

Von der Verdammung zur Übertragung

Der Schlüssel zur psychoanalytischen Behandlung ist, wie jedermann weiß, die affektive Übertragung. Doch was wenige wissen, das ist der Ursprung dieser Entdeckung bei Freud. Sein Briefwechsel mit Pfister, einem protestantischen Pastor, offenbart ihn uns.
Freud war in Paris bei Charcot zur Zeit der großen hysterischen Theatralik, wo die Frauen zu festgesetzten Zeiten vor diesen mit Lorgnons versehenen Herren den Bogen und andere Überspanntheiten zustandebrachten. So war es Mode; heute ist dieses Phänomen so gut wie verschwunden. Das ist normal, niemand interessiert sich dafür. Freud verkehrte bei den Malern und Komponisten jener Zeit, und im Bewußtsein seines Wertes als Wissenschaftler fand er es ungerecht, daß seine Wissenschaft ihm nach dem Vorbild der Künstler, seiner Zeitgenossen, nicht mehr Erfolg bei den Frauen eintrug. Wie er zugibt, besitzen sie den Schlüssel zu den Herzen, und er nicht. Später sollte er ausrufen: Ich habe den Schlüssel zu den Herzen gefunden! Aber was hat er denn entdeckt, das ihm das weibliche Geschlecht zu Füßen legt? Er hat den Pakt mit dem Teufel studiert und einen Mechanismus entdeckt, den einer Übertragung: Gib mir deine Seele, und ich gebe dir alle Frauen, die du willst. Dieses "Gib mir deine Seele, und ich gebe dir die Gesundheit wieder" der Psychoanalyse ist keine harmlose Angelegenheit.
Freud hat uns also in eine beträchtliche Zweideutigkeit versetzt. In dieser künstlerischen Verschwommenheit der psychoanalytischen Sprache, die ihren Höhepunkt bei Lacan gefunden hat - in der Nähe des automatischen Sprechens oder der Glossolalie -, kann man das Gute nicht mehr vom Bösen unterscheiden, Sünde und Schuldgefühl nicht mehr von der Unschuld. Die Reinigung hingegen wird das Böse nicht leugnen, die Wissenschaft der Heiligen besteht ganz im Gegenteil genau darin, das Böse in sich zu erkennen... und ihm einen gnadenlosen Kampf zu liefern. Das Werk der Gnade verlagert die Probleme nicht, indem sie von Schuldgefühlen freispricht oder das

Individuum künstlich aufwertet, wie es gewisse "christliche" psychologische Methoden tun, sondern sie führt einen Vernichtungskrieg.

Im Hebräischen wird der Teufel Beelzebub genannt, *Baal Zevul*, wörtlich Herr der Fliegen. Das heißt, Herr der Zerstreuung, der Verwirrung. Das psychoanalytische Verfahren sollte immer komplizierter werden und Spezialisierungen schaffen, Schulen und Gegenschulen, in denen der Sinn des Lebens schließlich nicht endgültig beantwortet werden kann. Je tiefer hingegen die Mystik wird, umso einfacher macht sie die Person und umso weiter dringt sie in den Bereich des geistlichen Augenscheins vor, wo alles "geheimnisvollerweise" klar ist. Das Paradox des Menschen, der sich in seiner Endlichkeit verliert und sich im Unendlichen findet, der vor Lebenswillen stirbt und in der Annahme seines Sterbens das Leben findet, der sich auf seiner Suche nach Freiheit entfremdet und die absolute Freiheit findet, indem er sich ans Kreuz nageln läßt.

In der schwerwiegenden Entdeckung der Übertragung vollzieht sich ein Austausch, der allem entgegengesetzt ist, was man im mystischen Leben an Austausch findet, wo sich Schwaches in Starkes, Demut in Herrlichkeit, Verworfenheit in königliches Dasein, Leid in Freude und Sünde in Vergebung verwandelt. Daher ist es notwendig, sowohl die Sünde in der Schwäche des Sünders, als auch das Leid, sowohl den Hohn des Kreuzes als auch die Demut als solche anzuerkennen. Mit einem Wort, alles was die Verachtung Nietzsches und so vieler anderer vermehrte, die eine neue Größe für den Menschen suchten. Auf diesen Schrei der Philosophen vom Tod Gottes hat ein anderer Gott geantwortet, so leise, so "demütig", daß man ihn vernommen hat.

Die Psychoanalyse, die Analyse der Seele, sollte in diesem Austausch ihre Seele verlieren. Dem Teufel ist sein großes Taschenspielerstück, die große List gelungen, uns glauben zu machen oder zu lassen, daß es ihn gar nicht gibt, und für die ganze Welt ist Freud dafür der Bürge. Seither ist alles erlaubt, die Moral ist vollkommen relativiert. Aber nichts wird je neu erfunden. Ist es nicht Paulus, der zweitausend Jahre vor Freud erklärt hat: *"Alles ist erlaubt!... aber nicht alles baut auf"* (1 Kor 6,12). In der paulinischen Erfahrung, die eine mystische Erfahrung ist, steht das Christentum jenseits der so oft heuchlerischen individuellen und gesellschaftlichen Moral. Seine Ethik ist nur noch auf die himmlische Stadt ausgerichtet, auf das Gottesreich und sein Kommen durch den Leib Christi, dessen Glieder wir sind und der nicht durch die Einhaltung eines Moralkodex aufgebaut wird, sondern durch die Liebe. Alles ist erlaubt in der herrlichen Freiheit der Kinder Gottes, in diesem lichtvollen Seinszustand, der aus dem Leben in Gott ein Liebesspiel macht. Hier stehen wir jenseits der Versuche des Fürsten der Fliegen, die Sartre teuer waren, uns von der lieblichen Augenscheinlichkeit eines Gottes, der Kind und König ist, abzulenken, den uns der Vater in die Arme legen möchte, wie Er es mehrmals bei Catherine de Saint-Augustin tat, von der wir nun sprechen wollen.

Catherine de Saint-Augustin oder der passive Exorzismus

Der Weg, den wir durch diese Seiten zurückgelegt haben, erspart uns eine langwierige Untersuchung über Catherines Psychologie, und wir werden uns auch nicht in Vermutungen über den übernatürlichen Ursprung ihrer Visionen und ihren Handel mit der unsichtbaren Welt, besonders mit der Welt der Dämonen, verlieren. Die römischen Fachleute, die an ihrer Seligsprechung arbeiten, haben auf eine große seelische Ausgeglichenheit erkannt. Eine Dämonopathie - den Glauben, von Dämonen verfolgt oder besessen zu sein -, gibt es ebenso wie die Visionen, die nichts anderes sind als Halluzinationen in einem genau umschriebenen pathologischen Rahmen. Für diese Pionierin des Christentums in Kanada in dem so reichen 17. Jahrhundert, von dem wir in einer künftigen Biographie über Agnes von Langeac eine erklärende Übersicht geben werden, für diese so junge Pionierin stellt sich nicht einmal die Frage einer schwerwiegenden Pathologie. Dennoch war ihr ganzes Leben von Versuchungen, seltsamen oder bekannten Krankheiten und fast ständigen Belästigungen durch den Teufel geprägt.
Diese seltsamen Krankheiten, die plötzlich auftraten und ebenso plötzlich wieder verschwanden, lassen uns immer - wie ein moderner Parasit im Denken - an Hysterie denken, doch wenn es sich um die Pest handelt, die sich diese blutjunge Schwester auf dem Schiff zuzog, das sie in das Neue Frankreich brachte, stellt sich die Frage ihrer "spontanen" Heilung nicht mehr. Während der Phase dieser schrecklichen Krankheit, die tödlich hätte sein können, erschien ihr der Teufel und bedrohte sie und bestätigte auf diese Weise das, was ihre

Sendung werden würde, so wie die Dämonen, die Jesus folgten und schrien: Wir wissen, wer du bist, du bist gekommen, uns zu vernichten. Wir können sagen, daß Catherine alle die Dämonen auf ihre Seele zog, die die Diener Gottes bedrängten... Es schien, als wäre dieser Teil der Erde vollkommen dämonisiert worden. Es gab Massaker an Algonkinindianern durch Irokesen, und es gab Märtyrer unter den jesuitischen Missionaren, die das Land evangelisierten. Einer von ihnen, Pater Jean de Brébeuf, wurde vom Himmel her der Seelenführer unserer kleinen Heiligen, neben ihren irdischen Führern, darunter Pater Raguenau, der ihre Lebensgeschichte geschrieben hat.

Bevor wir von den Taten des Teufels bei dieser Dienerin Gottes und allgemeiner im mystischen Leben sprechen, ist es gut, Catherine "anzuschauen". Sie ist eine lebende Ableugnung der Lügen des Fürsten der Lüge, sie wird uns beruhigen und uns wie das Kind Therese, das den Teufel mit einem einzigen Blick in die Flucht schlug, und wie Marthe zeigen, daß ein junges Mädchen wie die heilige Marthe die "Tarasque", den Drachen, in Ketten legen und an ihrem Gürtel führen kann, der in der Symbolsprache auf Keuschheit und Herzensreinheit hinweist.

Catherine war sehr schön und anmutig, man liebte sie auf den ersten Blick und fühlte sich von ihr angezogen; die Vorfahren ihrer Familie weisen auf ein großes natürliches Gleichgewicht; sie war ein durch Abstammung und von Gott bevorzugtes Wesen, das eine große Kurtisane hätte werden können, eine Favoritin, sich jedoch früh die Frage stellte: Was ist Gottes Wille für mich? Gottes Wille für sie war, daß sie Kranke pflegte, daß sie sich völlig den anderen schenkte und nicht auf sich selbst sah. Mit sechzehn Jahren war es Gottes Wille, daß sie einem "Arzt ohne Grenzen"[2] ihres Zeitalters gliche und in ein Land reiste, das mindestens so gefährlich war wie der Libanon oder Afghanistan.

Überall wurde sie geliebt, die Kranken wollten nur von ihr gepflegt werden. Äußerlich war sie nichts als Strahlen und von einer Sanftmut, die sie sich durch die Unterdrückung ihrer für den Zeitgeschmack ein wenig zu überschwenglichen Lebensfreude erworben hatte. Ihre Tätigkeit zeigt Sinn für das Greifbare und einen stark entwickelten Wirklichkeitssinn, sie führt die Bücher, leitet das Kran-

---

[2] Französische Organisation für ärztliche Hilfe in Notgebieten

kenhaus und die Novizen usw. Ihr übernatürliches Leben war den Schwestern bis zu ihrem Tod vollkommen unbekannt, das bewahrt uns vor wenn auch nur unbewußt von ihr vorgetäuschten Gnaden, um sich zur Geltung zu bringen. Nur ihr Beichtvater wußte davon. Man kann sagen, daß die Gnaden einhergingen mit den Verfolgungen durch den Teufel und daß die größten Prüfungen begleitet werden von den schönsten mystischen Gnaden wie der mystischen Vermählung mit dem Geist und der geistlichen Hochzeit.

Durch die Belästigungen und die Ermüdung, die der Teufel verursacht, schwächt er gewisse psychische Funktionen, und auch der Wille wird geschwächt; im Heroismus der Tugenden liegt die große Möglichkeit, diese Störung zu beseitigen. Zum Beispiel führt die Versuchung zu fliehen, die Catherine und dem heiligen Pfarrer von Ars gemeinsam ist, dazu, das Urteilsvermögen zu trüben, sodaß man glaubt, das Fortgehen sei etwas Gutes; es ist daher ein heroischer Verzicht auf den eigenen Willen und das eigene Urteil nötig, um sich ins Wasser zu werfen, wie Franziskus in die Brennesseln. Catherine sollte ihrerseits ihre Schiffe hinter sich verbrennen und verbot sich durch das Gelübde der Ortsfestigkeit jede Rückkehr nach Frankreich. Wir müssen aber genau wissen, daß der Teufel auf seine Weise furchtbar gesetzlich und moralisierend ist, indem er die Werte umwertet. Jede Gesetzlichkeit ist ein bevorzugtes Feld für das Wirken der alten Schlange. Als der Bischof die Gelübde aufhob, um von vorn anfangen zu können, ging der Teufel daher wieder zum Angriff über und versuchte, Catherine davon zu überzeugen, daß Gott ihr eine neue Gelegenheit gebe, sich zurückzuziehen. Heroisch kettete sie sich an den Willen Gottes.

Die Einschüchterung des Teufels

Da hörte der Kampf gar nicht mehr auf. Wir wollen ihr zuhören und sie auf die Angriffe der Dämonen reagieren sehen[3]: *"Am ersten Tag der Exerzitien wurde ich von den Dämonen außerordentlich gepeinigt, und ich fühlte deutlich eine ganz außergewöhnliche Kraft von meinen heiligen Führern her. Weil ich bei diesen Heiligen häufig Zuflucht suchte und Vertrauen zu ihnen hatte, verhöhnten mich die*

[3] Siehe Hinweise zur Literatur

172

Dämonen tausendfach; indem sie mich unerträglicher Verwegenheit beschuldigten, und daß ich mir nur einredete, die Heiligen würden an ein so elendes Geschöpf, eine Sünderin wie mich denken, versicherten sie mir, jene selbst riefen in mir diese Täuschung hervor; und der Zerstörer der Herrlichkeit Gottes bezeugte mir mit großem Mitleid meine Verblendung, und scheinbar leidenschaftlich auf mein Wohl bedacht, sagte er einige Dinge zu mir."

Zweifelsohne gibt es ungute Kräfte, die sich Gottes Handeln und ganz allgemein dem Guten widersetzen. Alle Heiligen machen diese Erfahrung, und zwar durchaus vor dem Eintreten in die Nächte. In der Nacht des Geistes hat Gott dem Satan, wie im Buch Hiob, anscheinend freie Hand gelassen, oder, wie der heilige Paulus es ausdrücken sollte: *"Gott hat mir einen Satansengel gegeben, damit ich mich nicht überhebe"* (2 Kor 12,7). Der Teufel gibt sich nicht zu erkennen, bevor er nicht bedroht wird. Jeder Versuch in Richtung Heiligkeit wird systematisch unterlaufen. Das Schlüsselwort der Heiligung aber ist das Gebet. In der bildhaften Sprache der Apophtegmen sagen uns die Wüstenväter, sobald ein Mönch sich zu beten anschickt oder gute Vorsätze faßt, sich dem Gebet mehr zu widmen, tritt der Teufel mit allerhand Salben auf, die Schmerzen, Übelkeit und viele äußere oder innere Übel auslösen. Wir liegen ständig in einem geistlichen Kampf. Da wir das aber nicht wahrhaben wollten, sind wir am Ende dieses 20. Jahrhunderts zu den Übeln gelangt, die sich in der Gesellschaft und der Kirche ausbreiten und an welche das Zeugnis der Catherine de Saint-Augustin denken läßt. Es ist klar, daß eine solche Sichtweise zu einem neurotischen Konflikt führen könnte oder führt, wenn wir uns nicht auf die Wissenschaft vom Kreuz stützen, die die manichäische Seite dieses Konflikts tilgt. Durch das Kreuz sind wir Sieger, der Sieg liegt hinter uns: *"In der Welt müßt ihr leiden, aber habt Mut, ich habe die Welt besiegt"* (Joh 16,33). Der Sieg ist errungen. Die Wissenschaft des Heiligen soll darin bestehen, der Schwachheit Christi anzuhängen, der durch seinen Gehorsam gegenüber dem Willen des Vaters, durch seine Erniedrigung und seine Demut seinen Sieg auf ihn überträgt. Es gibt deshalb so wenige Heilige, weil nur sehr wenige imstande sind, die Versuchung auszuhalten und die Dämonen zu besiegen wie unsere kleine Heilige im Gefolge der Väter, die in die Wüste gingen, um die bösen Geister in ihrem Bereich herauszufordern. Sie waren ihrer nicht sicher, doch sie "wußten, an wen sie glaubten". In diesen Kampf kann man nicht ohne das Kreuz ziehen, ohne das Siegeszeichen, ohne diese beiden wie bei Mose ausgebreiteten Arme, die die Überlegenheit über die Amalekiter sicherstellten. Aber wer will heute vom Kreuz sprechen hören? Das geht wiederum auf eine moderne Psychologie zurück, die es als etwas Krankhaftes abweist, obgleich es doch die Heilung ist. Wie in seiner Vorform in der Wüste, wo alle, die von den giftigen Schlangen gebissen worden waren, geheilt wurden, wenn sie ihre Augen zu dem Symbol des Kreuzes erhoben. Solange das Leiden nicht angenommen wird, vernichtet es uns, solange wir nicht völlig in das Geheimnis der Schwachheit des Falles, der Sündenfälle, der Krankheit und des Todes eintreten, bewegen wir uns im Sinnlosen, das die Verzweiflung auslöst.

Bei der Niederschrift dieses Buches haben wir oft befürchtet, daß es einige erschrecken könnte, doch wie Pater Moliné sagt, müssen wir unbedingt "Mut zur Angst" haben. Der Teufel will Angst machen und damit jedes sinnvolle Beginnen lähmen. Wenn wir den Mut haben, den das Kreuz macht, dann verschwindet die Angst. Die Mystiker, deren Zeugnis ich habe zusammenstellen können, bekennen, niemals wirklich Angst vor den Besuchen des Feindes gehabt zu haben, sie haben vielmehr für ihre Seele gefürchtet und entsprechend reagiert. Je scheußlicher die Gestalt ist, in der der Teufel erscheint, umso weniger gefährlich ist er.

Wie wir gleich sehen werden, ist die durchtriebene Schläue mehr zu fürchten als die zerrbildhafte Maske. Der plumpe Angriff der Dämonen wird sehr schnell entlarvt. Die Theologie lehrt es uns, der Teufel wirkt in seinen Beeinflussungen, die bis zur Besessenheit gehen können, hauptsächlich auf die Phantasie und das Gedächtnis ein, um eine Furcht hervorzurufen, die fürchterlicher ist als der Schrecken. Die Eindrücke, die Catherine in dem eben angeführten Text beschreibt, treiben sie dazu, die für ihr Leben und ihren Kampf grundlegendsten Werte umzukehren. Eine wahrhafte Einschüchterung, die die Werte umkehrt. Hier wird Gottes Barmherzigkeit, der Wert jedes Wesens in den Augen Gottes, verhöhnt. Der Teufel bedient sich gerechter Argumente, doch Gott ist nicht gerecht, weil Er nicht nur gerecht ist: Er ist barmherzig. "Du bist unwürdig, du bist anmaßend, du läßt dich auf einen Kampf ein, der dich überfordert, du bist nicht gesund genug zum Beten, kümmere dich erst um die Armen, dann bete, deine Fehler sind so zahlreich! Die Gnaden, die du empfängst, sind also Täuschungen, denken wir doch logisch", wiederholt der

Teufel. Er ist es auch, der in uns den Abscheu vor den Menschen hervorruft, die uns am meisten Gutes tun können oder die wir besonders schützen müssen. Nicht selten kommt es vor, daß ein Novize seinen Vater Novizenmeister "nicht mehr sehen kann", der allein ihn aus diesen Versuchungen herausbringen kann, es gibt Obere, die sich über den oder die "ereifern", die bereits schwach und der Versuchung ausgesetzt sind. Die Erfahrung lehrt uns, die Pläne dieses Taktikers zu vereiteln, dessen Methoden, obgleich unendlich veränderlich, in ihren grundlegenden Prinzipien doch unveränderlich sind.

Man wird einwenden können, daß dies alles der menschlichen Natur entstammt; wir erwidern darauf, daß der Teufel in Richtung der verletzten und pervertierten Natur vorgeht. Wir können nicht daran zweifeln; denn ohne dem Teufel alles anrechnen zu wollen, was ein weiterer Triumph für ihn wäre, um die Mystik herabzusetzen, man denke beispielsweise an die Epidemien von "Bessessenheit", muß doch anerkannt werden, daß in den Nächten nicht alles allein den pathologischen Tendenzen des Betroffenen zugeschrieben werden kann. Die Meute der Katzen, die Louise du Néant auf der Straße folgten und ihr das Ansehen einer Hexe eintrugen, stand sie nicht unter dem Einfluß einer unguten Kraft? Tiere sind in der Tat sehr empfänglich für die übernatürliche Welt.

Wir haben es selbst festgestellt, jener Ordensbruder, der mit uns gelebt hatte und sich für verdammt hielt, stieß jedesmal, wenn er seine Bibel öffnete, auf Texte über Verrat oder Verdammung. Bei der Beschreibung der von uns erörterten Nächte haben wir bestimmte Einzelheiten außer acht gelassen, um den Bereich nicht zu unübersichtlich werden zu lassen. Es liegt auf der Hand, daß zum Beispiel die Krise der Skrupel des heiligen Ignaz von der Wut des Teufels verstärkt wurde; einige Tatsachen in seiner Lebensbeschreibung passen nicht zu seinem psychischen Profil. Viele Ängste in den Nächten sind seiner Agression zuzuschreiben, die abschreckend wirken sollen: Wenn du so weitermachst, wirst du verrückt; du siehst, es fängt schon an.

Catherine hat nie mit dem Teufel diskutiert, sie hat sich auch keinerlei aufregenden exorzistischen Sitzungen ausgesetzt. Wenn sie, wie die Wüstenväter es taten, hunderte von Dämonen auf sich zog, so schlug sie sie durch die Tugenden in die Flucht, vor denen der Fürst der Dämonen einen Abscheu hat: kindliche Liebe, Demut, Gehorsam,

Hingabe und Gottvertrauen. Ich glaube, der beste Exorzismus, außer im Fall einer förmlichen Bessessenheit, wie sie nach einem Bündnis, das heißt nach der bewußten Aufgabe des Willens auftritt, der beste Exorzismus besteht darin, den Platz für die Dämonen unbewohnbar zu machen. Also passiver, wirksamer Widerstand. Gern würden wir noch bei der so anziehenden Persönlichkeit von Catherine verweilen, aber wir haben genug zu dem Thema gesagt. Wir wollen nochmals bemerken, daß niemand allein unterscheiden kann; schon im ersten Abschnitt des geistlichen Lebens ist die Anwesenheit eines Führers notwendig, und sie wird rasch unentbehrlich.

XV
Der kleine gewöhnliche Weg
und
Entsprechungen der Nächte

Herr, nicht sinnet Hoffart mein Herz,
nicht erheben sich stolz meine Augen.
Nach großen Dingen jage ich nicht,
nach Dingen, die mir zu hoch.
Schweigen lehrte ich meine Seele,
und ich schaffte ihr Frieden.
Wie ein Kind auf dem Schoß der Mutter,
wie ein Kind, so ruht meine Seele in mir.

Ps 131

Einige werden von den furchtbaren Nächten, die wir eben beschrieben haben, etwas verwirrt sein.

Sie werden sich kaum oder gar nicht betroffen fühlen. In der Tat, so wie die großen mystischen Verzückungen, die Visionen und Stimmen nicht für alle gelten, sind auch die überwältigenden, niederschmetternden Nächte nicht allgemein verbreitet. Dagegen ist es wichtig zu wissen, daß niemand am Kreuz vorbei kommt.

So geschieht dann Gottes Arbeit an den Herzen mehr im alltäglichen Leben, bei den scheinbar gewöhnlicheren Prüfungen. Darin besteht das ganze geistliche Vermächtnis unserer kleinen Schwester Therese vom Kinde Jesu.

Auf die Frage, welchen Weg sie die Seelen lehren möchte, antwortet sie ohne Zögern:

"Den Weg der geistlichen Kindschaft, das ist der Weg des Vertrauens und der vollkommenen Hingabe...[1] Was dem lieben Gott an meiner Seele gefällt, ist, daß ich meine Niedrigkeit und Armut liebe, das ist die blinde Hoffnung auf seine Barmherzigkeit... dies ist mein einziger Schatz, warum sollte es nicht auch Ihrer sein?"[2]

---

[1] Siehe Hinweise zur Literatur
[2] Siehe Hinweise zur Literatur

In ihrer Selbstbiographie erklärt sie: "Ich will das Mittel suchen, um auf einem kleinen, ganz geraden, ganz kurzen Weg, einem ganz neuen kleinen Weg in den Himmel zu gelangen."

Warum ist die kleine Therese auf der ganzen Welt die meistverehrte Heilige? Weil ihr kleiner Weg der Kindschaft für alle ist. Für die großen Mystiker wie für jene, die weniger überwältigende, weniger eindrucksvolle Gnaden haben, für die, denen Gott den vielleicht besten Teil schenkt: *"Selig jene, die nicht sehen und doch glauben!"* (Joh 20,29)

Wir befinden uns im Bereich der Weisheit der Liebe. Sie ist es, die das Spiel spielt, ein Liebesspiel, barmherzig, doch ohne Kompromiß mit der Sünde.

Die Reinigung kann also in ein scheinbar gewöhnliches Leben eingebettet sein: Gott setzt nicht alle Seelen, die er reinigt, in ein Treibhaus, wie man glauben könnte, wenn man den heiligen Johannes vom Kreuz liest, wo der Mensch so sehr von diesem schmerzhaften Zweikampf zwischen dem in ihn eindringenden Licht und der in ihm wohnenden Sünde beansprucht zu sein scheint. Diese Beschreibungen sind aufregend und sehr interessant, aber man hat Mühe, sie in der alltäglichen Wirklichkeit unterzubringen.[3]

Die Weisheit Gottes zeichnet sich dadurch aus, daß sie Ereignisse und Menschen benutzt, um seine einzige Absicht zu verwirklichen: uns zur Verwandlung der Liebe zu führen.

Marthe Robin pflegte zu sagen, daß wir in der Taufgnade alles Nötige empfangen, um uns auf dieser Erde mit Hilfe all der Ereignisse zu heiligen, die die Vorsehung an unseren Weg stellt, sofern wir sie in der Aufopferung leben. Das Fegfeuer ist eine zusätzliche Erfindung der Barmherzigkeit. Normalerweise sollte sich für jeden Getauften die Reinigung auf Erden vollziehen und der Tod uns geradewegs in den Himmel führen.

So wird das Handeln Gottes im allgemeinen von dem Schleier der Schlichtheit verhüllt. Dieses Handeln kann sich dem Blick der Umgebung entziehen und auch dem Blick dessen, der ihm ausgesetzt ist. Äußerliche Schwierigkeiten, Verfolgungen, Sünden, Ängste und Erniedrigungen sind jeweils Gelegenheiten zu hoffen und zu lieben, und wenn der Mensch richtig hingegeben ist, wird die Reinigung ebenso gründlich und rasch vor sich gehen wie in einer Nacht des Geistes.

[3] P. Marie-Eugène, "Ich will Gott schauen"

So kann man mitten in den verborgensten Lebensläufen Entsprechungen zu der Nacht des Geistes entdecken.
Einige davon wollen wir anführen.

Entsprechungen der Nächte

Die Depression in der Trauer

Trauer, der Verlust eines teuren Wesens kann auch die Gelegenheit einer Anrührung der Nacht des Geistes sein. Oft überfallen den Menschen bei solchen Gelegenheiten Verzweiflung, Zweifel oder Empörung. Man hat den Eindruck, als stürze alles ein, als verrate uns Gott, man fühlt sich von Gott und dem geliebten Menschen verlassen. Es gibt eine Parallele zwischen Trauer und Melancholie: derselbe schmerzvolle Zustand der Seele, derselbe Verlust des Interesses an der äußeren Welt, dieselbe Unfähigkeit, jemand anderen als den Menschen zu lieben, den man verloren hat, dieselbe Unfähigkeit, etwas zu unternehmen, das die Erinnerung an den Toten verblassen lassen könnte. Die Zukunft ist verschlossen, blockiert. Dadurch verliert man den Appetit und schläft nicht mehr. Manchmal befällt einen die Traurigkeit bis zur völligen Entkräftung. Dieser Zustand, der nichts Krankhaftes an sich hat, kann als etwas angesehen werden, das der Anrührung einer Nacht des Geistes entspricht, als eine Entsprechung, die alle Sterblichen durchmachen, ob sie nun gläubig sind oder nicht.
Bei einem bereits fest in Gott verankerten Menschen kann Trauer die Gelegenheit zu einer eingehenden Reinigung bedeuten.
Eine junge Mutter, die gerade unter tragischen Umständen ihr erstes Kind verloren hatte, vertraute mir an: *"Ich kann nicht mehr in die Messe gehen, ich kann nicht mehr von Opfer reden hören. Das Blut, das geopferte Lamm, die Hostie, alles ekelt mich an. Das einzige, was mich hätte stützen können, ist für mich unerträglich geworden. Ich verknüpfe alles das mit der Erinnerung an mein eigenes Kind, wie es in seinem Blut schwamm. Jesus am Kreuz ruft in mir eine unerträgliche Erinnerung wach. Ich empöre mich gegen Gott, besonders Gott den Vater; Ihn halte ich für verantwortlich. Warum hat Er das zugelassen?*
Kürzlich habe ich Ihn das gefragt, und als ich meine Bibel aufschlug,

bin ich auf einen furchtbaren Abschnitt gestoßen: 'Du hast gesündigt, darum sind deine Kinder durch das Schwert umgekommen' (man muß beim Öffnen der Bibel manchmal vorsichtig sein, nicht immer ist es Gott, der antwortet, das haben wir in der Nacht des Geistes oft festgestellt). *Ich war verzweifelt, Gott erschien mir grausam. Ich habe zu Ihm geschrien, aber nichts, kein Trost, ich hatte Lust zu heulen, mich zu töten, um wieder bei meinem Kind zu sein, dem Fleisch von meinem Fleisch. Dann habe ich Gott zugesetzt: Das ist unmöglich, mein Gott, du bist kein Peiniger, komm und beweise mir deine Liebe, ich kann ohne das nicht weiterleben.*

Tags darauf wurde im Fernsehen 'Jesus von Nazareth' von Zeffirelli gezeigt, und ich habe ihn bis zu Ende angesehen. In dem Augenblick, als die ganz schwarz gekleidete Maria den schlaffen, blutigen Körper ihres Sohnes in die Arme nimmt, bricht sie in lautes Weinen aus. Ihr Gesicht ist von Tränen und dem trommelnden Regen des Gewitters überströmt, das über Golgota ausgebrochen war. Alles ist dunkel und ergreifend schön. In diesem Schrei der Jungfrau Maria habe ich mich wiedererkannt, ich habe über sie, über mich und über 'unser' totes Kind geweint. Ich habe geweint, wie ich bis dahin nie habe weinen können, dann ist alle Empörung verschwunden, wie weggeschmolzen und von dem Tränenstrom weggeschwemmt. Seitdem erfüllen mich unsäglicher Friede und Freude. Ich weiß, daß mein Kind in der Herrlichkeit ist. Das ist natürlich eine Glaubensgewißheit, aber sie ist so stark, daß ich nicht einmal mehr bedauern kann, was geschehen ist.

'Sagt nicht: Er gibt und Er nimmt, Er gibt und gibt nochmals, Er hat alles gemacht bis auf das Böse und den Tod, und alles, was Er gemacht hat, hat Er uns geschenkt'. Kennen Sie dieses Lied? Es ist mein Loblied auf den Herrn geworden.

Mein Mann und ich haben schnell ein zweites Kind bekommen, das zwar offensichtlich das erste niemals ersetzen kann, aber nun haben wir zwei Kinder: eins im Himmel und eins auf der Erde. Gott hat uns nichts genommen, Er hat uns noch mehr beschenkt."

Dieses hoffnungsvolle Zeugnis läßt daran denken, wie weit die Reinigung, die Prüfung der Hingabe und des Glaubens an Gottes Liebe sogar mitten in der Trauer gehen kann. Das kann wirklich als eine Anrührung der Nacht des Geistes gelten.

Das Alter

Das Greisenalter kann ebenfalls als eine Entsprechung einer Nacht angesehen werden, vor allem einer Nacht der Sinne, in der uns alles genommen wird: körperliche Kraft, Schönheit, Gesundheit, das Hör- und Sehvermögen, die bloße Bewegungsfähigkeit. Alles nimmt ab. Es ist die Dämmerung des Lebens, die uns auf die große Shabbatruhe vorbereitet.

Aber auch Nacht des Geistes: Es kommt nicht selten vor, daß Greise in starker Depression versinken. Wer könnte das Leiden all der kleinen Alten beschreiben, die man in sich selbst verkrochen und mit nickendem Kopf stundenlang auf ihrer Bank in den Gärten unserer Altersheime sitzen sieht.
Das ist eine neue Tatsache, eine Tatsache unserer Zivilisation. Wir "parken" nicht nur unsere Geisteskranken, wir "parken" auch unsere Kranken mit zerebralen Bewegungsstörungen und unsere Alten. Kein Platz für sie in einer Gesellschaft, in der Gewinnträchtigkeit und Leistungsfähigkeit bis zur Abgötterei gepflegt werden. Und da sitzen unsere Großväter und Großmütter und sterben vor Einsamkeit. Sie sind nicht mehr ganz richtig im Kopf, wird man sagen, sie machen sich das nicht einmal klar. Das ist schnell gesagt. Welchen Blicken voller Not begegnet man nicht bei ihnen? Die glänzendsten, die verführerischsten unter ihnen sind zum Nichts geworden: *"Keine Gestalt besaß er und keine Schönheit... verachtet und von den Menschen gemieden"* (Jes 53,2-3), so werden auch sie, gleich was sie früher erlebt haben mögen, mit dem Leiden vertraut.
Zuweilen taucht ein bestimmter, in ihrer Jugend schlecht beherrschter Wesenszug zerrbildhafthaft wieder auf. Man findet sie griesgrämig und zänkisch und läßt es sie spüren.
Andere fühlen sich dadurch erniedrigt, daß sie den Harn nicht halten können; sie machen Arbeit, eine sehr undankbare Arbeit, muß man zugeben, also werden sie nicht immer mit der nötigen Sanftmut und Zärtlichkeit behandelt, die für sie notwendig wäre. Sie sind im Weg und wissen es, sie warten auf den Tod, und paradoxerweise gibt die Medizin sich alle Mühe, ihr Leben zu verlängern. Gott macht sich alles zunutze; vielleicht hat unsere Welt diese unzählbare Schar von Lämmern nötig, die wie lauter stumme Schafe zur Schlachtbank geführt werden, ohne den Mund aufzutun. Und wenn es für einige

schwierig wird, sich zu opfern, dann können wir es immer noch an ihrer Stelle tun.

Das Greisenalter ist das Alter der Passivität, darin ist es wirklich im eigentlichen Sinne kontemplativ. Diese letzte Wegstrecke ist hinsichtlich der Liebe ein zweites goldenes Zeitalter, das noch tiefer ist als die frühe Kindheit, sollte Pater Thomas Philippe sagen. Der Greis hat in dieser Welt nichts mehr zu hoffen, darum können seine Ängste nur in die Hoffnung auf Gott einmünden. Es gibt keinen Raum mehr für die Betonung des Willens, die Liebe beherrscht alles, es ist das Alter des Heiligen Geistes.

Wieviele Menschen sehen sich so nach einem fern von Gott verbrachten Leben in ihren letzten Jahren angesogen, um dem Arbeiter der elften Stunde gleichgemacht zu werden. Alles das geschieht aber nicht ohne Kampf, Leid und Agonie.

So kann das Alter die Rolle einer im vollen Sinne reinigenden Nacht spielen, ganz abgesehen von den Todesängste, die selbst bei den Gläubigsten ständig da sind.

Rein pathologische Fälle und ihr Anteil an der Nacht der Welt

Und was ist zu diesen Millionen Männern, Frauen und Kindern zu sagen, die in der Hölle ihrer Psychosen eingeschlossen sind, oft zum Ausschuß gerechnet, zurückgewiesen und durch die Macht der Ereignisse stets unverstanden? Was machen wir aus ihren Leiden, aus dieser unvorstellbar großen Summe an Schmerz, den sie leiden? Wir müssen uns dessen bewußt werden, der Psychotiker leidet. Man kann die Äußerungen des Deliriums und der Störungen dank der Medikamente wohl mildern, doch die quälende Angst bleibt.

Eine junge Schizophrene vertraute mir an, daß die Angst unter den Neuroleptica nicht weggeht, sie bleibt ebenso beißend wild und ist lediglich mit einem Maulkorb versehen worden, sie kann sich, was noch schlimmer ist, nicht mehr nach außen ausdrücken, ganz abgesehen von der Erniedrigung, daß man den Verstand verloren hat und es weiß; das ist vielleicht die größte Erniedrigung, die ein menschliches Wesen erfahren kann.

Zugleich hat der Psychotiker etwas Faszinierendes, eine Art stillen Einverständnisses mit der geistigen Welt. Zu Recht sprechen die Psychiater von der "psychotischen Intuition". Das einzige Problem dabei ist, daß dieses Einverständnis ohne Unterscheidung bleibt, es ist ebenso auf die geistige Welt der Finsternis wie auf die des Lichts gerichtet. Es geschah vielleicht nicht ohne Grund, daß Jesus bei so vielen armen Geisteskranken exorzistisch vorgegangen ist.

Es ist darum nicht weniger richtig, daß bestimmte Psychotiker echte mystische Erfahrungen machen. Als ich als Interne in einer Einrichtung für autistische Kinder arbeitete, vertraute man mir eine kleine zwölfjährige Nordafrikanerin an, Malika. Sie war im höchsten Grad psychotisch und vollkommen unzugänglich, biß und kratzte wütend jeden, der es wagen sollte, ihr nahezukommen. Ihre einzige Tätigkeit bestand darin, Kieselsteine und Würmer vom Hof zu essen, was dazu geführt hatte, daß man sie grausam "das Huhn" nannte. Sie rief nur Ekel und Abwehr hervor. An diesem Fall verzweifelnd, setzte ich mich eines Tages etwas entfernt von ihr hin und begann zu beten. Anfangs nahm sie überhaupt keine Notiz von mir, wiegte sich vor und zurück und schlug mit dem Kopf gegen die Wand. Ich fuhr fort, dem Himmel Gewalt anzutun, flehte, daß diese kleine Seele sich der Gnade öffnete, denn nichts anderes konnte sie mehr erreichen. Plötzlich hörte sie auf, sich zu wiegen, schaute mich an und lächelte lange. Ihr Gesicht strahlte, ein außerordentlicher Friede ging von ihr aus, dann hob sie die Augen mit demselben Lächeln zum Himmel auf. Ich begann, sie schön zu finden, ich glaube, es war etwas Ekstatisches in ihr, so stark war in diesem Augenblick die Gegenwart Gottes. Drei Wochen später wurde sie in den Himmel geholt.

Keine Seele ist unwiderruflich dem Göttlichen gegenüber verschlossen. Darum soll man nicht zögern, die psychiatrischen Kreise zu evangelisieren, ihnen, solange es noch möglich ist, durch das Wort oder durch die einfache Gegenwart von Liebe und Gebet den Herrn zu verkündigen. Möge der Herr bei seinem Kommen nicht sagen müssen: "Ich war in der psychiatrischen Klinik, und ihr habt mich nicht besucht." Umso mehr, als die Öffnung für das Geistliche zur Besserung oder sogar zur Heilung beitragen kann.

Wie bei jener jugendlichen Hebephrenen, das heißt höchstgradig Schizophrenen, die entkräftet auf ihrem Bett gelegen, sich verschmutzt und keinerlei Kontakt mehr mit ihrer Umwelt gehabt hatte, von einer kontemplativen christlichen Gemeinschaft aufgenommen wurde und eine wahre Auferstehung erfuhr. Mit dem Abstand von nunmehr fünfzehn Jahren kann man sagen, daß trotz einer bleibenden psychischen Schwäche bei ihr kein Zeichen von

Autismus mehr übrig geblieben ist: Sie ist im Gegenteil ganz aufge-
schlossen und voller Hingabe, und ihr geistlicher Weg ist darüber
hinaus recht eindrucksvoll. Alle halten sie in ihrer Armut für eine
Heilige.

Nicht alle Psychotiker haben diese Gnade, doch für Gott ist nichts
verloren, kein Leiden ist sinnlos, alles wird unaufhörlich wiederauf-
genommen und wieder ausgerichtet in diesem sehnlichen Bemühen
der Liebe, das wie eine Grundsee das ganze Elend der Welt fortzu-
tragen versucht. *"Mich dürstet"* (Joh 19,28), dieser Schrei Gottes
dringt bis zu uns, bis ans Ende der Zeiten. Gott hat Hunger und Durst
nach Liebe; im Herzen jedes Schizophrenen liegt Gott in Agonie.
Welche Gnadenschätze halten alle diese in den Augen der Menschen
scheinbar verdorbenen, nutzlosen Leben für uns bereit. Wenn ich an
den Betonmauern irgendeiner "Psychoklinik" entlanggehe, denke
ich gern: Sie sind die Säulen der Welt, durch ihr Leiden haben sie sich
mit der ungezählten Schar der Geweihten verbunden, die sich freiwillig zurückgezogen haben, von der Welt zurückgezogen, um sie zu
retten.

Diese kurze Erinnerung an einige Entsprechungen der Nächte ist
nicht vollständig; es könnten noch viele andere angeführt werden.
Körperliches Leiden, Scheitern in der Liebe, Gefängnisstrafe, beruf-
liche Schwierigkeiten oder Familienprobleme können entsprechend
der Art, wie sie erlebt werden, jeweils als Anrührungen der Nächte
des Geistes angesehen werden: Dies ist der Realismus der Menschwerdung.

XVI
Anhaltspunkte

Nach der Aussage des heiligen Johannes vom Kreuz und der Teresa von Avila ist kein Wort imstande, jemandem, der in die Finsternis eingetaucht ist, wirklich Trost zu spenden. Weder die Analyse dessen, was er durchmacht, noch die Verneinung dessen, was er glaubt, kann ihn aus seiner Verzweiflung herausholen, im Gegensatz zu dem, was sich in der Nacht der Sinne abspielte, wo die Aufklärung, etwa durch einen Seelenführer, Erleichterung und Trost brachten. Es hat sich nämlich der Zweifel eingeschlichen und taucht die Seele ganz und gar in sich ein, und da im Kern dieser Verzweiflung das Gefühl, von Gott abgewiesen - verdammt - zu sein, sitzt, wird jedes Argument bezüglich einer positiven geistlichen Deutung der Prüfung verdächtig.

Was nun? Was kann helfen?

Bleibt der Gehorsam. Ein Seelenführer hat das volle Recht, bestimmte Verhaltensweisen vorzuschreiben, selbst wenn bei dem Betroffenen keinerlei Zustimmung des Herzens in dieser Hinsicht zu spüren ist; er kann ihm eine mächtige Hilfe sein.

Aber sie ist nicht immer möglich. Es gibt Seelen, die bis zum Verlust ihrer Gehorsamsfähigkeit geprüft werden - gehorsame Seelen, die sich bis dahin als fügsam erwiesen hatten. Dies war zum Beispiel bei der Seligen Maryam d'Ebeline der Fall. Übrigens ist das Gefühl göttlicher und menschlicher Kindschaft fast immer erschüttert. Marthe Robin sagte in ihrer großen Prüfung, daß sie nicht einmal mehr einsah, was das Wort "Vater" bedeuteten könnte.

Und doch, in Getsemane hat Jesus seine Freunde, seine Vertrauten zur Hilfe geholt, er hat Gesellschaft, Unterstützung und Trost bei ihnen gesucht. Sie haben es nicht begriffen, so sehr ging das über sie hinaus. Darum mußte der Vater Jesus einen tröstenden Engel senden. Gnade der Stellvertretung? Sicherlich. Petrus, Jakobus und Johannes hätten die tröstenden Engel sein sollen und müssen.

Am Tag darauf sollte Johannes am Fuße des Kreuzes zusammen mit den heiligen Frauen diese Aufgabe erfüllen. Er hatte schon bei dem letzten Mahl diesen Dienst des Tröstens auszuüben begonnen und zweifellos auch schon viel früher. Es handelt sich um eine tiefe

Einstellung des Herzens, das sich ganz nahe und zugleich sehr zurückhaltend bei dem hält, dessen Seele leidet. Sicherlich eine Einstellung des Herzens, die sich aber bis in einer keuschen Zärtlichkeit in Gesten, Blicken und Worten ausdrückt. Mitten im Drama des Verrats durch Judas *"lag bei Tisch an der Brust Jesu der, den Jesus liebte. Simon Petrus winkte ihm zu und sagte: 'Frage, wer es ist, von dem er redet.' Dieser lehnte sich darauf an die Brust Jesu"* (Joh 13,23-25).

Daher sind "kleine heilige Johannesse" und auch "heilige Frauen" nötig, marianische Seelen, um dem, der eine Nacht des Geistes durchmacht, ein wenig Erleichterung zu verschaffen. Kinder mit reinem, schlichtem Herzen, die nicht unbedingt verstehen, die aber da sind und Beistand leisten, denn es handelt sich wirklich um eine Durchbohrung des Herzens. Hier muß angemerkt werden, daß der heilige Johannes der einzige Evangelist ist, der die Episode mit dem Lanzenstich berichtet, durch den das Herz Gottes geöffnet wurde, und der die ganze Tiefe dieses Vorgangs geahnt hat.

Freunde sind nötig, die bereit sind, alles aufzunehmen, alles in ruhiger Verfügbarkeit anzuhören, und doch zugleich bei dem Leiden des anderen mitschwingen.

Wenn der geprüfte Mensch spürt, daß er das geringste Mißtrauen oder einen Verdacht einflößt, verschließt er sich wieder, und seine Qual wird nur umso größer. Schließlich gibt es auch Freunde, die weiter gegen alle Hoffnung hoffen und anstelle dessen, der sich nicht mehr selbst darbieten kann, auf den Herrn schauen.

Nachdem wir das Zeugnis dieser "Die-Passion-durchlitten-Habenden", wie der christliche Osten sie nennt, gesammelt haben, wollen wir versuchen, ganz schlicht einen kleinen "Führer der Verirrten" zu formulieren.

Ein günstiges Klima aufrechterhalten

Diese Grundregel entgeht uns Neunmalklugen. Ein günstiges Klima fördert die Heilung bei jedweder Krankheit. Das trifft auch für die geistliche Ebene zu. Der Geprüfte wird in seinem Kloster oder in seiner Umgebung zu einem Aussätzigen. Man beklagt ihn, erweist ihm Mitleid oder Nachsicht. Wir müssen glauben und bezeugen, daß die Prüfung immer nur eine Weile dauert!

Kleine aufmunternde Sätze wie die folgenden helfen viel:
"Keine Nacht ohne Morgen",
"Nach der Dunkelheit kommt das Licht",
"Gott stellt nur die auf die Probe, die Er liebt".
Wenn man sich verletzt, hat man oft den Eindruck, als wolle das Fleisch nicht heilen, während schließlich nicht einmal eine Narbe übrig bleibt. Das gilt genauso für das Innere, wenn auch alles viel langsamer geht; also Geduld!

Das Jetzt der Prüfung

Jeder Tag muß für sich betrachtet werden. Wenn man die Summe der Tage und ihre Abfolge betrachtet, werden das Leiden und die Verzweiflung nur vergrößert. Man besitzt die Kraft zu leben an jedem Tag einzeln. Jeden Morgen hat man die Kraft, es bis zum Abend zu schaffen, selbst wenn das Leben insgesamt als Hölle erscheint.
Zwei Brüder waren Einsiedler. Das war ihre Berufung, doch sie wurden stark geprüft und hatten gegen den Ort, an dem sie lebten, einen Widerwillen entwickelt, was durchaus nicht ungewöhnlich ist. Jeder der beiden Brüder sagte: Gehen wir, und der andere antwortete: Einverstanden, morgen gehen wir. Was sie bis zu ihrem Tode täglich fortsetzten; oder bis die Prüfung zu Ende ist.

Die verborgene Gegenwart Gottes

Was wir jetzt sagen wollen, richtet sich nicht nur an Geprüfte, sondern auch an die Schlichten im Geist, geistig Behinderte usw. Gott ist immer gegenwärtig, sonst wären wir tot. So können wir den Geprüften aufgrund dieser Gewißheit helfen. Sie werden Ihnen sagen, sie seien vollkommen von Gott getrennt, doch sprechen Sie zu ihnen von Gott, dann tun Sie ihnen etwas Gutes.
Nie darf jemand als ein rein pathologischer Fall angesehen werden: Gott lebt in ihm und verlangt nur danach zu wachsen. Die Kranken sind unsere Herren, die Helfer der "Arche" wissen das genau wie die Christen, die in psychiatrischen Kliniken arbeiten.

Sicherheit der Diagnose – nicht vorschnell von einer Nacht sprechen

Welche Ratschläge kann man nun genau und anschaulich geben, um einen Menschen zu begleiten, der eine Nacht des Geistes durchmacht?

Zuallererst muß eine sichere Unterscheidung getroffen werden: Eine Nacht des Geistes tritt nicht bei jedem beliebigen auf, selbst wenn der Herr wegen der Dringlichkeit der Zeiten einige Wegstrecken überspringt. Bei diesen Menschen hat immer eine vollkommene, rücksichtslose Selbstübergabe stattgefunden, und es besteht bereits eine fortgeschrittene geistliche Reife. Hier kann man das anwenden, was ich den Filter der drei Gelübde nenne. In welchem Stand er auch lebt, jeder Christ ist berufen, sich in den Tugenden der Armut, des Gehorsams und der Keuschheit zu vervollkommnen. Daher muß zurückblickend geprüft werden, wie es in dieser Hinsicht mit dem Betreffenden auf seinem Weg vor der "Krise" bestellt war. Vielleicht ist der Geist des Gehorsams am einfachsten abzuschätzen.

Wenn die gesamte karmelitische Tradition die Nacht des Geistes in die sechste Wohnung der Teresa von Avila verlegt, das heißt auf den Zeitpunkt kurz nach der Vereinigung des Willens, geschieht das nicht ohne Grund. Es ist dabei eine Zustimmung des Herzens nötig, eine schon recht beispielhafte kindliche Unterordnung, um bei jemandem eine Nacht des Geistes hervorzurufen. Es wird auch nötig sein, Einblick in sein Gebetsleben, seine apostolische Ausstrahlung und schließlich seinen Großmut zu nehmen, um nicht irrezugehen und eine einfache Depression oder eine rein pathologische Entgleisung als Nacht des Geistes zu behandeln. Die ganze Untersuchung muß sich auf das Vorausgegangene richten, denn in dem Augenblick, in dem das Drama ausbricht, wird natürlich alles umgeworfen, und es ist eher die Kehrseite der Medaille, die sich unseren Augen bietet – Empörung, Geist der Unabhängigkeit usw.

Ist die Diagnose einmal gestellt, bleibt in Wahrheit der Zweifel weiter im Spiel, und wirklich zutreffend kann sie erst im Nachhinein gestellt werden oder zumindest erst dann, wenn man zu einer Art Vermutung gekommen ist, daß es sich tatsächlich um diese Diagnose handelt. Um den Betreffenden muß eine aufgeklärte Haltung des Mitleids entfaltet werden, um ihm auf die bestmögliche Weise durch die Prüfung hindurchzuhelfen.

Darum ist es notwendig, daß der Seelenführer das Erlebnis der Nacht des Geistes, die einzelnen Phasen und die verschiedenen möglicherweise auftauchenden Probleme gut kennt, damit er nicht selbst aus der Fassung gebracht wird, was für den, der geprüft wird, nur sehr schlecht zu ertragen wäre.

Beständige, liebende Gegenwart

Man muß auch wissen, daß diese Art von Begleitung in bestimmten Augenblicken eine fast ständige Anwesenheit erforderlich machen kann, die dem Seelenführer oder der Seelenführerin nicht immer möglich ist. Darum kann zu diesem Dienst jemand abgestellt werden, der handfest, gut in Gott verankert und zugleich dem Irdischen zugewandt ist und nicht leicht erschreckt. Das alles in vollkommener Durchsichtigkeit und Übereinstimmung.

Ausgetretene Wege in der Seelenführung verlassen können

Die Führung des Menschen kann in diesen entscheidenden Augenblicken sehr verwirrend sein. Sie erfordert eine große geistige Freiheit, und man muß sich schnell jeder vorgefaßten Meinung entledigen, wenn man eine wirksame Hilfe sein und fähig werden will, ausgetretene Wege einer herkömmlichen Seelenführung zu verlassen.
Manchmal ist es die beste Hilfe, Ablenkung zu schaffen und den Kontakt mit der Wirklichkeit durch kleine, leichte Arbeiten oder das Gespräch spürbar aufrecht zu erhalten, aber auch dadurch, daß man ohne unnütze Bedenken eine gewisse Freiheit in der Entspannung ermöglicht. Dabei muß man manchmal unauffällig vorgehen, um der Umgebung keinen Anlaß zum Ärgernis zu geben.

Ist eine Verpflichtung zu den Sakramenten und dem Gebet notwendig?

Die Einrichtung von Gebetszeiten erfordert ebenfalls große Geschicklichkeit. Man muß sie anregen, zuweilen einfach ermutigen, indem man einen Anfang setzt, aber nichts direkt erzwingen, um nicht das Gegenteil zu erreichen. Das gilt auch für den Empfang der Sakramente; bekanntlich ist dies aufgrund des Gefühls von Verdammung und ewiger Verdammnis, das im allgemeinen im Mittelpunkt des Erlebens steht, für den, der in die Nacht eingetaucht ist, sehr schwierig. Hier kann man den blinden Gehorsam ausspielen, solange das noch möglich ist.

Therapie: wann und wie?

Eine medikamentöse Therapie kann fast immer als ein schätzenswerter Notbehelf gelten, aber man darf nicht damit rechnen, daß sie wirklich wirksam ist. Gott handelt, und Er ist glücklich, wenn unsere menschlichen Tätigkeiten sein Handeln nicht behindern.

Das erste Medikament, das beansprucht wird, ist gewöhnlich ein Schlafmittel, weil der Betreffende normalerweise nicht mehr schlafen kann. Man muß hier auf alles verzichten, was barbiturathaltig ist und süchtig macht. Mit Hilfe des Arztes wird man schnell das angemessenste Schlafmittel finden.

Dann die Anxiolytika, warum nicht? Sie können dazu beitragen, bestimmte Klippen zu umrunden, aber wir wollen uns nicht allzu viel vormachen, die Angst der Nacht des Geistes ist so geartet, daß sie für diese unbedeutenden Medikationen unerreichbar bleibt. Bei Verzweiflung und einer anhaltenden Entkräftung wird man prüfen, ob nicht eine antidepressive Therapie angezeigt wäre. Auch hier sind wir "dafür", unter der Voraussetzung, daß sie von einem christlichen Psychiater begleitet wird, der für die geistliche Dimension offen und sich seiner Grenzen bewußt ist.

Schließlich, und das ist vielleicht das Heikelste, kann man sich veranlaßt sehen, Neuroleptika in feiner Dosierung zu verordnen, wenn irgendeine Symptomatik eines Deliriums oder ein Anzeichen für eine Depersonalisation vorhanden ist. Das muß immer sehr vorsichtig geschehen, in dem Wissen, daß die Nebenwirkungen bei diesen Personen, die nicht wirklich psychotisch sind, Ausmaße annehmen können, die nur schwer erträglich sind.

Fühlen, was für den anderen gut ist

Im übrigen muß man von Augenblick zu Augenblick aushalten können, ohne in die Zukunft zu schauen, um nicht von der Entmutigung versucht zu werden; aushalten im aufmerksamen, intuitiven Hören auf den anderen. Das ist das einzige Mittel, um herauszubringen, was man sagen darf und was nicht, und die richtige Haltung zu wählen: fest, oder im Gegenteil kumpelhaft, je nachdem.

Achten auf die zunehmende Wiederherstellung

Schließlich müssen wir sorgfältig auf die ersten Anzeichen eines Lichtblicks achten. Das kann sehr schnell geschehen, und Tag für Tag muß man sich den Bedürfnisse des Betreffenden anpassen, um die Aufwärtsbewegung nicht zu beeinträchtigen. Diese Aufwärtsbewegung wie aus den Tiefen des Meeres vollzieht sich meistens in einzelnen Abschnitten. Diese Abschnitte müssen beachtet und geachtet werden, damit die Entwicklung nicht verzögert wird. Jeder Abschnitt umfaßt im allgemeinen einen Schritt der inneren Heilung oder einer tiefen Umkehr des Herzens.

Im geeigneten Augenblick muß ein normaler Gebetsrhythmus wiederhergestellt werden, die Entwöhnung von den Medikamenten behutsam gehandhabt und der Betreffende gegebenenfalls in das Gemeinschaftsleben wiedereingefügt werden.

XVII
Gott allein genügt

Ich möchte gern mit dem Wort einer kontemplativen Ordensfrau schließen, die eine sehr schmerzvolle Nacht der Sinne durchgemacht hat, in welcher bestimmte pathologische Tendenzen aufstiegen und zum Ausdruck kamen. Sie wurde nicht eigentlich von einem Seelenführer geführt, sondern fand ihren Weg allein durch Lektüre. Ich fragte sie, wie sie denn allein wiederherausgekommen sei. Die leuchtende Antwort: Durch die Liebe meiner Schwestern. Könnte es doch überall so sein, könnten wir doch die Qual der Nacht bei den anderen erkennen, den Biß der Angst und die Überfälle der Verzweiflung; wir müssen wissen, daß die für sie wahrnehmbare und annehmbare Gegenwart Gottes einzig und allein in unserer Liebe, unserer Sanftmut und unserer Freundlichkeit liegt.

> *Daß nichts dich verwirre*
> *Daß nichts dich erschrecke*
> *Alles vergeht*
> *Gott allein besteht*
> *Wer Gott hat, dem fehlt nichts*
> *Gott allein genügt*
> Hl. Theresa von Avila

Wer in die Hölle hinabgestiegen ist, fürchtet nicht mehr das Dunkel der Nächte,
Wer die Passion erlitten hat, fiebert nicht mehr im Feuer der Passionen,
Wer die Flammen der Hölle kennengelernt hat, ruft aus: Wer will uns trennen von der Liebe Gottes, die sich in Jesus Christus offenbart?
Wer die Tränen der äußersten Verlassenheit kennengelernt hat, ist in friedvoll-schmerzlicher Freude der Liebe erhaben über den Schmerz.
Wer den Kelch der Sünder bis zur Neige geleert hat, der ist rein, er weiß, in jeder Erniedrigung und in dem verkommensten der Geschöpfe findet er Gott.
Er findet Gott im größten Leiden und in der höchsten Freude, er findet Gott in der Abwesenheit und in der Anwesenheit, er findet ihn

im Licht und im Fehlen des Lichts, und er ruft aus: Wer will uns trennen von der Liebe Gottes, die sich in Jesus Christus offenbart? Weder Krankheit noch Tod, denn ich bin in den grundlosen Brunnen der Krankheit hinabgestiegen, in den unendlichen Schwindel des Fiebers maßloser Pein, dorthin wo Todesschatten schon sich regen, von wo man nicht zurückkehrt, und siehe, Gott hat mich herausgeführt. Seliger Kampf, der mir einen solchen Sieg eintrug.

Weder Angst noch Wahnsinn, denn ich habe vom Mohn der Sinnlosigkeit gekostet, vom Opium dessen, der die Form verneint und dich auf einen Weg zerrt, auf dem das Sein eingeengt wird, wo der Schrei des Lebens erstickt.

Schon wurde ich zu den Wahnsinnigen gerechnet, denn meine Seele hatte sich gesagt: 'Es gibt keinen Gott mehr', Todesgeruch hatte meine Lunge erfüllt, und sein welker Duft entströmte jenem Land der Alpträume, aus dem man niemals wiederkehrt, aber Gott hat mich herausgeholt. Darum frage ich jede lebende Seele auf dieser Welt, und meine Frage ist die stärkste der Antworten: Wer will uns trennen von der Liebe Gottes, die sich in Jesus Christus offenbart? Nein, nichts verwirrt mich mehr, nichts Verworrenes hat mehr Macht über meine Sinne, denn denen ist nichts unrein, die Gott durch das Feuer seines Geistes geläutert hat. Und nichts verwirrt meinen Blick, denn ich schaue nur noch mit der erbarmenden Bewegung des Herzens.

Nichts erschreckt mich mehr, denn die Schatten der Nacht sind mir vertraut geworden. Wohl hatte ich gesehen, wie die Schatten länger wurden, und ich dachte: Gott ist wie eine abstürzende Sonne.

Ich wußte nicht, daß meine erglühte Seele sich um eines Kusses des Lichts willen aufschwingen würde wie der feurige Wagen.

Und selbst der Nacht und des Dunkels wahre Tiefe maß ich aus, während das Glück wie der Himmel unendlich ist.

In meinem Schmerz schlief ich wie in einem Bett der Betäubung, doch allmählich weckte mich das Geräusch deiner Schritte.

Von neuem erhielt ich die Macht, Wesen und Dinge neu zu benennen.

Und wie liebte ich das Leben! Das gegenwärtige und das der künftigen Welt.

Vergib mir, Gott, du meine Liebe, ich dachte, du schliefest ohne Empfinden für mein Unglück, und ich fragte dich: Wie kannst du mitten in meinem Sturm schlafen, während die Höllenmächte an mein Wesen stoßen und mir die Knochen verrenken? Lange habe ich deine Antwort erwartet, sie kam kurz vor dem Morgenrot: Ich schlief in deiner Nacht, an meiner Gegenwart hast du gelitten. Ich war eingeschlafen wie in Grabesnacht, um deine Hölle aufzusuchen. Hatte ich dir nicht aber gesagt: Laßt uns ans andere Ufer fahren? Schweigend und in Frieden hatte ich, selbst als ich gestorben war in dir, Macht über die Mächte des Todes und der Nacht. Nun soll nichts dich verwirren, nichts dich erschrecken.

Alles vergeht, und nur die Liebe bleibt. Gott ändert sich nicht, denn Er ist Liebe, und der Schein aller Dinge wird vergehen, doch jede Liebestat und die Siege, die die Liebe in dieser schrecklichen Nacht errang, werden in Ewigkeit von den Engeln besungen.
Alles vergeht, und Angst und Krankheit und Schrecken und die Angst vor der Angst und selbst das Unerträgliche vergeht.
Und es vergehen die Zeiten, die der Reue und der Irrungen, die der verlorenen, weil nicht von unserem Lieben erfüllten Zeit, und alle Schuld und alles Fallen und selbst die Bitterkeit verschmähter Liebe, alles vergeht.

Dank sei dir gesagt, der mich die Kunst zu lieben lehrte und die Geduld aus Liebe, die sowohl die größere Sehnsucht als auch die größere Erfüllung empfängt. Dank sei dir gesagt für dies Leiden aus Liebe und die unermeßliche Freude, das unser Glück zu heißen, was wahrhaft glücklich macht. Dank sei dir gesagt für die schmerzvolle Schwangerschaft dieser langen Stunden zur Vorbereitung einer solchen Geburt.

Trouillas *(auf Katalanisch: Stätte der Ölpresse, Getsemane)*
Am Fest des heiligen Franz von Sales

Glossar

Autismus: aus dem Griechischen *autos* "selbst"
Vollkommene Abkapselung in sich selbst, durch die die Person in einer abgeschlossenen Welt lebt, jeder Kommunikation verschlossen, jedem Annäherungsversuch abhold, der eine Kommunikation mit ihr herstellen könnte. Das ist der eigentliche Kern der schizophrenen Existenz (siehe Definition). Er ist zuweilen bei sehr kleinen Kindern zu finden. Der Ursprung ist noch nicht genau bekannt; gegenwärtig nimmt man ein Zusammentreffen unglücklicher Umstände an: affektives Trauma, Mangel an Liebe oder Autorität bei einer erblichen Vorbelastung oder einer organischen Schwäche.
Unter dem spirituellen Blickwinkel sieht Pater Molinié am Ursprung des Autismus die mehr oder weniger konkrete Weigerung, in eine Beziehung zu treten, die etwas mit Hochmut zu tun hat. Das Problem ist, daß die sich daraus ergebenden psychologischen Schäden es der Person nicht mehr erlauben, in Freiheit einen Schritt zurück in umgekehrter Richtung zu tun: Der Autist hat sich gewissermaßen in ein "Gefängnis" geflüchtet, zu dem er den Schlüssel verloren hat. Man kann jedoch hoffen, durch Geduld und Liebe und vor allem unter Berücksichtigung der spirituellen Dimension mit der Person in Kontakt zu treten und sie den umgekehrten Weg gehen zu lassen, indem man sie in die "Welt der Lebenden" zurückführt.

Transitorisches Irresein:
Plötzlicher Ausbruch eines vorübergehenden Deliriums, sehr vielfältig in den Inhalten (Täuschungen, Halluzinationen, Gefühl der Entfremdung, des Geheimnisvollen usw.), in einer Art Verdoppelung des Selbst erlebt. Kann infolge eines affektiven Traumas, großer Müdigkeit oder eines emotionalen Schocks auftreten, zuweilen sogar infolge großer Freude oder einer Stoffwechselstörung (z.B. nach einer Entbindung).
Es kann den Beginn einer Schizophrenie ankündigen, dies ist jedoch relativ selten. Obwohl es in ihren Erscheinungsformen sehr eindrucksvoll ist, bleibt es normalerweise ohne Folgen und ist nicht von Dauer, das heißt, es löst sich nach einigen Wochen spontan wieder auf. Im übrigen wird es durch eine angemessene neuroleptische Behandlung sehr abgeschwächt und vermindert.

Delirium: aus dem Lateinischen *de-lirium* "aus der Spur"
Der Delirante kommt aus der Spur... der Realität. Er interpretiert, hat falsche Intuitionen, fabuliert, nimmt die Außenwelt durch seine Täuschungen und manchmal durch seine Halluzinationen wahr.
Das Delirium kann sehr logisch und ohne erkennbaren Fehler aufgebaut sein; das ist der Fall bei der Paranoia, die im allgemeinen begleitet wird von einer Beimischung von Größenwahnsinn mit Überbetonung des Ich, falschem Urteil, Neigung zu einem Gefühl des Verfolgtwerdens, Mißtrauen usw., oder der Delirante kann im Gegenteil chaotisch und unverständlich sein wie in einer Schizophrenie (siehe Stichwort). Dann handelt es sich um ein "paranoides" Delirium.
Zwischen paranoisch und paranoid gibt es alle möglichen Zwischenformen. Das Vorhandensein eines Deliriums weist entweder auf eine rein psychiatrische Störung hin (Schizophrenie, transitorisches Irresein, Manie, Melancholie) (siehe Definitionen), auf eine neurologische (zum Beispiel Hirntumor) oder eine organische Störung (schwere Stoffwechselstörung). Darum ist beim Auftreten eines Deliriums stets eine gründliche Untersuchung durchzuführen.

Depersonalisationssyndrom:
Wird gekennzeichnet von Eindrücken der Fremdheit, einer Deformation des Körpers oder des Denkens, dem Gefühl der Unwirklichkeit. Die Person lebt wie im Traum, sieht sich handeln, als hätte sie sich verdoppelt. Jeder kann dieses Phänomen im Anschluß an eine Überarbeitung oder einen emotionalen Schock erleben. Man findet es auch bei vielen Geisteskrankheiten.

Hebephrenie: aus dem Griechischen *hebe* "Jugend" und *phrene* "Geist, Denken"
Früher wurde sie jugendliche Dementia praecox genannt. Das ist eine Form von Schizophrenie, die sich rasch zu einer massiven Regression entwickelt. Der Jugendliche verweigert jeden Kontakt, zieht sich ins Bett zurück, wo er sich verschmutzt. Manchmal wird er von rätselhaften, verschrobenen Antrieben bewegt, die jedoch einen symbolischen Inhalt haben, welcher zwar sinnlos und paradox erscheint, jedoch häufig in Zusammenhang mit einem starken Gefühl frustrierter Liebe steht.

Hysterie:

Neurose (siehe Definition), die dadurch gekennzeichnet ist, daß sie Angst und unbewußte Konflikte mit Leichtigkeit in körperliche oder psychische Symptome "umwandelt": Ohnmachten, falsche epileptische Anfälle, sekundäre Zustände, Amnesien, Lähmungen, Muskelsteifigkeit, Anästhesien usw.

Hysterischer Charakter:

Diese Erscheinungen tauchen bei einem bestimmten Menschentyp auf, der sich ziemlich leicht beeinflussen läßt und sich entsprechend seiner Umgebung schwankend verhält. Man findet bei diesen Personen eine Schwierigkeit, sie selbst zu sein, authentisch zu sein, einen Hang zu Phantasterei, zur Verführung und dazu, in eine bestimmte Rolle zu schlüpfen. Die Hysterie weist stets auf eine tiefe affektive Unreife und ausgeprägte Egozentrik hin. Sie kann sich im Lauf der Jahre "einkapseln", wobei sie die betreffende Person selbst unglücklich und zum Tyrannen ihrer Umgebung macht. Sie kann sich auch in eine gut ausgerichtete Opferbereitschaft auflösen. Es ist sicher, daß eine tiefgreifende geistliche Bekehrung den Heilungsprozeß beschleunigt.

Manie: aus dem Lateinischen *mania*, "Wahnsinn"

Im Gegensatz zu der üblichen Auffassung, die in der Manie eine Art übertriebener Angewohnheit sieht, bezeichnet der Ausdruck "Manie" in der Psychiatrie einen Zustand der Überreiztheit mit Euphorie, Überschwang, Agitiertheit und der Beschleunigung aller geistigen Vorgänge.

Man neigt mehr und mehr zu der Annahme, daß dieses Ungleichgewicht mit einer Stoffwechselentgleisung verknüpft ist (Umkehrung bestimmter Kostanten im Blut, besonders der Katecholamine).

In der kritischen Phase können diese Personen völlig aus dem Gleichgewicht geraten erscheinen. Alles ist außer Kontrolle. Man kann keinerlei zusammenhängende Unterhaltung führen, denn vom "Hölzchen aufs Stöckchen" kommend, folgen Gedankenassoziationen und humorvolle Einfälle einander mit verwirrender Geschwindigkeit. Die Verhaltensstörungen können sogar manchmal bis zu einer gewissen Schamlosigkeit gehen.

Außerhalb der Krisen sind die betreffenden Personen jedoch psychisch vollkommen integriert, was uns zu der Meinung veranlaßt, daß diese Krankheit bald nicht mehr einen Teil der Psychiatrie bilden, sondern vielmehr von der Neurologie behandelt werden wird. Das macht deutlich, daß eine medikamentöse Behandlung eingesetzt werden muß, da die Psychotherapie während der akuten Krise absolut nichts nützt. Unter einer guten Behandlung kann sich die Krise innerhalb einiger Tage oder Wochen auflösen.

Melancholie: aus dem Griechischen *melanos* "schwarz" und *cholé* "Galle"
Krisen von Manie und Melancholie treten im allgemeinen abwechselnd auf: das ist die manisch-depressive Psychose (siehe Definition). Die Melancholie ist sozusagen das Gegenteil der Manie.
Angeblich kommt sie bei galligen Temperamenten vor; auch hier unterscheidet sich die Auffassung der Psychiatrie von der Allgemeinheit.
Die melacholische Krise ist ein Zustand starker Depression, der im Gefühl einer furchtbaren moralischen Qual erlebt wird, die erdrückend wirkt und von einer Verlangsamung und Hemmung der meisten psychischen und physischen Funktionen gekennzeichnet ist; sie führt zu einer Art Kollaps, oft begleitet von Stummheit.
Es ist das Erlebnis eines schrecklichen inneren Todes, in dem der Mensch der Verzweiflung preisgegeben ist. Das ist zweifellos die größte moralische Qual, die ein menschliches Wesen erleiden kann.
Wie bei der Manie findet man bei Melancholikern eine Katecholaminstörung. Nur eine Behandlung mit hochdosierten Antidepressiva ist imstande, die Stimmung des Betroffenen wieder zu heben. Auch in diesem Fall ist die Psychotherapie erfolglos, zumindest in der akuten Krise. Manische und depressive Krisen treten im allgemeinen beim Wechsel der Jahreszeiten oder bei kleinen äußeren, destabilisierenden Ereignissen auf (Umzug, Beförderung usw.). Bei beiden gibt es alle möglichen Formen von Rhythmus und wechselndem Auftreten.

Manisch-depressive Psychose:
"Zyklothyme" Neigung zu Anfällen von Manie oder Melancholie, wobei die Zyklothymie durch eine gewisse Stimmungslabilität gekennzeichnet ist, die sich schnell in Überspanntheit oder depressive Niedergeschlagenheit verkehrt.
Die Rolle der Vererbung wird gegenwärtig nicht mehr diskutiert.

Die Zyklothymie ist ein empfänglicher Boden für das Auftreten einer manisch-depressiven Psychose.

Neuroleptica:

Die Einführung dieser Medikamente im Jahre 1952 hat die Psychiatrie revolutioniert.
Sie wirken sedierend und hemmend auf Überreiztheit, Agitation und Agressivität und zugleich "kupierend" bei psychotischen Zuständen. Das heißt, sie "unterbinden" das Delirium, unterdrücken Halluzinationen und die Neigung zur Abkapselung oder vermindern sie zumindest. Es sind "Anti-Psychotica".
Sie können schließlich eine interessante Wirkung auf dem Gebiet der Angst entfalten, weshalb sie bei bestimmten Formen von Zwangsneurosen verwendet werden können. Dank ihrer Anwendung hat man alle die barbarischen Formen von Verwahrung der Psychiatrie am Anfang dieses Jahrhunderts abschaffen können.

Neurosen:

Weniger bedeutungsvolle Krankheiten der Persönlichkeit, die sich in Verhaltensweisen oder Störungen zeigen, welche eine Abwehr des Individuums gegen Angst oder innere Konflikte verraten.
Jeder hat eine mehr oder weniger neurotische Tendenz in sich.
Es werden üblicherweise vier Arten von Neurosen unterschieden:
- Die Angstneurose: Zustand chronischer Angst, überlagert von Angstkrisen mit physischen Ausdrucksformen (Erstickung, Herzklopfen, Kloß im Hals, Krämpfe usw.), die nicht mit einer wirklichen Gefahr in Zusammenhang stehen. Das ist die am wenigsten strukturierte Neurose. Darum hat man sie mit einem "Nebelstern" verglichen. Das ist so etwas wie die Krankheit eines ganzes Lebens, oft im Zusammenhang mit einem Gefühl infantiler Unsicherheit (Erfahrung von Vernachlässigung, Trauer, übernervöse Eltern usw.).
Das innere, geistliche Leben ist sicher ein wichtiges Element der Heilung und Beruhigung und kann zugleich in bestimmten Phasen der Reinigung eine Art Anzeiger unbewußter, dem Betreffenden bisher unbekannter Ängste sein. Wenn die Krisen von Angst und die innere Spannung zu unerträglich werden, kann man axiolytische Medikamente einsetzem.

- **Phobie:** Hier kristallisiert sich die Angst an Dingen, Situationen oder Personen, die zum Anlaß lähmender Angst werden (Angst vor der Leere, Phobie vor Menschenansammlungen, geschlossenen Räumen oder bestimmten Tieren).

Der Phobiker ist ein äußerst abhängiges Wesen (von einer Person, einer Situation oder zuweilen sogar einem Gegenstand). Oft entschließt er sich zur Flucht nach vorn, um nicht dem Gegenstand seiner Angst gegenüberzutreten. Er kann in eine wahre Lese-, Radio- oder Fernsehsucht geraten, wie um eine beängstigende Leere auszufüllen und nicht mit sich allein sein zu müssen.

Um dem Betreffenden eine psycho-affektive und geistliche Entfaltung zu ermöglichen, muß man ihn lehren, auf diese Flucht nach vorn zu verzichten; andernfalls droht er an seinem eigenen Leben vorbeizuleben.

- Hysterische Neurose: siehe Hysterie

- Zwangsneurose: In diesem Fall fühlt sich der Betreffende von Ideen übermannt (Zwängen), die er gern zurückweisen würde, woraus sich ein ermüdender Kampf entwickelt, der ihn zur Entwicklung von Abwehrmechanismen zwingt, welche ebensoviele Strategien sind, um die Zwangsgedanken oder die sich ihm aufdrängenden impulsiven Handlungen abzuschütteln.

Es handelt sich um Menschen, die durch Zweifel oder Skrupel gehemmt werden und einen starken Hang zu übertriebener Genauigkeit und Ordnung haben. Sie sind sehr starr, oft fehlt es ihnen an Natürlichkeit und Einfachheit, sie sind sehr auf das Äußere und die Meinung der anderen bedacht. Die Skrupel und Zwänge können das Bewußtseinsfeld bis zur Unerträglichkeit stören. Ebenso können beschwörende Riten (Waschen, Kontrollieren u.a.) einen Großteil der Tätigkeiten des Betreffenden beanspruchen. In diesem Fall muß eine niedrig dosierte Behandlung mit Anxiolytica oder sogar mit Neuroleptica in Betracht gezogen werden. Solange die neurotischen Symptome nicht zu einer Invalidisierung führen, werden sie als "normal" angesehen. Im Gegensatz zum Psychotiker behält der Neurotiker die Wirklichkeit trotz seiner Krankheit stets im Griff. Er ist einer Psychotherapie besonders leicht zugänglich.

Sein geistlicher Weg ist immer ein Faktor der inneren Heilung in absehbarer Zeit.

Paranoid: siehe "Delirium"

Paranoisch: siehe "Delirium"

Psychose:
Im Gegensatz zur Neurose liegt ihr ein Kontaktverlust mit der Wirklichkeit, ein Bruch mit der Umwelt zugrunde. Sie umfaßt alle Arten von Geisteskrankheiten, angefangen von der Schizophrenie (siehe Definition) bis zu rein organischen Läsionen über manisch-depressive Psychosen, Paranoia (siehe Definition) usw. Man trifft dabei oft auf eine absolute Angst vom autistischen Typus, das heißt, der eine gewisse Undurchdringlichkeit zugrunde liegt.
Üblicherweise werden in der Psychopathologie die Bereiche der Neurosen und der Psychosen als gegensätzlich angesehen.
Tatsächlich können aber Übergänge vom einen zum anderen beobachtet werden. Außerdem gibt es eine ganze Reihe von Zwischenerscheinungen in der Persönlichkeit, die "borderline" oder "Grenzzustand" genannt werden.
Eine Charakterneurose kann weder als neurotisch, noch als psychotisch noch wirklich als Zwischenerscheinung bezeichnet werden. Sie umfaßt Straffälligkeit, sexuelle Perversion, Gewalttätigkeit u.a. Sie wird gekennzeichnet durch einen vollkommenen Mangel an Selbsthinterfragung, durch eine gewisse "Unmittelbarkeit" mit der Unfähigkeit, Frustrationen zu ertragen, und durch unbedachte Handlungen.
Auch in diesem Fall kann eine geistliche Bekehrung ein Element mit entscheidender "Hebelwirkung" sein.
Alles was mit Alkoholismus, Drogen und Medikamentenabhängigkeit zusammenhängt, kann entsprechend dem all dem einen oder anderen dieser Gebiete zugeordnet werden.

Schizophrenie: aus dem Griechischen *schizen* "spalten" und *phrene* "Geist, Denken"
Geisteskrankheit, Psychose, gekennzeichnet durch einen Zerfallsprozeß, ein Auseinanderbrechen der Persönlichkeit mit Diskordanz und autistischen Dissoziation (siehe Autismus).
Häufig kommen Delirien mit Halluzinationen und Ideen der Beeinflussung vor: der Betreffende empfängt zum Beispiel Wellen, die ihn fernsteuern. Alles an ihm erscheint bizarr, undurchdringlich bis hin

zu jener Art von Losgelöstsein, die ihn bezüglich des Geschehens um ihn herum völlig geistesabwesend erscheinen läßt. Das Denken wird archaisch und funktioniert auf magische oder abstrakte Weise, wobei der Symbolismus einen breiten Raum einnimmt.

Das affektive Leben ist in sich selbst paradox: Liebe und Haß werden zugleich erlebt; das bezeichnet man als Ambivalenz.

Das anfänglich im allgemeinen sehr reiche Delirium verblaßt mit der Zeit und macht einem autistischen Dasein Platz, das heißt einer tiefen Abkapselung, die nichts mehr an die Oberfläche gelangen läßt. Das ist die in den psychiatrischen Krankenhäusern am häufigsten anzutreffende Pathologie. Die Errungenschaft der Neuroleptika erlaubt vielen eine Milderung der Symptome mit einer Wiedereingliederung in die Gesellschaft.

Es scheint, als könnte ein geistliches Erleben der Krankheit ein echter Besserungsfaktor hinsichtlich der Abkapselung und der Kommunikationsverweigerung sein, selbst wenn der Betreffende weiterhin verletzlich bleibt und in einem unauffälligen Delirium weiterleben kann.

Zyklothymie: siehe manisch-depressive Psychose

Hinweise zur Literatur

Kapitel III
2 Michel Laroche, "Seconde Naissance", Edition Nouvelle Cité
3 Dr. Roger Vittoz, "Traitement des psychonévroses par la rééducation du contrôle cérébral", Ed. J.B. Baillière et fils, Paris

Kapitel IV
1 Bruder Ephraim, "Jésus Juif pratiquant", Ed. Fayard - Ed. du Lion de Juda
4 Johannes vom Kreuz, "Nuit obscure" (Dunkle Nacht), 1,8
5 Dr. Mireille Mardon, "Les épreuves spirituelles de la nuit de l'esprit selon saint Jean de la Croix et leur rapport avec la mélancholie", Mémoire 1982 Marseille, unter der Leitung von Prof. Jean   Sutter
6 "Nuit obscure" (Dunkle Nacht), N.o. 7
7 "Nuit obscure" (Dunkle Nacht), N.o. 2,8
8 "Nuit obscure" (Dunkle Nacht), N.o. Kap. 10

Kapitel V
1 Calvin, "Institution de la religion chrétienne"
2 Francis Trochu, "Saint François de Sales", Ed. Vitte, S.161

Kapitel VI
1 Lantages, "Vie de Mère Agnès de Langeac"
2 Giry, "Vie de M. Olier"
3 ebenda
4 "Mémoires autobiographiques de M. Olier"
5 ebenda
6 ebenda
7 ebenda
8 Brémond, "Histoire du sentiment religieux"
9 Bretonvillers, "Vie de M. Olier"

Kapitel XIII
2 Jean Maillard, "Louise du Néant, 1732", Collection Atopia
3 D. L. Boucher, "La Salpêtrière au 17ième siècle", Paris 1883

Kapitel XIV
1 Gershom Sholem, "Les grands courants de la mystique juive", Ed. Payot
3 Vita von Pater Raguenau

Kapitel XV